성인학습 및 상담

ADULT LEARNING AND COUNSELING

현영렬 정복임 이학곤 서민호 나선후 김채언 김이영 강희성 공저

양성원

/머/리/말/

우리의 삶에서 교육과 학습이 따르지 않는 삶이란 사실상 상상하기 힘들다. 사람은 일생을 통해서 변화하는 과정을 거친다. 평생교육이란 문자 그대로 일생을 사는 동안 교육이 이루어지는 것을 의미한다. 정규 학교교육은 물론 유아교육에서부터 노인교육에 이르기까지의 모든 영역을 망라한다. 특히 오늘날 성인들의 평생학습에 대한 중요성은 날로 강조되고 있다. 즉, 성인들의 계속교육에 대한 요구는 지식 · 정보의 급속한 변화, 디지털 산업으로 인한 직업 세계의 획기적인 변화 등으로 날로 증가하고 있다. 성인들은 학교에서 배운 교육만으로 더는 사회의 변화에 적응할 수 없기에 생존을 위해 여러 가지 형태로 학습활동에 적극적으로 참여하는 것이다. 이러한 성인들은 학령기 학생과는 다른 특성을 지니고 있기 때문에 성인학습자에 적합한 학습이론과 방법으로 접근해야 교육의 효과를 거둘 수 있다.

더불어 평생교육의 활성화로 개인의 전생애에 걸친 학습과 연계되면서 성인학습상담의 중요성도 더욱 주목받고 있다. 성인학습상담은 성인학습자의 학습과정 컨설팅뿐 아니라 학습자의 생애설계를 지원한다는 특성을 가진다. 다시 말해 학습자에게 적합한 학습기회를 제공해 주고 학습방법을 안내하여 학습자 스스로 학습에 참여할 수 있도록 도와주며, 학습과정에서의 어려움과 두려움을 지원하고 조력하는 것이다.

따라서 본 책은 우리나라의 성인학습 및 상담을 이해하고 탐구함으로써 성인교육의 현주소와 문제점 및 개선방안을 파악하고, 이를 바탕으로 성인교육을 위한 실천방법들을 구체적으로 익힘으로써 성인교육을 위한 전문가로서의 실천능력을 함양하는 데 목적을 두고 있으며, 이를 위해 총 2부 10장으로 구성하였다.

구체적으로 1부 성인학습의 이해는 6개의 장으로 구성하였는데, 1장 평생교육과 평생학습에서는 평생교육의 이해 및 평생학습에 대해 소개하였고, 2장 성인기 발달이론에서는 에릭슨의 발달이론, 헤비거스트의 발달과업론, 레빈슨의 인생 계절론 및 기타 학자들의 성인기 발달이론에 대해 기술하였으며, 3장 성인학습자에 대한 이해에서는 성인학습자의 개념과 특징, 생애주기별 성인학습자의 특징 및 성인학습자의 참여동기 및 장애요인에 대해 소개하였고, 4장 전통적 학습이론에서는 학습의 정의 및 학습이론에 대해 구체적으로 기술하였으며, 5장 성인학습이론과 학습방법 및 평가에서는 성인학습의 개념과 원리, 성인학습이론, 성인학습의 교수 · 학습방법 및 성인학습의 평가에 대해 소개하였고, 6장 성인학습 프로그램에서는 성인학습 프로그램, 성인학습 프로그램의 유형 및 성인학습 프로그램의 분류체계에 대해 기술하였다.

2부 성인학습상담은 4개의 장으로 구성하였는데, 7장 상담의 기초에서는 상담의 정의와 목표, 상담과 인접 개념과의 비교, 상담의 유형 및 상담자의 올바른 태도에 대해 소개하였고, 8장 상담의 이론적 배경에서는 정신분석 상담이론, 행동주의 상담이론, 인간중심 상담이론, 인지주의 상담이론 및 의사교류분석 상담이론에 대해 기술하였으며, 9장 성인학습상담에서는 성인학습상담의 개념 및 관점, 성인학습상담의 이론, 성인학습상담의 원리 및 성인학습상담의 방법에 대해 소개하였고, 10장 성인학습상담자의 역량과 자질에서는 성인학습상담의 역할과 직무, 성인학습상담의 역량요인 및 성인학습상담자의 자질과 역할에 대해 자세하게 기술하였다.

본 책을 통해 사회변화에 따른 성인교육에 대한 다양한 관점들을 이해하고, 한국사회 성인들이 경험하는 문제들을 바탕으로 성인교육에 대한 대책과 개입 방안을 모색해 보기를 바란다. 또한 성인학습상담을 통해 성인이 독립적으로 행동하고, 변화를 경험하는 과정에서 개인의 경쟁력을 높이고 자아실현을 가능하게 하는 데 도움이 되었으면 한다.

끝으로 이 책의 출판을 허락해 주시고 좋은 책이 될 수 있도록 편집에 힘을 써 주신 양성원 출판사의 강철원 사장님을 비롯해 임직원 여러분들께도 깊은 감사의 마음을 전한다.

2024년 7월

저자 일동

/차/례/

PART 2 성인학습상담

PART 1

성인학습의 이해

Chapter 01

평생교육과 평생학습

배울내용

1. 평생교육의 이해
2. 평생학습

학습목표

1. 평생교육의 정의, 원리, 이념, 목적과 필요성, 특성을 살펴보고 우리나라 평생교육의 발전과정과 현황을 살펴본다.
2. 평생학습의 개념을 이해하고 필요성을 설명할 수 있다.

Chapter 01

평생교육과 평생학습

1. 평생교육의 이해

1) 평생교육의 정의

평생교육이란 영어의 'life-long education'이란 말을 번역한 말이지만 본래는 폴 랑그랑(Paul Lengrand)이 1965년 유네스코에서 항상 교육의 필요성을 강조한 데서 나온 말이다. 평생교육론이 등장하게 된 배경에는 기존의 제도권 내에서 수행되었던 학교교육에 대한 비판과 그 대안의 제시, 그리고 모든 사람들에게 교육기회를 균등하게 제공하기 위한 학교제도의 개편과 교육기회 균등에 대한 논의로부터 시작되었다. 평생교육의 발전단계를 이해하기 위해서는 크게 기존 학교교육의 한계로부터 탈학교론(脫學校論)[1)]이 대두되고 교육기회균등정책의

1) 탈(脫)학교론의 등장
학교교육이 지니고 있는 한계를 비판하는 비판론자들은 주로 교육공간의 폐쇄성, 교육시기의 폐쇄성, 교육내용의 폐쇄성, 교육방법의 폐쇄성 등을 들어 기존의 학교교육을 비판하고 있다. 즉, 학교교육이 시간과 공간을 제한함으로 인해 사회적 효용성이 낮으며, 학교에 가지 않고서는 배울 수 있는 기회가 거의 없었기 때문에 이로 인한 교육기회의 불평등의 문제는 지속적으로 비판론자들에 의해 제기되어 왔다. 특히 오스트

추진 등을 통해 이해하는 것이 바람직하다. 특히 교육기회균등을 제공하기 위한 제2단계 교육기회균등화정책과 제3단계 교육기회균등화정책의 등장이 결과적으로 평생교육론이 대두된 배경이기 때문이다.

21세기 교육은 그 과업과 형태 측면에서 매우 다양화되고 있으며, 범위적인 측면에서도 유년기에서 노년기에 이르기까지 변화하는 세계와 타인, 그리고 그 자신들에 대한 이해와 지식획득 등 모든 활동을 포함하고 있어 매우 포괄적이기 때문에, 평생교육이란 용어가 학문적으로 발전되기 이전부터 교육은 평생교육의 성격을 지니고 있었다고 할 수 있다.

폴 랑그랑(Paul Lengrand, 1910~2003)

평생교육은 유네스코(UNESCO)의 성인교육 국장이던 랑그랑이 1965년 12월에 유네스코의 성인교육 발전을 위한 국제위원회(International Committee for the Advancement of Adult Education)에 「평생교육(Education Permanante, Lifelong Education)」이라는 보고서를 제출하면서 시작되었다. 랑그랑은 이 보고서에서 인간은 태어나서 죽을 때까지 평생을 통해 교육받을 권리가 보장되어야 하며, 이를 위해 새로운 교육제도들이 만들어져야 한다고 주장하였다. 즉, 랑그랑(1989)은 평생교육을 개인의 출생에서 시작하여 죽을 때까지 계속되는 모든 교육을 총괄하는 원리로 파악하였다. 또한 그는 한 개인의 교육이 학교라는 형식적 기관

리아의 철학자인 일리히(Ivan Illich) 등은 제도화된 학교교육의 폐단을 강도 높게 비판하면서 탈학교론을 주장하였다. 산업사회 이후 학교의 제도화는 결과적으로 교육을 학교교육화해서 학교와 교육이 동일시되고, 교육과정과 목적이 혼동되고 있다고 지적하였다. 그리고 그는 진정한 교육의 목적은 개인적으로는 자아실현을 도모하고 사회적으로는 억압적 요소를 제거하는 것이라고 보고 있다. 그러나 학교는 이러한 교육을 외면한 채 수단적인 목적에 치중하고 있다고 비판하고 있다. 따라서 일리히는 학교제도가 없어진 사회를 상정하고, 그 대안으로서 학습망(learning webs)을 제안하였다. 이것은 오늘날 평생교육이 가능한 학습 네트워크(learning network)라 할 수 있다.

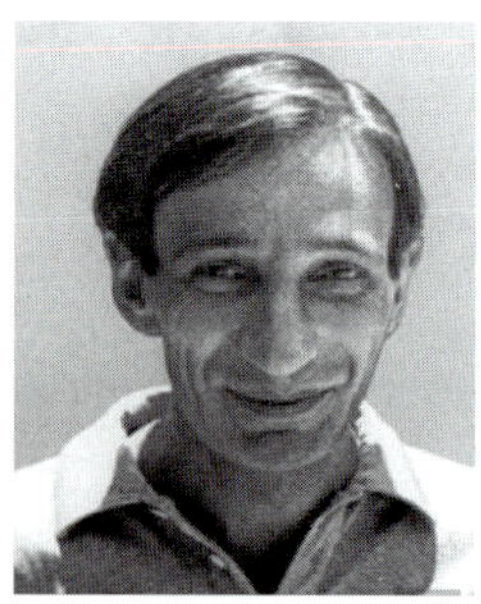

아이반 일리히(Ivan Illich, 1926~2002)

에 들어서면서부터 시작되고 또 그곳을 떠나면서 끝나는 것이 아니라 일생을 통해 계속되어야 한다는 것을 지적하면서 교육이란 학교에서만 이루어지는 것이 아니라 삶의 모든 과정에서 이루어진다고 강조하였다. 따라서 "사람이 태어나서 죽을 때까지 계속되는 교육의 과정은 통합적인 구조가 필요하며, 그 원리는 '평생교육'이고 그것을 위해 수직적 차원과 수평적 차원에서 교육이 통합되어야 한다"고 주장하였다.

이처럼 랑그랑(1989)이 평생교육의 중요성을 주장하면서, 「평생교육법」을 비롯한 여러 학자들에 의해 평생교육이 강조되어 왔는데, 그 평생교육에 대한 정의를 살펴보면 **표 1-1**과 같다(이기원 외, 2023).

표 1-1. 평생교육에 대한 정의

구분	내용
Lengrand(1989)	평생교육은 개인의 출생에서 시작하여 죽을 때까지 계속되는 모든 교육과정
「평생교육법」 제2조 제1항	학교교육을 제외한 모든 형태의 조직적인 교육활동
Dave(1976)	개인적 · 사회적 삶의 질을 지속적으로 향상시키기 위해 평생 동안에 걸쳐 이루어지는 모든 학습형태의 형식적 · 비형식적 학습활동
김진영, 김남진 (2009)	평생교육은 모든 교육을 포함하는 개념으로 사람은 태어나서 죽을 때까지 배워야 하며 가정, 학교, 사회 등 사람이 살아가는 모든 장소에서 학습이 이루어질 수 있는 통합적인 교육의 최상위 개념으로서 모든 실천적 영역을 포함하는 이념
임봉순(2012)	평생교육은 특정 기간 동안 특정 장소에서 받게 되는 학교교육만으로는 충족시킬 수 없는 성인의 다양한 학습욕구의 충족을 위하여 언제, 어디서나 원하는 교육을 받을 수 있도록 하는 열린교육 체제
차갑부(2014)	평생교육은 개인의 출생에서 사망 전까지의 수직적 통합과 가정과 학교를 포함한 모든 생활공간의 수평적 통합을 통하여 언제, 어디서나 필요할 때 자신의 학습욕구를 충족시킬 수 있는 형식적 · 비형식적 · 무형식적 교육활동
한석주(2015)	평생교육은 인간의 삶의 과정에서 생존능력을 증대시키고 삶의 질을 향상시키기 위한 평생의 과정을 통해서 이루어지는 한 사회의 모든 형태의 형식적 · 비형식적인 학습활동

우리나라 「평생교육법」 제2조 제1항에서는 평생교육을 '학교교육을 제외한 모든 형태의 조직적인 교육활동을 의미한다'라고 정의하고 있다. 하지만 평생교육에 대한 명확한 정의가 내려지기 이전에는 경우에 따라서 평생교육을 공간적 개념에서 교육이 가정과 학교가 아닌 사회에서 이루어진다고 하여 사회교육이라고 하였고, 교육대상 측면에서 교육의 수혜자가 주로 성인이기 때문에 성인교육, 시간적 측면에서 학교를 졸업한 후에 계속해서 받는 교육이라 하여 계속교육, 또는 평생 동안 받는 교육이라 하여 평생교육이라고 불리게 되었다(권대봉, 2001).

그리고 EU에서는 평생교육이라는 용어를 성인학습으로 사용하고 유럽의 경제 · 사회 발전의 촉진을 위한 기제로서 계속학습의 필요성을 주장하고 있다. 이처럼 평생교육과 관련된 용어는 관점에 따라 다양한 용어로 사용되고 있는데, 평생교육과 관련된 용어를 살펴보면 그림 1-1과 같다.

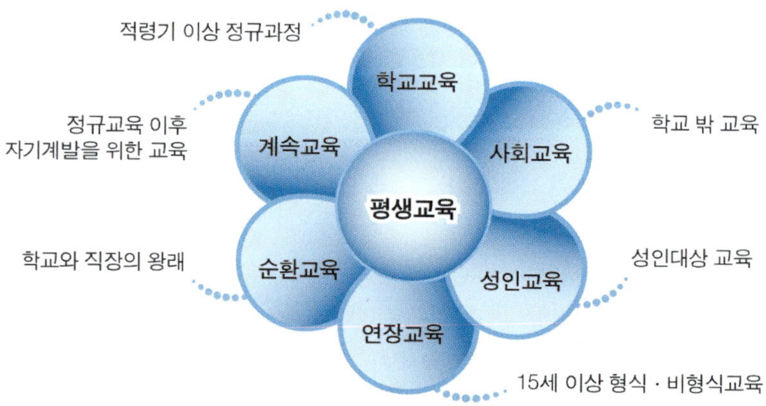

그림 1-1. 평생교육 관련 개념들

출처: 김진숙 외(2018). 평생교육경영론. 양성원.

지금까지의 평생교육에 대한 정의를 종합해 보면, 평생교육이라는 용어는 매우 다양한 관점에서 기술되고 있지만 일반적으로 평생교육은 삶(life), 평생(lifelong)과 교육(education)의 세 가지 개념이 내포되어 있는 용어로, 개인이 한 평생 살아가는 동안 갖게 되는 모든 교육을 의미한다. 랑그랑은 평생교육을 개인의 출생에서 시작하여 죽을 때까지 계속되는 모든 교육을 통합하는 활동으로 보았는데, 즉 평생교육은 수직적이고 수평적 차원이 통합된 특성을 지닌 교육이라고 하였다. 평생교육이 수직적이라는 의미는 평생교육의 대상이 요람에서 무덤까지, 즉 유아, 아동, 청소년, 성인, 노인을 포함한다는 것을 의미하며, 수평적이라는 의미는 인간의 생활공간인 가정, 학교, 사회, 직장, 가상 공간 등을 포함한다는 것을 의미한다(김진숙 외, 2018).

2) 평생교육의 원리와 이념

랑그랑이 의도하는 평생교육이라는 용어가 단순히 성인교육을 일생 계속하는 것이라는 의미만은 아니다. 장래의, 각자 평생을 통한 교육의 지도 이념을 나타내는 통합적 용어로, 성인교육을 재편성하고 그것과 동시에 학교교육을 포함해서 교육제도를 재편성하는 것도 포함하고 있다. 그는 평생교육을 학습사회의 근본원리(keystone)로 제시하였던 것이다. 즉, 평생교육의 원리를 통합성의 바탕 위에서 랑그랑은 **그림 1-2**와 같이 제시하였다(이기원 외, 2023).

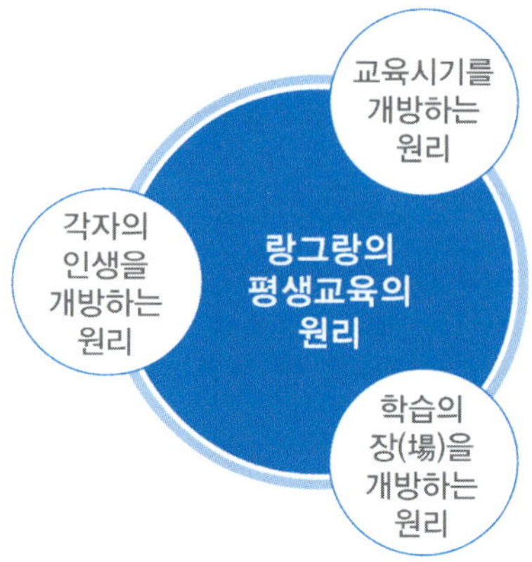

그림 1-2. 랑그랑의 평생교육의 원리

첫째, 교육시기를 개방하는 원리이다. 전통적인 교육에서는 청소년을 교육의 대상으로 삼아 학습의 시기를 제한하였다. 그러나 수직적 통합이 가능하게 되면, 각자 일생 동안 적당한 시기에 학습의 기회를 선택할 수 있게 된다. 고도 지식사회의 출현은 학교교육 이후의 교육(Post-initial Education)을 중요하게 여기지 않을 수 없게 되었다.

둘째, 학습의 장(場)을 개방하는 원리이다. 종래의 교육에서 교육의 기회균등은 사실, 학교교육의 기회를 의미하는 것이 많았다. 그러나 성인의 학습의 장(場)은 학교이기보다는 직장, 매스미디어, 도서관, 가정 등이다. 학습의 장이 사회생활 전반에 걸쳐져 있는 것이다. 또한 청소년의 경우도 교사가 교실에서 교과서를 사용하고 지도하는 학교만이 학습의 장이 아니다. 친구와 노는 지역사회도, 가사를 돕거나 TV를 보는 가정도 중요한 학습의 장이다. 이러한 지역사회나 가정의 생활경험이 학교에서의 학습을 유용하게 하기도 한다. 결론적으로 청소년, 성인의 학습의 장은 학교에 한정되지 않고 생활 공간 전체가 되는 것이다.

셋째, 각자의 인생을 개방하는 원리이다. 랑그랑은 자기를 형성하고 자기를 교육하고 진보한다는 인간존재의 항구적 내지 보편적인 요구를 수용한 교육이념을 채택하고자 하였다. 왜냐하면 살아간다는 것은 개인이나 모든 사람에게 있어 항상 도전의 연속을 의미하기 때문이다. 따라서 인간의 발달은 청년기까지만이 아니라 고령기에 이르기까지 평생에 걸친 발달이라는 데 관심을 두어야 한다. 또한 개개인의 생애발달을 가능하게 하는 교육의 시간과 장소가 개방되어야 한다. 이렇게 되면 개인은 타인의 인격을 고려하여 자유로운 의사결정을 행하면서 인생을 개척해 나갈 수 있기 때문이다. 이런 자유로운 의사결정이 가능한 교육은 민주주의를 발달시키고 나아가 평화와 국제이해를 진전시키리라는 것이 랑그랑의 주장이다.

평생교육의 창시자인 랑그랑은 자신의 보고서에 기존의 교육체제의 통합원리로서 평생교육의 이념과 평생교육의 필요성 및 활성화 방안을 제시하였다(UNESCO, 1976). 랑그랑의 보고서에서는 평생교육의 이념을 표 1-2와 같이 기술하고 있다.

표 1-2. 평생교육의 이념

- 인간의 행복을 위해서는 요람에서 무덤에 이르기까지 전생애를 걸쳐 교육기회를 보장해야 한다.
- 평생교육은 전생애에 걸쳐 인간발달을 통합한다는 관점에서 다양한 교육의 조합과 통합을 해야 한다.
- 평생교육을 실현하기 위해서는 노동일수의 조정, 교육휴가, 문화휴가 등의 제도적인 장치를 마련해 주어야 한다.
- 초 · 중 · 고 · 대학은 학생들만 교육할 것이 아니라 지역사회학교 및 지역문화센터로서의 역할을 해야 한다.
- 인간의 행복을 위해서는 교육의 본질적 모습에 충실한 교육이념을 확보해야 한다.

3) 평생교육의 목적 및 필요성

평생교육의 궁극적인 목적은 개인의 삶의 질을 향상시키고 사회의 안녕과 복지를 증진시키는 것이다. 개인적 목적을 달성하기 위한 평생교육은 각 개인이 가지고 있는 무한한 잠재적 가능성을 계발하도록 해 줌으로써 자아실현을 달성하도록 도와주고 있다. 이러한 평생교육의 목적을 구체적으로 정리하면 **표 1-3**과 같다.

표 1-3. 평생교육의 목적

- 평생교육은 개인적 · 사회적으로 인간의 삶의 질을 나선형으로 향상시키는 것을 목적으로 한다.
- 한 개인의 생존 기간 전체에 걸쳐서 이루어지는 교육을 수직적으로 통합한다.
- 가정, 사회, 학교에서 이루어지는 교육을 수평적으로 통합한다.
- 평생교육은 계획적인 교육과 우발적인 학습을 모두 포함하는 특성이 있다.
- 평생교육은 평생에 걸친 교육기회의 균등화 및 확대에 노력한다.
- 평생교육은 발달과업의 학습을 중요시한다. 즉, 인생의 각 발달단계에서 학습해야 될 내용을 학습함으로써 장래 생활의 행복 등을 가능하게 한다.
- 평생교육은 교양교육과 전문교육의 조화와 균형을 유지한다.
- 학교교육은 평생교육의 관점에서 그 뜻을 찾는다. 산업과 사회의 급격한 발전은 공간적인 제약을 가진 학교에서만 교육을 전담할 수 없기 때문에 학교를 평생교육의 일환으로 생각하는 것이다.

1994년 10월 로마에서 개최된 평생교육 세계총회에서 볼(Ball)은 "21세기에는 지속해서 학습하지 않는 사람은 직업생활을 제대로 할 수 없고, 평생학습체제를 갖추지 않는 사회조직은 생존하기 어려우며, 공부하는 학생을 최우선시하지 않는 학교는 곧 문을 닫게 될 것이다"라고 주장함으로써 미래사회에서의 평생학습과 학습자중심 교육이 중요하다는 것을 역설하였다. 현대사회의 변화와 적응이라는 측면에서 평생교육의 필요성은 **표 1-4**와 같이 다섯 가지로 논의되고 있다.

표 1-4. 평생교육의 필요성

- 과거의 과학 · 기술적 지식이 농경사회를 산업사회로의 변혁을 가져왔다면, 미래사회는 이론적 지식에 의해 고도의 과학 · 기술 등이 오늘의 산업사회와는 전혀 다른 사회로 탈바꿈할 것이라는 전망이다. 넘쳐나는 지식 그 자체가 문화적 충격이 되고 있다. 이러한 지식을 습득하기 위한 계속교육과 자기 개혁의 필요성이 끊임없이 요구되고 있다.

- 직업의 세분화, 전문화는 새로운 지식과 기술을 가진 노동력을 요구하고 있다. 직업의 세분화, 전문화는 취업 준비교육뿐만 아니라 재교육의 필요성을 강조하고 있다.
- 개별화의 지나친 강조와 이에 따른 소외현상은 현대문명의 위기와 현대사회의 병리 현상으로 인식되는 평생교육의 필요성에 대한 사회적 공감대를 형성하고 있다.
- 노화에 관한 유전공학적 연구와 응용 및 의료기술의 발달은 인간수명을 연장하여 평균수명이 곧 120세가 될 전망이다. 경제적으로도 무능력할 뿐만 아니라 신체적으로도 노쇠한 노인들을 감싸 줄 수 있는 교육권의 보장은 사회복지의 측면에서도 중요한 의미를 지닌다.
- 현대교육의 위기이다. 현재 학교교육은 가치의 위기, 권위의 위기, 신용의 위기, 정체성의 위기 등에 빠져 있다. 평생교육은 이러한 학교교육의 위기에 대한 대안적 성격을 갖는 교육이라고 할 수 있다.

4) 평생교육 학습영역의 구분

평생교육의 학습영역에 대해서는 EU의 성인교육조사(Adult Education Survey: AES)를 바탕으로 KEDI 평생학습실태조사에서는 **그림 1-3**과 같이 평생교육의 학습영역을 크게 형식교육, 비형식교육 및 무형식학습으로 구분하고 있다.

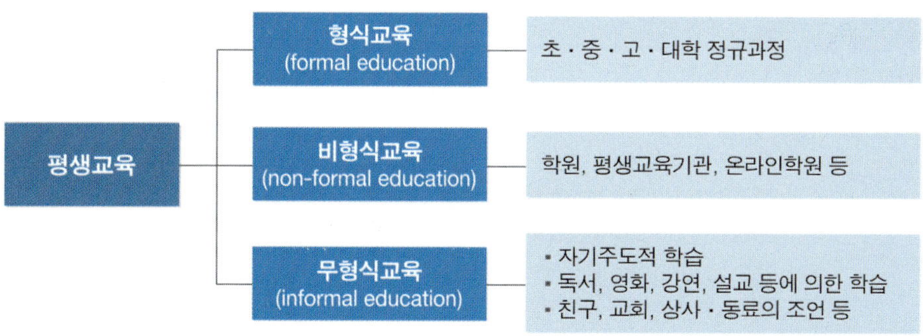

그림 1-3. 평생교육 학습영역

출처: 김진숙 외(2018). 평생교육경영론. 양성원.

첫째, 형식교육이란 국가학력체계(National Framework of Qualification: NFQ)에 포함되는 교육으로서 학교 안에서 이루어지는 졸업장과 학위취득이 가능한 정규교육과정을 의미한다(교육부, 한국교육개발원, 2019). 따라서 초 · 중 · 고등학교, 대학 및 대학원, 고등학력보완교육(학점은행제, 독학학위제), 방송통신대학교 등이 이에 해당된다.

둘째, 비형식교육이란 평생교육기관에서 이루어지는 정규교육 이외의 구조화된 학습활동을 의미하며, 공식적인 학위나 졸업장 취득을 우선 목적으로 하지 않는 것을 전제로 한다(교육부, 한국교육개발원, 2019). 따라서 직장에서의 직무연수나 특강, 평생교육원, 평생학습관, 주민자치센터, 백화점 문화센터, 복지회관 등의 프로그램이 이에 해당한다. 그리고 「평생교육법」에서는 교육활동을 여섯 가지 영역으로 구분하고 있으나, 2019년부터 학력보완교육이 형식교육으로 분류되면서 비형식교육 프로그램은 성인문자해득교육, 직업능력향상교육, 인문교양교육, 문화예술교육, 시민참여교육의 다섯 개 영역으로 구분되고 있다. 비형식교육의 각 영역이 포함하는 구체적인 강좌는 **표 1-5**와 같다.

표 1-5. 비형식교육 프로그램의 분류

영역	프로그램
성인기초 및 문자해득교육	문해교육(저학력, 비문해대상 한글교실, 한문교실, 어르신컴퓨터, 산수교실 등)
직업능력향상 교육	외국어 자격증(토익, 토플 등) 컴퓨터 자격증(컴퓨터 활용능력, 워드프로세서 등) 자격증인증과정(평생교육사, 공인중개사, 요리기능사, 피부관리사 등) 취업 및 창업 준비과정(공무원 시험 대비반 등) 직무능력 향상교육과정(직무연수, 경력개발 등)
인문교양교육	경제 · 경영강좌(펀드, 재무설계, 부동산 등) 외국어강좌(생활 외국어 등) 컴퓨터강좌(정보 인터넷 소양 교육 등) 종교교육강좌(성경/불경 모임 등) 인문교양강좌(역사강좌, 철학강좌, 미술사강좌, 문학강좌 등) 가정생활강좌(요리, 유아 · 아동 · 청소년교육, 꽃꽂이, 예절교육 등)

영역	프로그램
	건강 및 의료강좌(보건교육, 금연교육, 생활의료교육 등)
문화예술스포 교육	음악강좌(피아노, 플루트, 노래교실, 가야금, 사물놀이 등) 미술강좌(풍선아트, 사진, 공예, 천연염색 등) 스포츠강좌(수영, 댄스, 에어로빅, 요가, 배드민턴 등)
시민참여교육	지도자과정(마을리더, 주민자치위원 교육 등) 시민참여교육강좌(시민교육, 인권교육, 평화교육 등) 환경생태강좌(자연과학, 환경, 생태강좌 등)

출처: 교육부, 한국교육개발원(2019). 한국 성인의 평생학습실태.

셋째, 무형식학습은 학습자가 강사의 지도 없이 자기주도적으로 학습하는 것을 의미한다(교육부, 한국교육개발원, 2019). 무형식학습이 형식·비형식교육과 구분되는 기준은 '교수과정에 의한 학습(taught-learning)'으로, 학습자의 자발적이거나 우연한 활동을 통해 배우게 되는 경험을 포함한다. 따라서 가족, 친구 등 타인의 도움이나 조언을 통한 배움, 인쇄매체 혹은 컴퓨터나 인터넷을 활용한 학습 등이 이에 해당된다.

5) 평생교육의 특성

평생교육의 특성을 이해하기 위해서는 평생교육의 기본적 성격과 그 원리를 살펴볼 필요가 있다. 이러한 이해를 바탕으로 김문섭 등(2019)이 주장한 여덟 가지의 기본적 평생교육 특성을 살펴보면 **그림 1-4**와 같다.

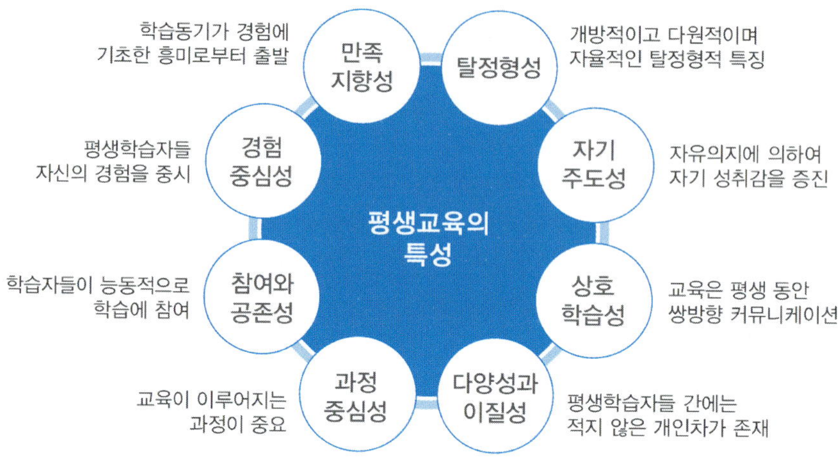

그림 1-4. 평생교육의 특성

(1) 탈정형성

형식화, 제도화된 교육원리와 다르게 평생교육은 학교교육과 달리 본질적으로 탈정형성을 그 특징으로 한다. 평생교육은 교육의 시기에서부터 교육의 장소, 교육대상, 교육담당자, 교육체제, 교육 프로그램 및 교육과정, 교육방법, 교수·학습 자료 및 교재, 교육평가 방식 등에 걸쳐 획일적이며 경직된, 그리고 폐쇄적이며 정형적인 교육적 요소가 학교교육에 비해 극소화된다. 개방적이고 다원적이며 자율적인 탈정형적 특징을 지닌다.

(2) 자기주도성

평생교육은 자유의지에 의하여 '자기성취감'을 증진시킬 수 있는 활동이다. 한 평생에 걸쳐 이루어진다는 점에서 타인의 강요나 외부의 기대에 의해 학습하는 것이 아니라 성인학습자들이 자신의 필요와 교육적 욕구에 따라 자율적으로 교육을 선택하고 참여하는 것을 전제로 한다. 미리 정해진 교육과정에 의해 교육받는 것이 아니라 교육의 전 과정, 즉 계획, 실행, 평가의 전 과정에 학습자가 함께 참여하여 자율적이고 자기주도적인 학습을 행하게 되는 특성을 지닌다.

(3) 상호학습성

교육은 평생 동안의 쌍방향 커뮤니케이션이다. 따라서 성인친화적인 관점에서 학습을 향상시킬 수 있도록 상호학습 분위기가 중요하다. 평생교육은 상호학습(co-learning), 즉 주고받는 학습의 특성을 지닌다. 학습자 상호 간, 교사와 학습자 간의 상호 교류와 피드백을 통한 학습이 중요시되는 상호학습의 특성을 지닌다. 교육방식 역시 단순한 강의보다는 시청각매체의 활용, 토론, 세미나, 실습 등의 학습이 보다 효과적이다.

(4) 다양성과 이질성

평생학습자들 간에는 적지 않은 개인차가 존재한다. 그래서 평생교육은 학교에서의 학생 대상 교육과는 달리 교육대상, 담당자, 목표, 내용, 방법, 교육시기, 교육시간, 교육장소 등이 매우 다양하고 비획일적이며 유동적이라는 특징을 지닌다. 따라서 평생교육의 프로그램은 연령, 시간, 장소에 따라 다양하고 이질적인 뷔페식 교육과정(buffet curriculum) 또는 카페테리아식 교육과정(cafeteria curriculum)의 특성을 지닌다.

(5) 과정 중심성

평생교육은 학교교육에서의 성적 중심 또는 결과 중심 교육과는 달리, 교육이 이루어지는 과정이 중시되며 성과에 있어서도 외재적 성과보다는 내재적 성과, 그리고 학습결과의 외적인 객관적 평가보다는 학습자 자신의 삶의 주도성, 만족감과 성취감이 훨씬 더 중시되는 특징을 지닌다.

(6) 참여와 공존성

학습자들이 능동적으로 학습에 참여하는 것이다. 평생교육에서는 전 과정에서 모든 학습구성원이 함께 참여하는 것이 중요하다. 평생교육에서의 학습자는 마치 빈 컵이나 백지와 같은 객체적인 존재가 아니라 스스로 필요에 따라 앎을 추구해 나가는 주체로서의 학습자이다. 따라서 평생교육에 있어 가르치는 사람과 학습자는 수직적이고 위계적이며 권위에 기초한 주종관계가 아니라 수평적이고 대등한 관계하에 함께 소통, 참여하고 공존하는 특성을 지닌다.

(7) 경험 중심성

평생학습자들은 경험을 중시한다. 평생교육에서는 삶의 과정에서 축적된 삶의 경험이 최대의 학습자원으로 중시되고 그 활용이 강조된다. 평생교육 프로그램은 각 개인 학습자의 경험자원을 최대한 활용하는 경험 중심적 교육내용과 방법으로 구성되는 특성을 지닌다.

(8) 만족 지향성

학습동기가 경험에 기초한 흥미로부터 출발한다. 평생교육은 자발적이고 비의무적인 참여에 의한 자율적 학습이므로 무엇보다도 학습자체가 즐거운 학습이 되어야 하며, 학습자에게 학습을 통한 내적 만족과 즐거움을 줄 수 있어야 한다. 이러한 이유에서 평생교육 프로그램에는 적정의 레크리에이션 요소가 가미되며 학습자들의 내적 만족감과 지적 욕구충족을 통한 희열이 중시된다.

6) 우리나라의 평생교육

우리나라에서 평생교육의 개념과 원리가 최초로 소개된 것은 유네스코 한국위원회가 1973년에 개최한 '평생교육 발전 세미나'라고 할 수 있다. 그 후 평생교육에 대한 다양한 논의가 이루어졌고, 정부의 정책적인 연구과제가 나오기 시작하였고, 평생교육 관련 연구자와 연구공동체가 꾸준하게 출현하여 다양한 연구가 이루어졌다. 이후 1980년 개정 「헌법」에서는 '국가는 평생교육을 진행해야 한다'라고 표기하여 체계적인 평생교육의 실천 기반을 마련하였다. 1999년 8월에는 기존의 「사회교육법」을 개정하여 「평생교육법」을 제정하였고, 이듬해 2000년 3월부터 시행하였다. 여기에서 평생교육은 학교교육을 제외한 일정한 형태의 체계적인 교육활동으로 규정한다고 할 수 있다. 즉, 평생교육이란 '학교의 정규교육으로 행해지는 것을 제외하고 학교 외에서 행해지는 일체의 조직적 교육활동'이라고 보는 것이다. 우리나라 「평생교육법」 제2조 1항에서 보아도 '평생교육은 학교교육을 제외한 모든 형태의 조직적인 교육활동을 말한다'라고 표기하고 있다. 이런 평생교육의 필요성을 간단히 설명하면 다음과 같다.

시대의 변화를 보면, 교육과 학습이 따르지 않는 삶이란 사실상 상상하기 힘들다. 사람은 일생을 통해서 변화하는 과정을 거친다. 평생교육이란 문자 그대로 일생을 사는 동안 교육이 이루어지는 것을 의미한다. 정규 학교교육은 물론 유아교육에서부터 노인교육에 이르기까지의 모든 영역을 망라한다. 사람들은 흔히 '때를 놓치면 다시 배울 기회가 오지 않는다'라는 말과 같이 교육을 어린이와 청소년들에게나 필요한 것이라고 여기거나 제도권인 학교 안에서 일어나는 형식적인 지식의 체계적인 전달과정만 고려하는 경향이 있다. 그러나 교육은 인간의 생활이고, 인간성장 전반의 변화과정이다. 몸이 자라고 마음이 성장하는 사람은 항상 변화하고 성장 과정에 있다. 어린이는 어린이대로 성장하고, 어른은 어른대로 성숙해 간다. 생명의 본질, 생활의 본질은 바로 성장하는 것이기 때문이다. 성장한다는 것은 새롭게 변화하는 것을 말한다. 그리고 새로워진다는 것은 맑고 깨끗하고 생기 찬 생명으로 변화하는 것을 말한다. 그러므로 사람은 살아 있는 한 변화를 위한 교육이 필요하고, 또한 일생을 통하여 교육을 받아야 한다.

사람은 태어나서 죽을 때까지 활동한다. 가족, 학교, 지역사회, 직장 등 여러 사회적 환경과 조건 속에서 자기 자신의 능력과 재능을 키우고 발휘한다. 생활에 필요한 지식과 태도와 기술을 배우고 익힌다. 특히 사회가 급격하게 변화하고 생활문화가 복잡하게 발달할수록 학교교육보다 학교 밖의 교육, 즉 가정교육과 사회교육 혹은 유아교육과 성인교육이 절실하게 필요하다. 특히 오늘날 성인들의 평생학습에 대한 중요성은 날로 강조되고 있다. 즉, 성인들의 계속교육에 대한 요구는 지식·정보의 급속한 변화, 디지털 산업으로 인한 직업 세계의 획기적인 변화 등으로 날로 증가하고 있다. 성인들은 학교에서 배운 교육만으로 더는 사회의 변화에 적응할 수 없기에 생존을 위해 여러 가지 형태로 학습활동에 적극적으로 참여하게 된다.

(1) 우리나라 평생교육의 시기별 및 영역별 발달

우리나라에서 평생교육이 본격적으로 발달하기 시작한 시기는 1980년 이후부터이다. 그동안의 평생교육의 주요 발달과정을 시기별(1980년대, 1990년대, 2000년~2007년, 2008년~현재), 영역별(「평생교육법」, 교육부 행정조직, 평생교육 전담기구, 평생교육진흥계획, 주요 특징 및 역점 사업)로 구분하여 살펴보면 **표 1-6**과 같다(교육부, 국가평생교육진흥원, 2021).

표 1-6. 우리나라 평생교육의 시기별 및 영역별 발달과정

영역	1980년대	1990년대	2000년~2007년	2008년~현재
「평생교육법」	• 1980년 「헌법」에 '국가의 평생교육진흥 의무' 명문화 • 1982년 「사회교육법」 제정 공포	• 1990년 정부조직법 개편, 교육부 장관에게 평생교육 관련 업무 수행할 의무 명시 • 1990년 「독학에 의한 학위 취득에 관한 법률」 제정 • 1997년 「학점인정 등에 관한 법률」 제정 • 1999년 「사회교육법」에서 「평생교육법」으로 개정	• 2007년 「평생교육법」 전부 개정 ※ 2002년 「인적자원개발기본법」 제정	• 「평생교육법」 일부 개정(2009년~현재) – 2009년 평생학습계좌제 기반 마련 – 2013년 평생교육사 자격제도 운영 일원화 – 2014년 문해교육 개념 확장 · 지원 근거 / 읍면동평생학습센터 운영 지원 근거 마련 – 2015년 지자체의 학교형태 평생교육시설 보조금 지원근거 마련 – 2016년 문해교육 지원체계 및 문해교육센터 설치 근거 / 장애인평생교육 지원 및 국가장애인평생교육 진흥센터 설립 근거 마련 – 2019년 장애인 평생교육 종사자에 대한 인권교육 및 시도평생교육진흥원 장애인대상 평생교육 프로그램 운영 근거 마련
교육부 행정조직	• 문교부 • 1983년 사회직업교육국에서 평생교육 업무 담당 • 1986년 사회국제교육국으로 명칭 변경	• 1996년 평생교육국으로 명칭 변경	• 2001년 교육인적자원부로 개편, 교육부총리제 도입 • 2001년 평생직업교육국으로 명칭 변경 • 2004년 인적자원개발국으로 명칭 변경 • 2005년 평생학습국으로 명칭 변경	• 2008년 교육과학기술부로 개편 • 2013년 교육부로 개편 • 2014년 교육 · 사회 · 문화 부총리 신설 • 2008년 평생직업교육국으로 명칭 변경 • 2018년 평생미래교육국으로 명칭 변경
평생교육 전담기구		• 1990년 중앙교육평가원에 학위검정부(독학학위제 업무) 설치	• 2000년 한국교육개발원 내 평생교육센터 설치 • 2000년 16개	• 2008년 국가평생교육진흥원 설립 • 2011~2016년 시도 평생교육진흥원 개원(부산, 대전, 충북, 경기, 울산, 제주, 충남, 인천, 광주, 경북, 대구, 강원, 전남, 경남, 서울, 세종,

영역	1980년대	1990년대	2000년~2007년	2008년~현재
		• 1998년 학점은행제 운영개시(한국교육개발원)	시도 지역평생교육정보센터 지정	전북)
평생교육 진흥계획		• 1996년 평생교육종합계획 수립	• 2002~2006년 제1차 평생교육진흥기본계획 ※ 제1, 2차 국가인적자원개발 기본계획 수립 및 시행	• 2008~2012년 제2차 평생교육진흥기본계획 • 2013~2017년 제3차 평생교육진흥기본계획 • 2018~2022년 제4차 평생교육진흥기본계획
주요 특징 및 역점 사업	• 평생교육진흥을 국가 차원의 의무로 규정 • 평생교육정책 추진의 제도적 기반 마련 • 학력인정평생교육시설 운영 • 대학사회교육원(평생교육원) 설치 • 학교와 연계된 지역사회교육 확대 • 언론사 및 백화점 부설 문화센터 등 민간 평생교육 확대 • 사내대학 설치	• 성인 고등교육 참여 확대 추진(독학학위제, 학점은행제) • 1990년 독학학위제 운영개시 • 1997년 평생교육백서 발간 시작 • 1998년 학점은행제 운영개시	• 중앙 및 지역단위 평생교육지원체제 기반 마련 • 소외계층 대상 평생교육 프로그램 운영 본격화 • 평생학습도시 조성, 평생학습문화 관련사업 시작 • 2000년 평생교육사 양성 · 자격제도 시행 • 2001년 평생학습도시 조성사업 시작 • 2001년 제1회 전국평생학습축제 개최 • 2004년 제1회 평생학습대상 개최 • 2006년 성인문해교육 지원사업 시작	• 광역 및 기초자치단체장에게 평생교육진흥 임무 부여 • 중앙–광역–기초 지역단위 평생교육추진체제 구축 • 대학평생교육활성화 및 평생학습계좌제 추진 • 2008년 대학 중심의 평생학습 활성화 지원 시작 • 2010년 평생학습계좌제 시행 • 2011년 시도평생교육진흥원 운영 지원 시작 • 2012년 제1회 대한민국 평생학습박람회 개최 • 2014년 국가평생학습포털 '늘배움' 서비스 개통 • 2015년 한국형 온라인 공개강좌(K–MOOC) 개통 • 2016년 국가문해교육센터 설치 • 2018년 평생교육 바우처 지원 사업 시작, 2018년 매치업(Match業) 사업 시작 '검정고시지원센터' 운영 • 2019년 '학교협동조합 중앙지원센터' 운영 • 2020년 '대학 평생교육원 강좌 개설 지원사업' 시작

출처: 교육부, 국가평생교육진흥원(2021). 2020 평생교육백서.

(2) 평생교육법의 제정

대한민국 「헌법」 제31조[2]는 국민의 교육받을 권리를 제1항으로, 국가의 평생교육진흥 의무를 제5항으로, 학교교육과 평생교육을 포함한 교육제도의 법률주의를 제6항으로 천명하고 있다. 현행 「평생교육법」은 「헌법」 조문에 근거하는데, 「평생교육법」 제1장 제2조에 따르면, 평생교육이란 "학교의 정규교육과정을 제외한 학력보완교육, 성인문자 해득교육, 직업능력향상교육, 인문교양교육, 문화예술교육, 시민참여교육 등을 포함하는 모든 형태의 조직적인 교육활동"이라고 정의하고 있다.

우리나라에서 평생교육이 체계화된 시기는 「사회교육법」이 1999년 「평생교육법」으로 개정되고, 2007년 이 법을 보완하기 위한 목적으로 새롭게 전부 개정된 이후라고 할 수 있다(박선희, 2020). 평생교육의 이념은 1965년 프랑스 파리에서 개최된 '세계성인 교육발전회의(International Committee for the Advancement of Adult Education: ICAE)'에서 의장을 맡은 랑그랑이 제출한 토의 자료 '영구교육(l'education permante)'이라는 조서를 통해 최초로 언급되었다(박선희, 2020). 랑그랑은 조서의 서두에 "교육은 아동기 · 청소년기에 정지되는 것이 아니라, 인간이 태어나는 순간부터 계속되어야 하는 것이다"라고 기술하였다(차갑부, 2014). 이후 유네스코는 1970년을 '세계교육의 해'로 공포하며 평생교육을 기본이념으로 삼았으며, 이를 통해 평생교육이 세계의 관심을 끌게 되었다. 이듬해 1973년 유네스코 한국위원회가 '평생교육 발전 세미나'를 개최하여 평생교육의 개념이

2) 「헌법」 제31조
① 모든 국민은 능력에 따라 균등하게 교육을 받을 권리를 가진다.
② 모든 국민은 그 보호하는 자녀에게 적어도 초등교육과 법률이 정하는 교육을 받게 할 의무를 진다.
③ 의무교육은 무상으로 한다.
④ 교육의 자주성 · 전문성 · 정치적 중립성 및 대학의 자율성은 법률이 정하는 바에 의하여 보장된다.
⑤ 국가는 평생교육을 진흥하여야 한다.
⑥ 학교교육 및 평생교육을 포함한 교육제도와 그 운영, 교육재정 및 교원의 지위에 관한 기본적인 사항은 법률로 정한다.

국내에도 점차 보급되었다.

평생교육에 대한 광의의 개념은 유아부터 노년까지 전생애에 걸쳐 인간 개인의 성숙과 사회적 성장을 추구하는 교육을 총칭한다. 협의의 개념은 대한민국의 「평생교육법」 제2조[3]에서 정의하는 바와 같이 정규교육과정을 제외한 성인을 대상으로 하는 교육활동을 의미한다. 대한민국에서 평생교육은 성인교육 및 지역사회 개발에 중추적인 역할을 담당하여 왔다. 교육부는 2002년에 '평생교육진흥기본계획'을 처음 시행한 이후, 총 4차례에 걸쳐 5개년 계획을 시행해 성인의 학습 기회 확대와 평생교육 기능의 강화를 위해 노력해 왔다. 또한 2015 세계교육포럼에서는 '인천선언'을 통해 변혁적 교육과 모두를 위한 평생학습기회 진흥이라는 2030년까지의 교육 비전을 제시하였다. 개인 차원에서도 성인들은 전생애에 걸쳐 학력보완, 직업역량개발, 문화 향유 등을 목적으로 평생학습에 참여하여 왔다(김진화 외, 2010).

(3) 평생교육법에 의한 평생교육기관 유형

평생교육기관은 여러 가지 기준에 따라 구분할 수 있지만 1999년 개정된 「평

---

3) 「평생교육법」 제2조(정의)

이 법에서 사용하는 용어의 정의는 다음과 같다.

1. "평생교육"이란 학교의 정규교육과정을 제외한 학력보완교육, 성인 문자해득교육, 직업능력 향상교육, 인문교양교육, 문화예술교육, 시민참여교육 등을 포함하는 모든 형태의 조직적인 교육활동을 말한다.
2. "평생교육기관"이란 다음 각 목의 어느 하나에 해당하는 시설·법인 또는 단체를 말한다.
   가. 이 법에 따라 인가·등록·신고된 시설·법인 또는 단체
   나. 「학원의 설립·운영 및 과외교습에 관한 법률」에 따른 학원 중 학교교과교습학원을 제외한 평생직업교육을 실시하는 학원이다. 그 밖에 다른 법령에 따라 평생교육을 주된 목적으로 하는 시설·법인 또는 단체
3. "문자해득교육"(이하 "문해교육"이라 한다)이란 일상생활을 영위하는 데 필요한 문자해득(文字解得)능력을 포함한 사회적·문화적으로 요청되는 기초생활능력 등을 갖출 수 있도록 하는 조직화된 교육프로그램을 말한다.
4. "평생교육사업"이란 국가 및 지방자치단체가 국민과 주민의 평생교육을 위하여 예산 또는 기금으로 조직적인 교육활동을 직·간접적으로 지원하는 사업을 말한다.
5. "평생교육이용권"이란 평생교육 프로그램을 이용할 수 있도록 금액이 기재(전자적 또는 자기적 방법에 따른 기록을 포함한다)된 증표를 말한다.

생교육법」 제2조 제2항은 평생교육기관의 유형을 크게 세 가지로 구분하고 있다. 첫째, 「평생교육법」에 따라 인가 · 등록 · 신고된 시설 · 법인 또는 단체이다. 둘째, 「학원의 설립 · 운영 및 과외교습에 관한 법률」에 따라 학원 중 학교교과교습학원을 제외한 평생직업 교육을 실시하는 학원이다. 셋째, 그 밖에 다른 법령에 준거하여 평생교육을 주된 목적으로 하는 시설 · 법인 또는 단체이다.

그중 평생교육시설은 다시, 첫째, 학교 형태 평생교육시설, 둘째, 사내대학 형태 평생교육시설, 셋째, 원격대학 형태 평생교육시설, 넷째, 사업장 부설 평생교육시설, 다섯째, 시민단체 부설 평생교육시설, 여섯째, 학교 부설 평생교육시설, 일곱째, 언론기관 부설 평생교육시설, 여덟째, 지식 · 인력개발사업 평생교육시설, 아홉째, 평생교육을 주목적으로 하는 법인 · 단체로 분류할 수 있다. 2019년 「평생교육법」이 개정된 후 교육부에서 발간한 『평생교육백서』에 기재되어 있는 각 기관의 유형과 특징을 살펴보면 **표 1-7, 표 1-8**과 같다.

표 1-7. 「평생교육법」 상의 평생교육기관의 분류

구분	관계법	기관 구분	유형
「평생교육법」에 의해 인가 · 등록 · 신고된 시설	제31조	학교형태	교육감 지정 학력인정시설 (각종 학교, 기술학교 등)
	제32조	사내대학형태	사내대학
	제33조	원격대학형태	원격대학 및 원격교육 형태
	제35조	사업장 부설	산업체, 백화점 문화센터 등
	제36조	시민사회단체 부설	법인, 주무관청 등록, 회원 300인 이상 시민단체
	제30조	학교부설	대학/전문대 부설 평생교육원 등
	제37조	언론기관 부설	신문, 방송 등의 언론기관
	제38조	지식 · 인력개발사업	산업교육기관, 학교실습기관
	제2조	평생교육을 주목적으로 하는 법인단체	

출처: 교육부(2020). 2019 평생교육백서.

표 1-8. 「평생교육법」상의 평생교육기관의 특징

구분	내용
학교 형태	교육과정 및 시설·설비 등이 중학교 또는 고등학교와 유사한 시설로서 경제적 이유 등 개인사정으로 중·고등학교에 진학하지 못한 근로청소년, 성인 등을 대상으로 하는 평생교육시설을 말한다. 학력인정 평생교육시설은 교육감에게 등록한 학교 형태 평생교육시설 중 일정 기준 이상의 요건을 갖춘 경우 중·고등학교 졸업자와 동등한 학력이 인정되는 시설로 지정된 것을 말한다.
사내대학 형태	시간적·경제적 여유가 없어 대학에 가지 못한 근로자들을 위해 학교법인 설립 없이 일정 기간 사내교육을 이수하면 학력·학위가 인정되는 평생교육 차원의 고등교육기관으로 교육 경비를 고용주가 부담하여 근로자의 면학욕구를 수용할 수 있고 기업 입장에서는 전문 직무교육과 특화교육 효과를 거둘 수 있도록 한 새로운 평생교육 제도를 말한다.
원격대학 형태	정보통신 기술, 멀티미디어 기술 및 관련 소프트웨어 기술 등을 이용하여 형성된 상호 참여 공간을 주 학습장으로 하여 시간과 공간의 제약 없이 주로 비대면 교육을 통하여 전문대 또는 대학 졸업자와 동등한 학력을 인정하고 학위를 주는 평생교육 차원의 고등교육기관을 말한다.
사업장 부설	산업체, 백화점 문화센터 등 일정규모(종사자 100명) 이상의 사업장에서 당해 사업장의 고객을 대상으로 하는 평생교육시설을 말한다.
시민사회단체 부설	법인인 시민사회단체, 법령에 의하여 주무관청에 등록된 시민사회단체, 회원수가 300명 이상인 시민사회단체가 소속 회원 외에 일반 시민을 대상으로 평생교육시설을 부설하는 경우를 말한다.
학교 부설	학교의 인적·물적 자원을 지역사회에 개방하고 다양한 평생교육을 실시함으로써 각급 학교의 평생학습장화를 촉진하고 열린 교육 사회의 구현에 기여하기 위한 시설을 말한다. 「평생교육법」에 의거하여 각급 학교의 장은 학생·학부모 및 지역주민을 대상으로 교양 증진 또는 직업교육을 위한 평생교육 시설을 설치·운영할 수 있다.
언론기관 부설	신문·방송 등 언론기관(일간신문·주간신문·인터넷신문·월간잡지를 발행하는 개인 또는 법인, 방송을 하는 법인, 뉴스통신사업을 경영하는 법인)은 언론 매체를 통하여 평생교육진흥에 기여해야 하는 임무를 부담함과 동시에 일반 국민을 대상으로 교양 증진과 능력 향상을 위한 평생교육 시설을 설치·운영할 수 있다.
지식·인력개발	지식정보의 제공사업, 교육훈련 및 연구 용역사업, 교육 위탁사업, 교육훈련기관의 경영진단 및 평가사업, 교육자문 및 상담사업, 교수·학습 프로그램의 개발 및 공급사업 등을 1년 이상 경영한 실적이 있는 자로서 자본금 또는 자산이 3억 원 이상이고 전문 인력을 5명 이상 확보하고 있는 법인을 말한다.
다른 법령에 의한 시설	「학원의 설립·운영에 관한 법률」, 「도서관 및 독서진흥법」, 「박물관 및 미술관 진흥법」, 「근로자 직업훈련 촉진법」 등에 의한 학원, 직업훈련원, 도서관, 박물관, 문화원 등을 말한다.

(4) 우리나라 성인의 평생학습 현황

교육부와 한국교육개발원(2022)의 2021년 국가평생교육통계조사 결과, 우리나라 성인의 평생학습 참여율에 대한 현황은 **그림 1-5**와 같다.

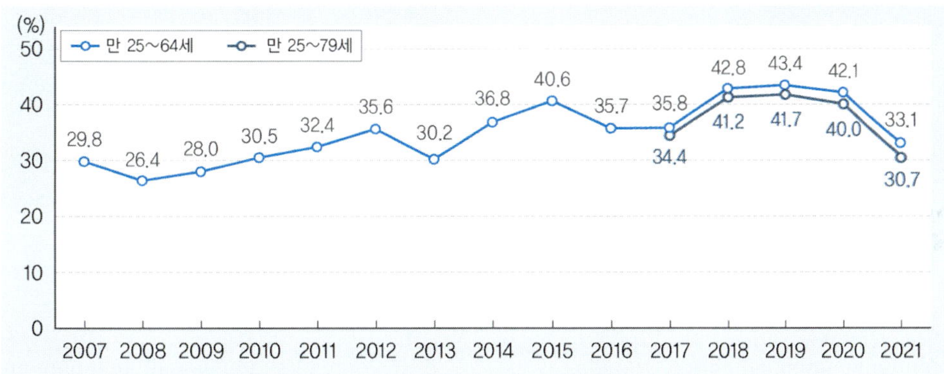

※ 2017년부터 65~79세 성인을 조사 대상에 포함하여, 평생학습 참여율 지표로 활용

그림 1-5. 연도별 평생학습 참여율

출처: 교육부, 한국교육개발원(2022). 2021년 국가평생교육통계조사.

우리나라 성인(만 25~79세)의 평생학습 참여율은 30.7%로 성인 10명 중 3명이 평생학습에 참여한 것으로 나타났으며, 이는 전년(40.0%, 2020년 기준) 대비 9.3% 감소한 수치이다. 구체적으로 남성(32.0%)이 여성(29.5%)보다 평생학습에 많이 참여하였으며, 청년층(25~34세, 40.6%) 참여율이 노년층(65~79세, 19.2%)보다 21.4% 높았고, 고소득층(월평균가구소득 500만 원 이상, 34.7%)이 저소득층(월평균가구소득 150만 원 미만, 17.6%)보다 17.1% 높았다. 경제활동상태별로는 취업자(34.4%)의 평생학습 참여가 가장 활발하였으나, 전년 대비 8.3% 감소하였으며, 실업자(28.6%)와 비경제활동인구(18.1%)의 참여율은 전년보다 각각

14.9%, 13.0% 감소한 것으로 나타났다. 지역별로는 수도권 거주자(31.9%)가 비수도권 거주자(29.6%)보다 평생학습 참여 비율이 다소 높은 것으로 나타났다. 형식 · 비형식교육 참여형태의 조사 결과는 **그림 1-6**과 같다.

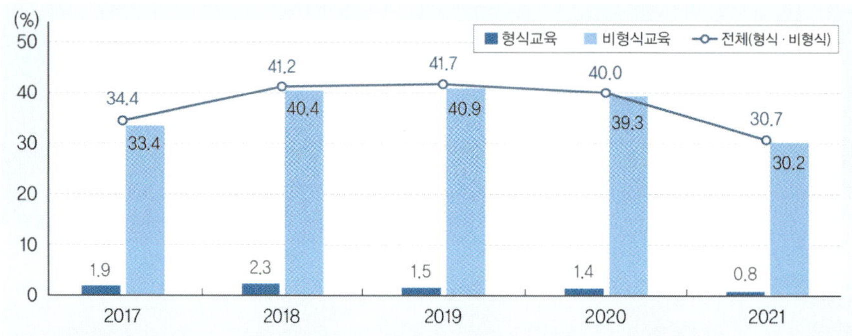

그림 1-6. 연도별 평생학습 참여율

출처: 교육부, 한국교육개발원(2022). 2021년 국가평생교육통계조사.

형식교육[4] 참여율은 0.8%로 전년 대비 0.6% 감소하였으나, 비형식교육[5]은 30.2%로 전년 대비 9.1% 감소하였다. 비형식교육 중 '원격 · 사이버 강좌' 형태의 프로그램에 참여한 비율은 8.7%로 전년(5.6%) 대비 3.1% 증가하였으며, 그 외의 형태에서는 모두 전년 대비 감소 추세로 비대면 형태의 학습이 증가한 것으로 나타났다. 평생학습 참여성과에 대한 조사 결과는 **그림 1-7**과 같다.

4) 형식교육: 초 · 중 · 고등학교나 대학(원)과 같이 정규 교육과정을 통해 졸업장이나 학위를 취득할 수 있는 교육(학점은행제, 독학학위제 등 학력보완교육 포함)

5) 비형식교육: 정규교육 이외의 구조화된 학습활동으로, 공식적인 학위나 졸업장 취득을 우선 목적으로 하지 않으며, 평생교육기관에서 운영하는 프로그램이나 교육과정을 통해 이뤄지는 교육(예: 직장에서 받은 직무연수, 학원 수강, 대학의 평생교육원 수강 등)

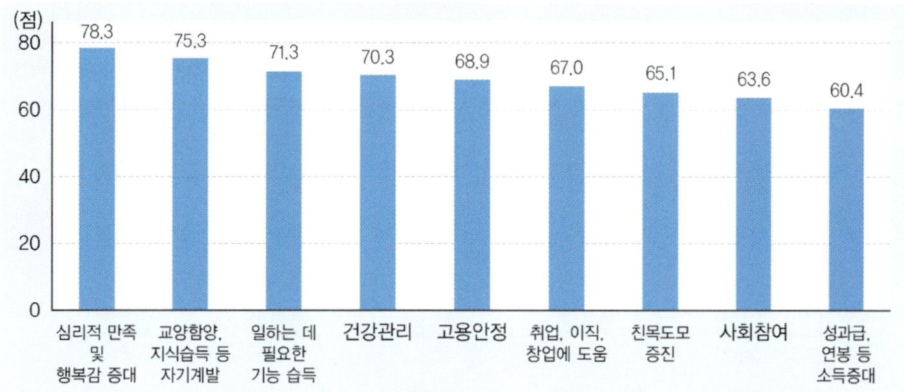

그림 1-7. 평생학습의 성과

출처: 교육부, 한국교육개발원(2022). 2021년 국가평생교육통계조사.

평생학습 참여자의 현재 생활만족도는 71.4점, 평생학습 비참여자의 현재 생활만족도는 66.5점으로, 평생학습 참여가 현재 생활만족도에 긍정적인 영향을 주는 것으로 나타났다. 또한 우리나라 성인은 평생학습 참여를 통해 '심리적 만족 및 행복감 증대'(78.3점), '자기계발'(75.3점), '업무에 필요한 기능습득'(71.3점)에서 높은 성과를 거둔 것으로 나타났다. 우리나라 평생교육기관에 대한 현황은 **그림 1-8**과 같다.

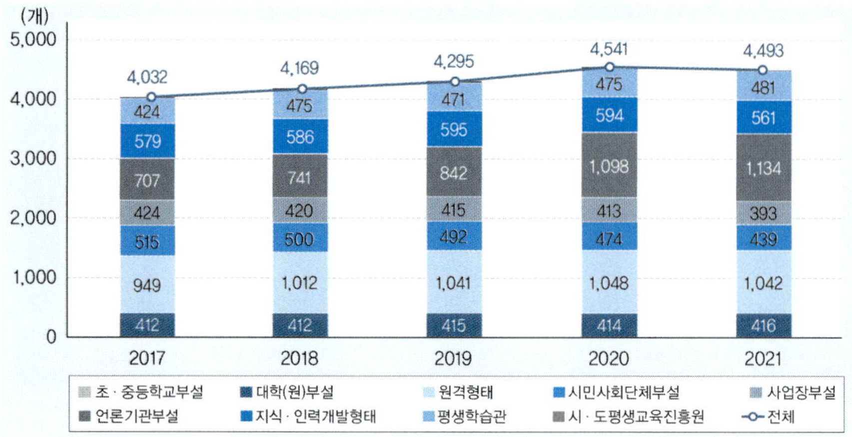

그림 1-8. 연도별 평생교육기관의 수

출처: 교육부, 한국교육개발원(2022). 2021년 국가평생교육통계조사.

평생교육기관 수는 4,493개로 전년(4,541개) 대비 1.1%(48개) 감소하였다. 유형별 기관 수를 살펴보면, 언론기관 부설 평생교육시설이 1,134개, 원격형태 평생교육시설이 1,042개, 지식·인력개발 평생교육시설이 561개, 평생학습관이 481개, 시민사회단체 부설 평생교육시설이 439개 순이며, 수도권(서울, 인천, 경기)의 기관 수는 2,962개로 전체의 65.9%를 차지하였고, 특히 프로그램 수(73.3%)와 학습자 수(92.3%)에서 수도권 비율이 매우 높은 것으로 나타났다.

설립주체별 기관 현황을 살펴보면, '법인'(63.9%)이 가장 많았고, '개인'(22.7%), '국가·지자체'(11.2%), '기타'(2.3%) 순으로 전년과 비슷한 수준이며, 특히, '국가·지자체'는 평생학습관(83.4%)이 대부분을 차지하였고, '개인'은 언론기관 부설 평생교육시설(66.0%)의 비중이 높았다. 연도별 기관유형별 프로그램의 수의 현황은 **그림 1-9**와 같다.

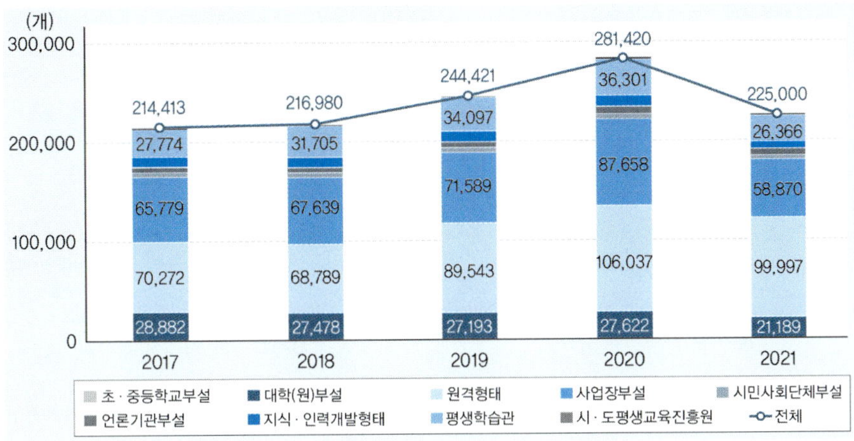

그림 1-9. 연도별 기관유형별 프로그램의 수

출처: 교육부, 한국교육개발원(2022). 2021년 국가평생교육통계조사.

평생교육 프로그램 수는 225,000개로 전년(281,420개) 대비 20.0% 감소하였으며, 그중 1개월 이상 운영된 프로그램 수는 164,865개로 전년(194,772개) 대비 18.1%(29,907개) 감소하였다. 기관유형별 프로그램 수를 살펴보면, 원격형태 평생교육시설이 99,997개(44.4%), 사업장 부설 평생교육시설이 58,870개(26.1%), 평생학습관이 26,366개(11.7%), 대학(원) 부설 평생교육시설이 21,189개(9.4%) 순으로 나타났다.

강의 방식별 프로그램 수를 살펴보면, 온라인 프로그램 수(93,652개)는 전년(91,850개) 대비 2.0% 증가하여 전체의 56.8%를 차지하였고, 오프라인 프로그램 수(64,077개)는 전년(101,670개) 대비 37.0% 감소하였다. 주제 구분별로는 '직업능력향상'(40.0%), '문화예술'(25.5%), '인문교양'(24.0%), '학력보완'(10.1%) 순으로 나타났다. 학습자 현황에 대한 조사결과는 그림 1-10과 같다.

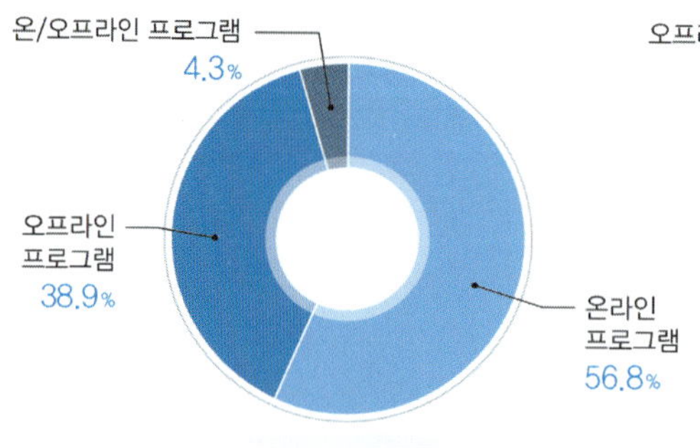

〈강의방식별 프로그램 분포〉

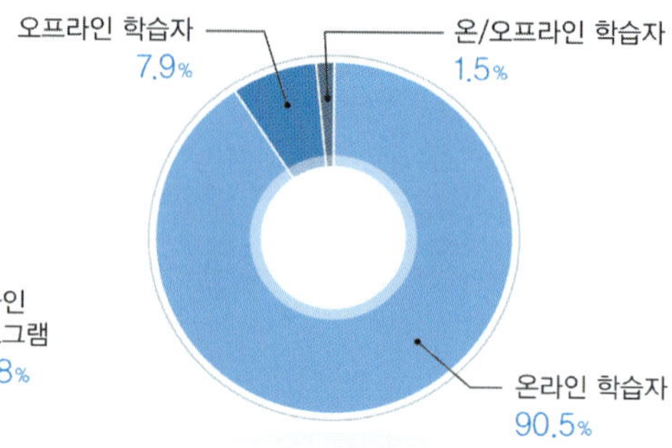

〈강의방식별 학습자 분포〉

그림 1-10. 학습자 현황

출처: 교육부, 한국교육개발원(2022). 2021년 국가평생교육통계조사.

평생교육에 참여한 학습자 수는 20,677,768명으로 전년(24,397,282명) 대비 15.2% 감소하였다. 강의 방식별로 살펴보면, 온라인 학습자 수는 18,722,544명으로 전체의 90.5%를 차지하였고, 전년(20,152,690명) 대비 7.1% 감소하였으며, 오프라인 학습자 수(1,639,940명)는 전년(4,103,398명) 대비 60.0% 감소하였다.

2. 평생학습

대부분의 학자들은 평생학습에 대해 생애주기별 학습활동으로 정의하고 있다. 생애주기에 있어서 중년기 성인들을 대상으로 하는 평생학습은 의도성과의 조직성을 기본전제로 일반사회의 다양한 장소에서 이루어지는 학습활동이며,

실생활 중심의 다양한 프로그램을 통해 이루어지는 학습활동으로서 사회적 적응은 물론 자아실현을 이루기 위한 차원에서 이루어지는 학습활동으로 정의하고 있다. 따라서 평생학습은 인간의 삶 전체에 걸쳐 일어나는 과정으로서 교육체제나 사회체제 내에서의 공식적인 교육뿐만 아니라 비공식적인 교육, 가정교육, 자기주도학습 등 다양한 형태로 이루어진다.

이러한 평생학습은 개인의 성장과 발전, 국가 및 지역사회의 발전에 큰 역할을 하며, 현대사회에서는 지식과 기술의 변화 속도가 매우 빠르기 때문에 지속적인 학습이 필요하다. 평생학습이 강조되고 있는 첫 번째 이유는 변화이다. 현대사회에서는 새로운 지식기반사회라고 할 수 있는 다양한 지식이 급속하게 쏟아져 나오고 있다. 1차산업 시대인 1945년에 농부가 가졌던 지식의 수명이 40년이라면 4차산업 시대인 오늘날은 IT산업에 종사하는 사람의 지식 수명이 3개월이라고 한다. 심지어 응용과학기술 분야의 지식은 더 짧은 시간에 그 수명을 다하기도 한다.

따라서 이제 학교에서 배우는 지식만으로는 이 시대를 살아가는 데 필요한 지식을 다 습득할 수 없다. 실제 의학의 발달로 평균수명은 점점 길어지고, 사회가 변하는 주기는 점점 짧아져 한번 배운 지식으로 평생을 살아가는 것은 거의 불가능한 시대가 되었다. 왜냐하면 인생을 마무리할 때까지 우리에게는 여러 번의 사회적인 변화가 찾아오기 때문이다. 이러한 사회적 변화가 다가올 때마다 인간과 조직사회는 변화에 직면한다. 변화를 뛰어넘기 위해서는 새로운 지식 기술, 새로운 사고와 방향 전환이 필요하다.

그러므로 개인이나 조직은 계속학습을 꾸준히 해야만 변화에 슬기롭게 대처해 갈 수 있다. 우리말에 '대기만성'이란 말이 있다. '큰 그릇을 만드는 데는 시간이 오래 걸린다'라는 뜻으로 이런 말을 하면, 사람들은 공부에는 때가 있다고 주장한다. 또 나이 많은 학습자들은 "이런 거 배워서 뭐하냐? 괜히 우리를 참여하게 하여 고생시키느냐?"라고도 한다. 그러나 성인 심리학에 따르면 나이가 들어도 학습은 충분히 가능하다. 사람의 지능은 유동성 지능과 결정성 지능으로 구분된다. 유동성 지능은 나이가 들어가면서 감소하지만, 결정성 지능은 잘 발달시키면 감소하지 않고 계속 증가하므로 나이가 들어도 결정성 지능으로 꾸준한 학습이 가능하다.

평생교육이 평생학습 개념으로 변화하게 된 계기 중의 하나는 1968년에 출간된 허친스(Hutchins)의 『학습사회』와 1983년에 미국의 성인교육학자인 노울즈(Knowles)가 유네스코 교육연구소에 제출한 논문인 「평생학습 공동체의 창조」이다. 평생학습의 개념에는 학습과정, 일반교양과정, 직업 재교육 과정의 평생학습이 있다. 평생학습은 개인의 자아실현과 직업능력 향상, 경제발전과 문화발전, 사회통합과 민주화 촉진 등이 목적이며, 이를 위해서는 정부와 기업, 학교, 시민단체 등 다양한 주체들의 협력과 지원이 필요하다. 또한 인터넷이나 모바일 기기 등 디지털 기술을 적극적으로 활용하여 온라인교육 프로그램을 운영하고, 오프라인교육과의 연계를 강화하는 것도 중요하다. 요약하자면, 평생학습은 개인의 삶 전반에 걸쳐 지속해서 이루어지는 학습활동이다. 이것은 개인의 성장과 발전뿐만 아니라 국가 및 지역사회의 발전에도 큰 역할을 한다. 그렇게 되기 위해서는 다양한 주체들의 협력과 지원이 필요하며, 디지털 기술을 적극적으로 활용하여 온라인교육과 오프라인교육 간의 연계를 강화해야 한다.

평생학습의 여러 개념에서 학습권적 평생학습 관점은 사회이슈화 문제, 시민활동 등을 중심으로 한 인간해방을 위한 평생학습이다. 일반교양적 평생학습 관점은 취미, 교양, 문화 등 전문적이지 않은 것을 자유롭게 배울 수 있는 평생학습이다. 즉, 자아실현, 개인의 발달, 자아존중감을 형성하는 평생학습이다.

직업 재교육적 평생학습 관점은 산업계 및 기업의 의향을 반영한 성인의 직업교육의 재교육을 중심으로 한 평생학습이다. 이러한 평생학습은 개인의 성장과 도약의 발전 계기가 될 뿐만 아니라 국가 경쟁력 향상에도 큰 역할을 하며, 많은 나라에서도 평생학습을 활성화하기 위한 정책들을 여러 측면에서 추진하고 있다.

우리나라에서도 "국가평생교육진흥원"이라는 기관을 설립하여 평생학습 관련 사업을 지원하고 있다. 또한 인터넷이나 모바일 앱 등을 통한 온라인교육 플랫폼도 많이 운영하고 있어 장소와 시간에 구애받지 않고 쉽게 평생학습을 접할 수 있다. 따라서 평생학습은 이제 선택이 아닌 필수 요소가 되어 적극적으로 참여함으로써 자신의 역량을 높이고 더 나은 미래를 만들어 갈 수 있다.

Chapter 02

성인기 발달이론

배울내용

1. 에릭슨의 발달이론
2. 헤비거스트의 발달과업론
3. 레빈슨의 인생 계절론
4. 기타 학자들의 성인기 발달이론

학습목표

1. 에릭슨의 발달이론을 통해 성인기 발달과업과 주요 특징을 이해한다.
2. 헤비거스트의 발달과업론을 통해 성인기 발달과업과 주요 특징을 이해한다.
3. 레빈슨의 인생 계절론을 통해 성인기 발달과업과 주요 특징을 이해한다.
4. 기타 학자들의 성인기 발달이론을 설명할 수 있다.

Chapter 02

성인기 발달이론

성인기 발달이론은 크게 생물학적, 심리적, 사회 · 문화적, 통합 모델의 관점으로 분류된다(Merriam et al., 2006). 생물학적 관점에서 성인기는 노화가 시작되는 시기이다. 나이가 들어가면서 신체적 기능은 저하되지만 반대로 지식 수준, 이해 능력, 문화적 감수성 등에 관한 결정적 지능(crystallized intelligence)은 연령이 높아짐에 따라 증가하고, 고차원적 문제해결 전략과 풍부한 삶의 경험을 지니게 된다(신은정, 2012). 사회 · 문화적 관점은 성인기의 변화는 사회적, 경제적, 역사적 요인과 같은 맥락적 영향을 받으며 이러한 요인이 내면적 요인보다 더 큰 영향을 끼친다고 본다. 개인의 교육 수준, 문화적 배경, 경제적 수준이 모두 다르며 또한 국가, 문화마다 다른 특성이 있기 때문에 어느 하나의 발달 패러다임에 의존하기보다 통합된 관점에서 조망되어야 한다는 주장이 제기되기도 하였다(조대연, 2021).

그러나 성인의 평생학습에서는 심리적 관점이 가장 큰 영향력을 지녀 왔으며, 성인의 심리적 발달은 생애주기에 따라 단계별로 구분된다(Aiken, 1998; Bastable & Dart, 2008; Merriam et al., 2006). 생애주기는 인간이 태어나면서부터 죽음을 맞이하는 순간까지 거쳐야 하는 인생의 각 단계로 시간의 흐름에 따라 인생에서 일어나는 진학, 취업, 결혼, 은퇴와 같은 일련의 생애사건으로 구성된다. 성인의 평생학습을 일으키는 중요한 기제인 경험은 생애주기 변화에 따라 개인이 마주하는 주요 발달과업과 밀접하게 연관되어 있다. 발달과업은 생애주기 각 단계마다 특정 시기에 성취해야 할 과업으로, 발달과업의 달성을 통해 개인은 비로소 성장할 수 있다.

사람의 생애주기 구분은 평생학습에서 특정 시기에 필요한 발달을 위한 교육을 제안하는 기능을 수행한다(장미정 외, 2021). 생애주기는 현재까지 교육 및 정책 대상을 세분화하는 가장 기본적인 틀과 준거가 된다(관계부처합동, 2021; 교육부, 한국교육개발원, 2021; 이윤경, 2021; 통계청, 2022). 이는 전 국민을 대상으로 하는 정책의 목적상 직업, 계층, 지위 등의 분류보다 앞선 상위의 기준에서 모든 사람을 포괄할 수 있는 생애주기의 장점에 준한다. 예컨대 교육 분야에서 「제5차 평생교육진흥 기본계획」(관계부처합동, 2022)은 '누구나 누리는 맞춤형 평생학습 진흥'을 모토로 성인기를 학령기와 구분하고 관련 지원의 필요와 근거를 설명하고 있다. 고용 분야에서 정책 탐색 기능을 제공하는 워크넷(2023)은 대상자별 정책 선택의 일차적인 기준으로 청년, 중장년, 노년기를 활용하고 있다.

교육학, 심리학 분야에서 생애주기와 연령을 살펴보면, 에릭슨(Erikson, 1959)은 8개 생애주기를 제시하였으며 이 중 성인기는 청년기, 중장년기, 노년기 3개 주기에 해당한다. 청년기는 18~39세로 성인기의 시작으로 직업을 선택하고 배우자를 만나는 과업을 행한다. 중장년기는 40~64세로, 생산, 양육, 교육과 같은 생산성 중심의 역할 수행이 요구되는 시기이다. 노년기는 65세 이상으로, 신체적인 노쇠, 은퇴와 같은 변화를 겪으면서 미래보다는 과거의 인생을 반추하는 과정을 겪게 된다(Erikson, 1959).

헤비거스트(Havighurst, 1952)의 발달단계는 연령에 따라 6개로 구분되며, 이 중 성인기는 성인초기 18~35세, 중년기 36~59세, 노년기 60세 이후에 해당한다. 성인초기에는 직업 선택, 배우자 선정, 육아, 가정관리의 과업을, 중년기에는 사회적 책임을 수행하고, 여가활동, 경제적 수준 유지, 중년기의 생리적 변화 경험 및 이해라는 과업을, 노년기에는 감소하는 신체적 체력, 은퇴 및 수입 감소에 적응하고, 배우자의 사망을 경험하거나, 사회적이고 공익적으로 가치 있는 일 수행과 같은 과업을 추구한다(Havighurst, 1952).

레빈슨(Levinson, 1978)은 인생과업 발달 모델을 통해 성인기를 일종의 사계절로 비유하였다. 해당 모델은 특히 성인기에 집중하여 성인기를 크게 성인전기, 중기, 후기 3개 단계로 구분하고, 세부적으로는 각 단계별 전환기를 포함하여 10개 단계로 세분화하였다. 구체적으로는 성인초기 전환기 17~22세, 성인입문기 22~29세, 30세 전환기 29~33세, 안정기 33~40세, 성인중기 전환기 40~45세, 중년입문기 45~50세, 50세 전환기 50~55세, 성인중기의 정점 55~60세, 인생 후기의 전환기 60~65세, 성인후기 65세 이상으로 구분된다(Levinson, 1978).

이상에서 살펴본 것과 같이 성인기 발달이론에 대해 에릭슨(1959), 헤비거스트(1952) 및 레빈슨(1978)의 이론을 중심으로 살펴보면 다음과 같다(강순희 외, 2022; 안조연, 2021; 이석영, 2000; 이윤진, 2023; 이효주, 2002).

1. 에릭슨의 발달이론

에릭슨(Erikson)

에릭슨의 이론은 원래 개인의 신체, 생리적 발달에 근거한 프로이트(Freud)의 심리성적발달이론을 확장, 발전시킨 것이다. 그는 대인관계, 사회적 접촉 등 사회적 발달에 초점을 맞추고 있다. 에릭슨의 이론에는 네 가지 중요한 원리가 포함되어 있는데, 구체적인 내용은 표 2-1과 같다.

표 2-1. 에릭슨의 이론의 원리

- 인간발달은 단계(Stage)에 의해 진행된다는 것이다. 인간발달의 과정은 연대기적 순서(chronological order)에 따라 전개된다. 그가 강조한 것은 인간의 각 발달단계는 연대기적으로는 누적되지만 심리적으로는 그렇지 않다는 것이다.
- 인간발달은 주기적인 과정을 밟는다는 것이다. 이 주기적 과정은 개인적이기보다는 세대적(generational)이다.
- 인간발달 과정은 대극적(bipolar)으로 전개된다는 것이다. 곧 적극적인 측면과 부정적인 측면이 대칭적으로 발달된다는 뜻이다. 이 대극적 발달은 적극적인 요소가 부정적인 요소를 극복함으로써 성격의 성장이 이루어지는 것이지만 전자가 후자를 완전히 소멸시켜서는 안된다. 왜냐하면 부정적인 측면을 적절하게 경험하지 못하면 성장을 위한 긴장관계가 형성되지 않기 때문이다.
- 인간발달 과정은 후성설적(epigen etic) 근거 위에서 진행된다는 것이다. 어떤 생명체든지 성장하려면 근간(ground plan)이 있고 거기서 지체가 생성되어 기능이 발달되는 것처럼 인간의 발달과정도 원인과 결과가 연속적으로 연계되어 있다는 것이다.

에릭슨은 인간의 발달단계마다 극복해야 할 발달적 위기(developmental crisis)가 있는데 그 위기를 극복하면 긍정적인 자아특성이 생기고, 그렇지 않으면 부정적인 자아특성이 생긴다고 보았다. 또한 인간은 그러한 양 극단의 특성을 모두 갖고 있고, 때때로 부정적인 특성도 어느 정도 활용하는 것이 적응에 도움이 된다고 보았다. 에릭슨은 심리사회적 발달을 8단계로 구분하였는데, 구체적인 내용은 표 2-2와 같다.

표 2-2. 에릭슨의 심리사회적 발달의 8단계

심리사회적 위기	연령	주요 사회적 관계	주요 특징	바람직한 결과
신뢰 대 불신	0~1세	어머니 (양육자)	양육자의 일관되고 적절한 돌봄과 사랑은 기본적인 신뢰감을 형성한다. 거부적이고 부적절한 돌봄은 불신을 야기한다.	신뢰, 희망
자율성 대 수치 및 의심	2세	부모	자기 능력으로 기능을 발휘하도록 허용하고 격려할 때 자율성이 발달한다. 과잉보호나 도움의 결핍은 환경을	의지

심리사회적 위기	연령	주요 사회적 관계	주요 특징	바람직한 결과
			통제하는 능력에 의해 의심을 갖게 하여 수치심이 형성된다.	
주도성 대 죄의식	3~5세	가족	탐색할 수 있는 자유를 허용하고 질문에 충실히 답해 줄 때 주도성이 발달한다. 활동을 제한하고 간섭하고 질문을 귀찮게 여기면 죄의식이 형성된다.	목적, 의도
근면성 대 열등감	6~11세	이웃, 학교	성취할 기회를 부여하고, 성취한 것을 인정, 격려하면 근면성이 발달한다. 성취할 기회를 갖지 못하거나 결과에 비난을 받고 귀찮은 존재로 취급하면 열등감이 형성된다.	기술, 유능감
정체성 대 역할혼미	청소년기	또래집단, 리더십 모델	자신의 존재, 가치에 대한 인식이 정체감을 발달시킨다. 신체적 불안감, 성역할과 직업선택의 불안정은 역할혼미를 초래한다.	성실, 충성
친밀성 대 고립	성인전기	친구, 연인, 회사동료	타인과 친밀한 인간관계를 유지하는 능력을 발달시킨다. 친밀한 관계형성에 실패하면 고립감을 느끼게 된다.	사랑
생산성 대 침체	성인중기	노동의 분화와 가사의 분담	다음 세대의 지도과정에 참여하고 생산적 활동을 통해 타인과 사회를 위해 노력할 때 생산성이 발달한다. 이러한 활동에 참여하지 못하면 침체감에 빠진다.	배려
통합성 대 절망	노년기	인류	자신의 인생이 만족스러웠다고 회상하고, 자신을 수용하고, 인생에 대한 관조를 할 수 있을 때 통합성이 형성된다. 반대로 인생을 후회하고 죽음을 두려워할 때 절망감에 빠진다.	지혜

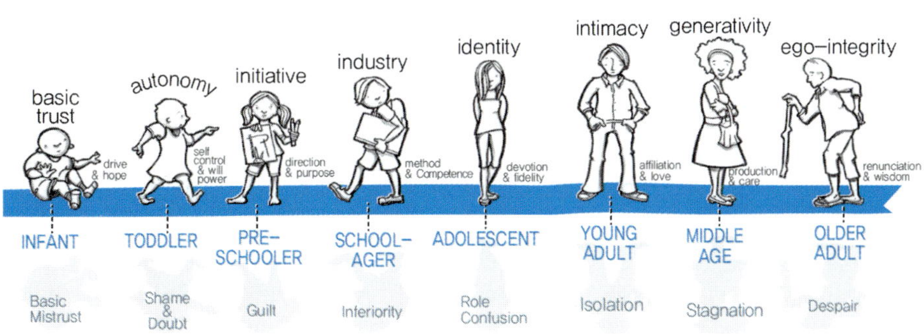

표 2-1에서 보는 것과 같이, 에릭슨은 인간은 8단계의 일정한 발달 시기를 거치게 되고, 각 시기마다 그 시기에 해결해야 될 사회발달 문제, 즉 발달과업이 있는 것으로 보았다. 그가 주장한 인간발달 8단계 중 성인학습자에 해당되는 청소년기, 성인기, 장년기 및 노년기에 대해 구체적으로 살펴보면 다음과 같다.

1) 제5단계: 자아정체성 대 역할 혼미(청소년기)

청소년기에 해당되는 이 시기(12~20세)의 핵심적인 발달과제는 자아정체성(ego identity)을 형성하는 일인데, 에릭슨은 자아정체성을 형성하는 청소년기의 발달을 특히 중시하였다. 자아정체성이란 자신이 누구이며 자신의 삶에서 진정으로 가치 있고 중요한 것은 무엇인지에 대해 스스로 규정한 신념체계를 말한다. 청소년기에 형성되는 자아정체성은 그 이후 진로와 직업을 선택하고 배우자를 만나 가정을 이루는 등, 자신의 생애 전체를 이끌어 나가는 과정에서 매우 중요한 역할을 하는 핵심 요소가 된다.

그런데 여러 측면에서 아직 미성숙한 청소년이 자기 자신과 자신의 삶을 제대로 바라보는 일은 쉬운 일이 아니기 때문에 그들은 '자기 자신을 찾아 나선 길고 험한 여정'에서 혼란과 시행착오로 인해 절망하고 방황하기도 하는데, 에릭슨은 이를 심리적 유예(psychological moratorium)라고 명명하였다. 고등학교를 졸업한 후 진로 선택과정에서 혼란을 겪으면서 유럽을 전전하며 방황했던 자신의 경험이 반영된 개념이다. 그러나 심리적 유예는 결국, 성인이 되기 위한 일종의 준비이며 통과의례인 셈이다. 젊은 시절에 자기가 누구인지, 자신의 삶은 어느 길로 나아가야 하는지 고심에 고심을 거듭했던 경험은 누구에게나 있을 것이다.

그리고 어린 시절의 불행한 경험이나 현재의 사회적 여건 때문에 정체감 형성에 실패하면 정체성 혼란(identity confusion)을 겪게 되는데, 이렇게 되면 이후의 직업 선택이나 배우자 선택과정에서 어려움을 겪고, 인생관과 가치관의 확립에도 심각한 문제가 생긴다. 이런 상태가 지속되면 정체감 혼란으로 인한 불안에서 벗어나기 위해 알코올이나 약물의존 등의 비행이나 성격장애 등을 유발하기도 한다. 이 시기의 발달적 위기를 잘 넘기면 성실성이 발달한다.

2) 제6단계: 친밀감 대 고립감(성인초기)

이전 단계인 청소년기에서 자아정체성 확립이라는 험난한 관문을 무사히 통과하면, 성인기에 이른다. 인생이라는 강물로 치면, 거친 상류를 지나 이제 어느 정도 속도와 방향이 일정해지는 중류에 해당되는 시기라고 할 수 있다. 취업과 결혼이라는 통과의례가 기다리고 있는 이 시기(20~35세)에서는, 학교와 가정의 울타리를 떠나 성숙되고 책임감 있는 성인으로서, 사회인으로서, 직장인으로서 자신의 역할을 제대로 수행하고, 배우자나 동료, 주변 사람들과 친밀한 관계를 형성할 수 있느냐가 중요한 관건이 된다.

에릭슨에 따르면, 진정한 친밀감은 자아정체성을 토대로 하여 형성된다. 자신의 성(城)을 단단히 쌓지 못한 사람은 다른 사람을 향해 마음의 문을 열 수 없기 때문이다. 따라서 청소년기에 자아정체성을 확립하지 못한 사람은 타인에 대해 친밀감을 가질 수 없어서 고립에 빠지거나 난잡하고 일시적인, 거짓된 친밀관계를 만들어 내게 되는데, 이처럼 부적절하고 미성숙한 반응은 다른 사람으로부터 멀어지게 하며, 깊고 신뢰로운 인간관계를 유지할 수 없게 한다. 친밀감 대 고립이라는 발달적 위기를 성공적으로 해결하면 사랑의 능력이 생긴다. 사랑은 자신을 타인에게 관여시키고 이 관여를 유지하는 능력이다.

3) 제7단계: 생산성 대 침체감(장년기)

이전 단계의 통과의례가 취업과 결혼이라면, 이 단계(35~60세)의 통과의례는 자녀양육과 직장생활이라고 할 수 있을 것이다. 가정에서는 다음 세대를 제대로 양육하고 직장에서는 신진에 이은 중견으로서 자신의 역할과 소임을 다함으로써 사회에 기여하는 것, 이것이 바로 에릭슨이 말한 생산성(generativity)이다. 생산성은 한마디로 말해, 자기의 존재가치를 확립하고자 하는 성격적 특성이다. 그러므로 이것이 결핍되면 성격은 침체되고 인생은 황폐해진다.

이 시기의 발달적 위기를 극복한 사람은 남을 배려할 줄 안다. 자신에 대해, 자신의 삶에 대해 긍지가 있고 자부심을 느끼는 사람만이 자기 자신과 자신의 삶에 여유로울 수 있고, 그렇게 되면 남에게 무엇이든 제대로 베풀 수 있게 되기 때문이다.

4) 제8단계: 자아통합감 대 절망감(노년기)

생애주기에서 노년기에 해당하는 이 시기는 인생의 마지막 단계이다. 강물로 치면 상류와 중류를 지나 하류에 이른 것이다. 흐름은 매우 완만해지고 방향에도 변동성이 거의 없다. 가야 할 곳은 오직 한 군데, 바다밖에 없다. 영원의 해원(海原)을 향해 한 걸음, 한 걸음 나아가, 마침내 근원의 세계로 합일될 것이다.

기본적 신뢰감이라는 돛을 올리면서 시작된 한 인간의 삶의 항해가 마침내 자아통합감이라는 닻을 내리면서 끝을 맺는 것이다. 다양한 크기와 모양의 지류들이 합쳐서 하나의 강물이 되듯이, 한 인간의 삶의 여정은 많은 단계를 지나는 동안 얻은 다양한 성취와 발달과업들을 한데 모아서 종착점을 향하게 된다.

신체기능은 물론 대부분의 정신기능까지 급격하게 쇠퇴하고 모든 것을 잃어

가는 이 시기에 이르면, 누구든 앞으로 나아가는 대신 지난날을 돌아보게 된다. 그래서 지나온 삶을 의미 있게 여기고 만족감을 느끼면 자신의 삶이 완성되었다는 느낌을 갖게 될 것인데, 이것을 에릭슨은 자아통합감(ego integrity)이라고 불렀다. 반면 삶을 회고하였을 때 후회와 아쉬움만이 가득하면 헤어나기 힘든 무의미과 허무의 나락으로 하염없이 빠져들 것이다. 이것이 바로 절망(despair)이다.

이 시기의 발달적 위기를 무난히 극복하면 지혜를 얻게 된다. 노년기의 지혜는 생의 마지막 단계에서 자신의 생애 전체에 가치와 의미를 부여하고 다가오는 죽음을 겸허하게 받아들일 수 있게 하지만, 그것을 얻지 못한 사람은 절망과 회한의 늪에서 생을 마감하게 된다.

2. 헤비거스트의 발달과업론

헤비거스트는 인생의 주기를 유아기에서 노년기에 이르기까지 6단계로 구분하고, 각 개인이 발달기간에 성취해야 할 일련의 발달과업을 열거하였는데, 구체적인 내용은 **표 2-3**과 같다.

헤비거스트(Havighurst)

표 2-3. 헤비거스트의 발달단계 및 주요 특징

시기	연령	주요 특징
유아기	0~6세	• 걷기 등 신체적인 운동 • 대소변가리기 • 언어능력의 신장 • 생리적 안정 • 성별의 구분과 성적 성숙 • 주변 사람과의 정서적 관계 형성 • 선악의 구분
아동기	6~12세	• 일상생활에 필요한 신체적 기술의 습득 • 또래집단과의 교제 • 유희와 게임 • 읽기, 쓰기, 셈하기의 기본 기술 습득 • 적절한 성 역할 습득 • 일상생활에 필요한 개념의 발달 • 양심, 도덕, 가치척도의 발달 • 사회집단과 제도에 대한 태도 발달
청소년기	12~18세	• 동성 혹은 이성 친구와 새롭고 성숙한 관계 형성 • 사회적으로 적절한 성 역할 학습 • 자신의 신체에 대한 수용 및 효율적 활용 • 부모 및 기타 성인들로부터 정서적으로 독립 • 직업을 선택하고 준비 • 시민으로서 필요한 지적 기술과 개념의 발달 • 행동의 지침이 되는 가치 및 윤리체계의 습득
청년기	18~30세	• 가정생활의 관리 • 자녀의 출산 및 양육 • 직업생활의 영위 • 시민으로서의 역할 수행 • 동료집단과의 사교
중년기	30~60세	• 시민적 태도의 강화 • 가정생활 및 경제생활의 관리와 유지 • 여가활동 • 중년기의 생리적 변화 수용과 적응 • 건강관리
노년기	60세 이후	• 쇠퇴하는 체력 관리 • 은퇴의 준비 • 배우자 사망에의 적응 및 죽음 준비 • 친구관계의 재정리 • 사회적, 가정적 의무감에의 재적응

특히 그는 성인기를 연령에 따라 초기 성인기, 중년기, 후기 성인기로 분류하고 있다. 발달과업이란 한 개체가 일정한 단계에 적응하는 데 필요한 과업으로 이 과업을 성취하면 그 시기에 잘 적응할 수 있게 되고 행복하게 되지만, 이 과업을 성취하지 못하면 적응이 어렵고 불행해지며 사회의 비난을 받으며 다음 단계로의 발달이 어렵게 된다.

1) 초기 성인기(18~30세)

이 시기는 생애 중 가장 개인주의적이고 외로운 시기이다. 왜냐하면 혼자 혹은 둘이 주위의 관심과 도움을 가장 적게 받으면서 인생에서 가장 중요한 과제들에 도전해야 하는 시기이기 때문이다. 이 시기의 처음 몇 년간은 극히 자기중심적이다. 남자든 여자든 만족스러운 미래를 위해 올바른 판단을 내리기에는 강한 무력감을 느끼면서도 도움이나 지도를 거의 기대할 수 없다. 그러므로 자기가치를 인정받고 싶어 하는 욕구가 매우 강하다. 초기 성인기의 사람은 같은 나이 또래의 사람들끼리 떼를 짓는 데서부터 사회적 신분의 중요성이 매우 크게 확대되어 보인다. 또한 사회적 신분과 인정은 나이에 의해서라기보다는 기술, 능력, 지혜, 가족관계 등에 의해 결정된다는 것을 알게 된다. 헤비거스트는 초기 성인기의 발달과업을 **표 2-4**와 같이 제시하고 있다.

표 2-4. 헤비거스트의 초기 성인기 발달과업

- 결혼 상대자를 선택하는 일
- 혼인 후 배우자와의 원만한 관계를 유지하는 일
- 새 가정 생활을 시작하는 일
- 자녀를 양육하는 일
- 가정을 관리하는 일
- 직업을 선택하는 일

- 시민으로서의 책임을 수행하는 일
- 적절한 친교 집단을 형성하는 일

초기 성인기의 심리적 특징과 발달과업을 종합해 볼 때, 이 시기에는 직업을 선택하여 취업함으로써 독립된 개체로 활동을 시작해야 하며, 배우자를 선택하여 가정을 이루어야 하고 자녀의 출산 등으로 가족이 늘어남에 따라 가정을 재편성하는 등의 과업도 부과된다. 또한 대외적으로 시민으로서의 책임을 수행하고 적합한 사교집단에 가입함으로써 소속감을 갖게 된다.

2) 중년기(30~60세)

이 시기는 헤비거스트의 6단계 중 5단계에 해당되며, 개인의 사회에 대한 영향력이 절정에 달하는 노화에 따른 생물학적 변화도 느끼는 시기이다. 이 시기의 발달과업은 개인의 신체적 성숙과 사회적 기대라는 문화적 압력의 복합적 영향을 받는다고 보았다. 헤비거스트는 이 시기의 발달과업을 표 2-5와 같이 제시하고 있다.

표 2-5. 헤비거스트의 중년기 발달과업

- 성인으로서의 시민적 · 사회적 책임을 다할 것
- 만족할 만한 경제적 생활수준을 이룩하고 유지시키는 것
- 10대 자녀들을 책임 있는 성인이 되도록 하는 것
- 여가활동을 개발하는 것
- 배우자와 한 인간으로서 관계를 맺는 것
- 중년기의 사회 · 심리적 변화에 대한 적응과 수용
- 노부모에게 적응하는 것

3) 노년기(60세 이후)

인생의 마지막 단계라고 할 수 있는 성숙 후기인 노년기(60세 이후)에는 활발한 사회적 참여가 감소하는 것에 따른 사회적 유리 또는 은퇴로 인한 새로운 생활 속의 역할에 대한 재개입 등이 주요한 문제로 대두하게 되는데, 헤비거스트는 노년기의 발달과업을 상실에 대한 적응과 보상에 중점을 두었다. 따라서 노년기의 발달단계를 성공적으로 이끌어 가기 위해서는 기술, 능력, 업무를 습득해야 하며, 특히 후기 장년기(노년기)는 방위에 중점을 두고, 새로운 기회 포착보다는 삶을 유지하는 것에 초점을 둔다. 헤비거스트는 이 시기의 발달과업을 **표 2-6**과 같이 제시하고 있다.

표 2-6. 헤비거스트의 노년기 발달과업

- 약해지는 체력과 건강에 적응
- 은퇴와 소득 감소에 적응
- 동년배와 친밀한 관계의 유지
- 배우자의 죽음에 대한 적응
- 사회적 책임 이행 등 자신이 조정할 수 없는 변화에 대한 적응

노화로 인해 건강, 사회적 지위, 경제력 상실, 역할의 상실이 노인의 전반적인 기능 상실에 대한 영향을 미칠 때, 이 상실에 대해 성공적으로 적응하는 것을 성공적인 노화로 보았다.

3. 레빈슨의 인생 계절론

레빈슨(Levinson)

레빈슨은 그의 예일대학 동료들과 함께 근로자, 기업가, 학자, 예술가로 종사하는 35세에서 45세 사이의 남성 40명을 대상으로 삶의 전반에 대해 심층적인 면접을 하여 얻은 자료와 유명인의 자서전이나 문학 작품 속의 주인공의 생애를 분석한 결과를 통합하여 인생주기 모형을 제시하였다. 그는 인생의 주기를 크게 네 시기로 나누고, 각 시기 사이에 세 번의 전환기를 설정하였다. 각 시기에 개인은 각각 5년간에 걸친 이 전환기 동안에 이전 시기의 삶을 평가하고 통합하며, 다음 시기를 설계하게 한다. 레빈슨이 주장한 인생 단계론과 각 단계의 특징은 **그림 2-1**과 **표 2-7**과 같다.

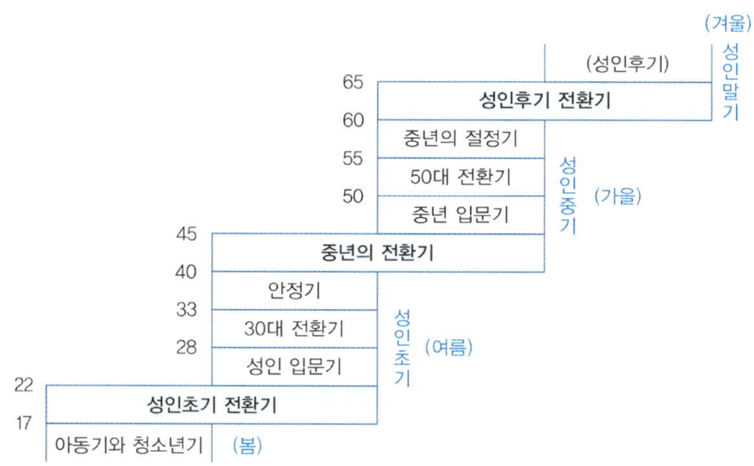

그림 2-1. 레빈슨의 사다리: 성인의 인생 단계들

표 2-7. 레빈슨의 발달단계와 특징

발달단계	연령	주요 특징
과도기	17~22	성인세계로 첫발을 내딛는 시기이며 가능성들을 탐색하고 시험적인 수행을 시도함
성인초기(성인세계 도입기)	22~28	결혼, 가족으로부터의 분리, 멘토 관계와 같은 첫 번째 주요 인생구조를 형성하고 꿈을 추구하려는 시도를 함
30세 과도기	28~33	첫 번째 인생구조에 있어서 문제점을 인식하고 재평가함: 전의 선택을 제고하고 필요한 새로운 선택을 시도함
정착기	33~40	두 번째 성인의 인생구조를 만드는 시기로, 자신을 직장, 가족, 친구, 지역사회에 투자함: 지역사회에서의 영역을 확립하고 꿈을 성취할 수 있도록 노력함
성인중기 과도기	40~45	성인초기와 성인중기의 다리 역할을 함: '나는 내 인생에서 무엇을 하고 있는가? 혹은 나 자신이나 다른 사람을 위해서 원하는 것이 무엇인가?'와 같이 기본적인 질문을 자신에게 하는데, 이때 위기가 올 수도 있음
성인중기 도입기	45~50	새로운 인생구조를 만드는데 이것은 꼭 새로운 직장이나 결혼이 아닐 수도 있고 일의 성격이 바뀌는 것이 아닐 수도 있음
50세 과도기	50~55	30세 전환기와 비슷함: 성인중기의 인생구조에 대한 적응이지만 중년의 전환기에 의지가 없었다면 이때 일어날 확률이 높음
성인중기 수렴기	55~60	성인중기에 안주하는 것과 비슷한 두 번째 중년기 인생구조를 만듦: 만일 그가 역할이나 자아의 변화에 성공적으로 인생구조를 적응시켰다면 특히 만족스러운 시간일 것임
성인말기 과도기	60~65	성인중기가 끝나고 성인후기로 넘어가는 시기: 은퇴와 신체적 노화에 대비하는 시기로 인생주기에 있어서 중요한 전환점이 됨
성인말기	65세 이후	은퇴와 신체 노화에 대비한 새로운 패턴의 인생구조를 확립하는 시기: 질병에 잘 대처하고 젊음을 잃는 것에 대한 심리적 충격에 대비해야 함

레빈슨의 성인기 발달 모형의 또 하나의 특징은 각 시기에는 한 개인의 삶의 기본 양식을 뜻하는 인생구조를 가정하고 있다는 점이다. 인생구조는 '지금 내 삶은 어떠한 모습인가?'라는 의문에 대해 스스로 제시하는 대답을 의미한다. 그는 자신이 중요하다고 여기는 사람들과의 관계, 결혼과 가족, 직업을 중요한 요소로 설명하고 있다. 그의 연구 중 성인초기에 해당하는 부분을 살펴보면 다음과 같다.

1) 성인전기의 이해

레빈슨이 주장한 성인전기의 특징, 성격 및 사회적 특성, 삶의 과제 및 학습능력에 대해 구체적으로 살펴보면 다음과 같다.

(1) 성인전기의 특징

① 성인전기 전환기(17~22세)

레빈슨은 성인 이전기(preadulthood) 중 17~22세를 성인초기 전환기로 규정하고 있다. 이 기간은 청소년기와 성인초기를 연결하며, 또 양쪽의 일부분이기도 하다. 시대를 전환시키는 모든 전환기처럼, 이 시기도 인생 주기 안에서 하나의 결정적인 전환점이다. 이 시기 동안 성장하고 있는 남성은 아이도 어른도 아닌 애어른(boy-man)이다. 그는 성인 이전의 자아와 성인 이전 세계에서의 자신의 위치를 마무리 짓고, 동시에 최초의 성인 자아를 형성해서 성인 세계의 일원으로 자격을 얻기 위한 선택들을 하기 시작한다. 성인 이전기는 엄청난 성장의 시기이다. 그러나 그것은 단지 성인 생활을 위한 서막일 뿐이다. 그 결과로, 이제 막 성인 세계로 들어가려고 하는 아직도 미숙하고 취약한 한 개인이 탄생하게 된다.

이 시기의 두 가지 발달과제는 성인 이전기를 종료하고 성인초기를 시작하는 것이다. 첫 번째 과제는 성인 이전기를 벗어나기 시작하는 것이다. 성인 이전 세계의 본질에 대해, 그리고 그 안에서의 자기의 위치에 대해 의문을 던져 본다. 중요한 사람들, 집단들, 기관들과 맺어 온 관계를 수정하거나 끝맺는다. 그리고 그 안에서 형성된 자아를 재평가하고 수정한다. 개인이 인생의 한 계절을 마감할 때는 다양한 종류의 결별이나 끝맺음, 그리고 변형이 수반되게 마련이다.

이 과제의 주요한 구성요소는 원래의 가족에게서 분리되는 것이다. 분리의 과정은 외적인 측면에서 가족적 근거지를 떠나서 경제적으로 덜 의존적이 되고,

좀 더 자율적이고 책임감 있는 새로운 역할과 삶이 준비되어 있는 생활 속으로 들어가는 것이다. 내적인 면에서는 자신과 부모 사이가 더욱 크게 구별되고, 원래의 가족들과 심리적인 거리가 멀어지며, 부모의 지원과 권위에 대한 정서적 의존성이 감소한다. 젊은 남성은 중요한 사람이나 집단과의 관계, 성인 이전기의 자아의 부분들, 그리고 사회에서 통용되는 청소년다운 것들, 즉 성인 이전 세계 전체를 수정하고 포기해야 한다. 모든 끝맺음은 포기하는 데서 오는 상실감이나 슬픔, 그리고 미래의 삶이 과거처럼 만족스럽지는 않을 것이라는 두려움을 초래하기도 하지만, 과거보다 더 밝은 미래가 오리라는 희망과 기대 역시 갖게 된다. 성인초기 전환기에는 성인 이전기의 자아와 세계에 대한 어떤 면들은 포기하는 반면에, 성인발달의 바탕이 될 다른 면들은 내면화하기 시작해야 한다.

두 번째 과제는 성인 세계 속으로 첫발을 내딛는 것이다. 성인 세계 안에서 자신의 가능성을 탐색해 보고, 그 안에서 참여자로서 자신을 상상해 본다. 최초의 성인 정체감을 공고히 다지며, 그리고 성인기의 인생을 위한 몇 가지 예비적인 선택과 그 선택들을 시험해 본다. 이 시기의 젊은이는 청소년기와 성인기의 경계 지역에 있다. 전환기는 그가 그 경계 영역을 벗어나 성인 세계 안에 하나의 인생을 창조하기 시작할 때 끝난다.

② 성인 입문기(22~28세)

이 시기는 수많은 기본적 과정을 수반한다. 자아와 세계를 탐색하고 잠정적인 선택을 해서 또 그 선택들을 시험해 보며, 대안을 모색하고, 여기저기 개입해서 좀 더 통합된 인생구조를 형성한다. 성인 세계로 들어갈 때, 젊은이들은 소중한 자아와 성인 세계 사이를 연결해 줄 수 있는 최초의 인생구조를 형성하고 그것을 시험해 보아야 한다. 그는 이제 자신의 삶의 중심을 원래의 가족 속의 어린애의 위치에서 자신의 새로운 가정에 근거를 둔 풋내기 성인의 위치로 전환해야 한다. 이제 성인 세계로 완전히 들어갈 때이다. 이것은 다양한 노력을 필요로 한다. 유용한 가능성을 찾아내고, 성인으로서의 자신을 구체적으로 정의하며, 그리고 직업, 사랑 관계, 삶의 양식, 가치들에 관한 최초의 선택을 하고 또 그것들과 더불어 살기 위한 노력을 한다. 그는 두 가지의 주요한 과제에 직면한다. 탐색과 안정적인 구조의 창조가 그것이다.

③ 30세의 전환기(28~33세)

30세경이 되면 사람들은 자신의 인생을 또 다른 시각으로 보게 된다. 지난 10년 동안 자신이 관여해야 할 것에 미숙하지는 않았는데 의심하거나 또는 처음으로 강한 관여를 하게 된다. 그 결과 결혼에 대해 돌아보며 이혼율이 절정에 이르고, 일에 대해 돌아보면서 직업을 바꾸기도 한다. 그리고 이 시기를 평가의 시기로 이해하면서 사람이 어디에서부터 어디로 가는지를 신중하게 생각할 기회를 제공하는 정지기간이라고도 표현할 수 있다. 이 시기의 평가란 단지 그의 경력의 시작일 뿐인데, 그는 많이 개입되어 있지 않고 그에게 중요한 방향전환을 가능하게 하는 충분한 자원과 시간 및 에너지가 있기 때문이다.

④ 성인전기의 인생구조의 결정기(33~40세)

30대 초반에는 레비슨이 '안정'이라고 부른 젊은 시절의 열망을 실현시키려는 일관된 노력으로 접어든다. 이들은 사회에서 자신의 활동범위를 구축하려고 노력한다. 즉, 가족과 직업 및 사회에서 확고하게 자신의 삶을 뿌리 내리고 고정시키는 데 열중한다. 동시에 이들은 계속해서 발전해 나간다. 보다 나은 인생을 꾸미고, 자신들의 기술을 개선하고 활용하며, 보다 창조적이 되고 사회에 보다 기여하기 위해 노력하게 된다.

(2) 성인전기의 성격 및 사회적 특징

이 시기의 사람들에게 나타나는 가장 중요한 특징은 청소년기에 남들처럼 되고자 하던 것과는 달리 자신만의 독특성을 의식적으로 찾고자 한다는 것이다. 그래서 30세 중반과 후반 사이의 시기를 '자기 자신이 되기'라고 부르기도 한다. 이제 그는 힘을 가지고 영향력을 행사하는 사람들의 권위를 싫어하고 거기서 벗어나 자기 자신의 목소리를 내고 싶어 한다. 또한 청소년기에 자신에게 몰두하던 것과는 달리 공동체의 사회 속에서 자신의 위치를 찾고자 하면서 존경과 인정을 잃지 않을까 염려를 하기도 한다.

이것을 다른 말로 표현하자면 독립성과 친밀성으로 나타낼 수 있다. 성인전기의 사람들은 가족으로부터 독립하여 사회에서 나름대로의 위치를 확보하고자 한다. 이를 위해 부모의 품을 떠나서 경제적으로 독립할 뿐 아니라 심리적으로, 사회적으로 독립하면서 나름대로의 자기체계를 수립하게 된다.

이 시기의 사람들은 스스로 자기 삶을 책임져야 하기 때문에 불안감도 느끼게 되며, 혼자라는 외로움을 느끼게 된다. 이 시기에 독립성을 확보하지 못할 경우 지속적으로 의존적인 삶을 살 수밖에 없게 된다.

(3) 성인전기의 삶의 과제

이 시기의 사람들이 고심하여 씨름하게 되는 과제들 중에 일반적인 것을 살펴보면, 표 2-8과 같다.

표 2-8. 성인전기의 삶의 과제

- 배우자를 만나서 안정된 결혼생활에 적응하고, 자녀를 양육하며, 가족 관계를 원만하게 유지하는 것이다.
- 적절한 직업을 선택해서 경제적인 안정을 유지하면서, 성공을 추구하고, 삶의 보람을 찾는 것이다.
- 책임 있는 시민으로서 가족 이외의 공동체에 참여해서 사회발전에 기여하고, 지역사회에 봉사하는 것이다.
- 급격히 변화하는 사회에 적응하기 위해 자기성장을 추구하며, 여가를 의미 있게 지내는 것이다.

(4) 성인전기의 학습능력

이 시기의 사람들은 가장 훌륭한 신체적 표본을 가지고 있다. 즉, 일생 동안 가장 건강한 시기이다. 이 시기의 사람들은 신체적 건강뿐 아니라 지적인 능력도 절정에 달하고 감수성도 최고조를 유지하고 있다. 사물을 추리하는 능력, 창조적 능력도 절정에 달한다. 따라서 일생 동안 최고의 학습능력을 보이는 시기라고 할 수 있다.

2) 성인중기의 이해

레빈슨은 중년기를 '비록 변화의 형태와 정도가 엄청나게 다양하지만 인생의 구조가 언제나 상당한 정도로 변화하는 시기'라고 주장한다. 레빈슨이 주장한 성인중기의 특징, 성격 및 사회적 특성, 삶의 과제 및 학습능력에 대해 구체적으로 살펴보면 다음과 같다.

(1) 성인중기의 특징

① 중년 전환기(40~50세)

성인전기의 일을 끝내고 사람들은 동시에 성인중기의 요령을 익혀 간다. 이 교량 역할을 하는 시기 동안 이제 자신의 죽음을 보다 절실히 인식하는 사람들은 그들 삶의 모든 측면에 대해 실질적으로 의문을 제기한다. 레빈슨은 중년기 재평가가 개인이 지녀 온 모든 가치에 대한 실질적인 도전이기 때문에 정서적 동요를 경험한다고 보았다. 그러나 그 같은 재평가는 유익한데, 왜냐하면 예전에 했던 선택들을 되돌아보면서 자신이 간과했을지도 모르는 측면들에 대해 다시 한번 기회를 줄 수 있기 때문이다. 성공적으로 이 전환기를 보내는 사람들은 젊은 시절의 꿈과 타협하며 자신에 대해 좀 더 현실적인 견해를 가지게 된다. 반면 이런 과업에 실패한 사람들은 점점 더 하찮고 침체된 삶을 살아가게 된다.

② 성인중기로의 진입기(45~50세)

40대 중반이 되면 사람들은 때로 새로운 선택을 수반하는 새로운 인생구조를 세우기 시작한다. 예를 들어, 새 직업이나 현재의 일에 대한 재구성 또는 재혼이나 현재 아내와 다른 방식으로 관계를 맺는 것 등이다. 레빈슨에 의하면 매우 성공적인 사람들은 종종 중년기를 인생에서 가장 충만하고 창조적인 시기로 생각하는 반면, 어떤 사람들은 중년기의 과업을 전혀 해결하지 못한 채, 따분한 중년기를 보내거나 늘 바쁘고 잘 짜여진 나날을 보내게 된다.

③ 50세 전환기(50~55세)

인생구조를 수정할 수 있는 또 다른 기회는 50대 초반에 다가온다. 레빈슨은 원래 중년 전환기나 50세 전환기 동안 적어도 다소의 위기가 없이 성인중기를 통과하는 것은 불가능하다고 주장한다. 그러나 중년 전환기를 무난하게 보냈던 사람들에게는 어려운 시기일 수 있다고 보았다.

④ 성인중기의 인생구조 결정(55~60세)

성인중기 인생구조의 결정기는 남성들이 성인중기의 토대 구축을 끝낸 안정된 시기이다. 다시 젊어져서 인생을 풍요롭게 하는 사람들에게 50대는 위대한 완성기이다.

⑤ 성인후기의 전환기(60~65세)

60대 초반은 중요한 전환점으로서 중년기를 끝내고 노년을 준비하는 시기이다. 이 시기에는 은퇴와 신체적 노화에 대비하는 시기로 인생주기에 있어 중요한 전환점이 되는 시기이기도 하다.

(2) 성인중기의 성격 및 사회적 특징

이 시기를 특정 짓는 가장 대표적인 용어는 생산성(generative)이다. 이 말은 에릭슨에 의해 제시된 것으로 성숙한 성인이 다음 세대를 구축하고 이끄는 데 관심을 기울이는 것을 말한다. 자신들의 인생이 저물어 가고 있는 것을 바라보고는 다음 세대를 통해 지속적인 인생에 참여하려는 욕구를 느끼며, 이 욕구가 충족되지 않으면 침체를 경험한다는 것이다. 이런 생산성의 문제는 개인적 능력, 돌봄 및 내면성이라는 세 가지 문제로 세분화될 수 있는데, 구체적인 내용은 **표 2-9**와 같다.

표 2-9. 생산성의 세 가지 문제

구분	내용
개인적 능력	이 시기의 사람들이 사회 전반적으로 지도적 위치를 차지하는 데서 비롯된 것으로, 지도적 위치에서 지도력을 발휘하는 사람들이기 때문에 자기가 맡아 수행하는 일을 다른 시기와 비교해 볼 때 더 무거운 책임감을 느낀다고 할 수 있다. 지도력을 발휘하는 일에서 삶의 보람을 느끼기도 하고, 이것 때문에 좌절을 맛보기도 한다. 결국 이 시기의 사람들은 어떤 책임감과 지도력을 행사해야 하는 상황하에서 자신의 최상의 능력을 발휘하게 된다.
돌봄	책임감과 지도력을 바탕으로 나타나는 개인적 능력으로 인해서 다른 사람들을 돌보는 것에 집중하게 된다. 자녀들, 나이 어린 형제나 부모, 고객과 이웃, 더 나아가 공동체의 구성원과 같은 자기 외의 사람들을 돌보는 일에 헌신하게 된다. 때로는 이타적인 헌신이나 아무런 대가를 바라지 않는 봉사로 나타나기도 한다. 이 시기의 사람들은 자신에게 돌봄을 받는 사람들이 느끼는 고마움을 확인하면서 보람과 삶의 의미를 찾게 된다.
내면성	사회에 대한 책임과 타인을 위한 돌봄 외에도 이 시기의 사람들은 내적인 변화를 경험하게 된다. 다시 말해 내면성이라는 특징을 갖게 되는데, 자신에 대한 고양된 감수성을 느끼게 되고, 돌봄과 헌신은 자신 안에서 가치를 재구성하게 된다. 이를 통해 저물어 가는 자신의 모습에 대한 보상을 받게 되는 것이다.

지금까지 살펴본 개인적 능력, 돌봄 그리고 내면성이라는 심리학적 주제들은 서로 역동적인 상호작용으로 이 시기의 사람들의 생산성을 성취해 가도록 동기를 제공해 준다.

(3) 성인중기의 삶의 과제

성인중기의 사람들이 해결해야 하는 삶의 과제들을 살펴보면 **표 2-10**과 같다.

표 2-10. 성인중기의 삶의 과제

- 신체적 변화에 적응해야 한다. 이런 변화에 적응하려고 염색도 하고, 새로운 방식의 옷을 입어 보고, 운동을 하는 것을 보면서 주위 사람들은 이 시기의 성인들이 두 번째 아동기를 맞고 있다고도 이야기를 한다. 이러한 변화에 적응해야 할 필요는 여성에게 더 절실히 요구되는데, 그 이유는 이런 갱년기의 외모 변화가 남성에게는 경륜과 노련미의 증거로 받아들여지지만 여성에게는 성적 매력의 상실, 여성으로서의 기능의 상실로 받아들여지기 때문이다. 하지만 남자든 여자든 신체적 변화를 겪은 이후에도 오랫동안 생산적인 일을 할 수 있고 또 기회도 주어지기 때문에 이 시기를 거치는 사람들은 일어나는 변화를 지혜롭게 대처해 나가야 한다.
- 새로운 환경에서 결혼생활을 이어 가야 하는 과제가 주어진다. 30대 후반의 시기를, 자녀들을 학교로 떠나 보내고, 낮 동안 집안이 이상하리만치 조용한, 적막한 둥지의 시기로 이해한다면, 40대 후반에는 빈 둥지 시기가 오게 된다. 즉, 자녀들은 집을 떠나서 독신으로 지내거나 결혼을 하게 된다. 이 시기에는 아이들은 다 출가해 보내고도 30여 년을 더 부부생활을 해야 하는 것이 이들에게 주어진 과제이다. 이에 잘 적응을 하지 못할 경우 이혼이라는 시련이 찾아오기도 한다.
- 노인이 되어 버린 부모를 돌보는 일이다. 중년기의 사람들은 나이가 든 부모에 대한 책임 때문에 상당한 불안감을 느끼기 쉽다. 부모는 언제나 그의 옆에 있는 강한 세대였다. 그러나 이제 그는 자신이 역할이 바뀐 것을 알게 된다. 나이든 부모는 아마도 그의 보살핌을 필요로 할 것이다. 그들이 그의 보살핌을 더욱 필요로 함에 따라 그가 이제 곧 가장 나이 먹은 세대가 될 것이며, 그 자신의 도움이 필요한 세대가 될 것이라는 생각을 불러일으킨다. 자신의 능력, 자기의 분주함 그리고 자녀 뒷바라지와의 중복 문제 등으로 어려움을 겪고, 효도에 대한 부담감을 심각하게 느끼게 된다.

(4) 성인중기의 학습능력

성인전기로부터 중기에 이르기까지 생물학적 변화는 거의 알아차리지 못할 정도로 점진적으로 일어난다. 우선 신체적 변화가 일어난다. 시각, 청각, 미각,

후각과 같은 감각이 서서히 둔화된다. 체력과 근력은 전성기 때의 10% 정도가 감소된다고 한다. 다음으로 지적 측면에서 볼 때, 그 변화는 미미한 수준이다. 이 시기의 사람들은 새로운 기술, 새로운 사실을 계속해서 배우며, 이미 잘 알고 있는 내용을 기억할 수 있다. 또한 이 시기의 사람들은 보통 지식과 기술을 획득하는 그 자체에 관심을 더 갖는다. 그리고 이 시기의 사람들은 성숙한 사고를 할 수 있다. 형식적, 조작적 사고의 순수한 논리적 특성은 물론 주관적이고 직관적인 사고를 할 수 있다. 이렇게 볼 때 학습에는 앞 시기인 성인전기와 비교해서 크게 떨어지지 않음을 알 수 있다.

4. 기타 학자들의 성인기 발달이론

성인전기 발달과업으로 발달심리학자 콜(Cole, 1948)은 이성에 대한 흥미의 확립을 제안하였다. 그는 이 시기 이성에 대한 관심을 발달시키고, 동년배에서부터 연장자의 이성에 대한 깊은 사랑의 전이가 성공적으로 이루어졌을 때 다음 단계의 발달에 도움이 된다고 제시하였다. 또한 설리번(Sullivan, 1953)은 성인전기에 대하여 대인관계의 다른 유형을 시험해 보는 시기로 또래 이성과 애정적 관계를 맺는 일은 중요하다고 하였다. 그는 처음 동성 간의 관계에서 형성되는 친밀감이 이성 관계로 확장되며, 연인 관계에서 더욱 깊게 발달한다고 주장하였다. 그는 각기 다른 여러 명의 이성과 사랑하며 다양하고 피상적인 관계를 형성하는 것이나 한 사람과 깊은 관계를 장기간 유지하는 것이나 새로운 감정과 대인 간 욕구를 다루는 정상적인 방식으로 보았다. 설리번(1953)의 친밀감이 성적 욕구를 배제한 주로 동성들 간의 관계에서 자기 노출, 공유 등을 지칭한다면 에릭슨의 친밀감은 이성 간의 관계에서 나타나는 성적 욕구를 기반으로 한다. 한편 베일란트(Vaillant, 1977)은 20~30세를 정체감 확립기로 정의하며 부모로부터 독립하여 자율성을 획득하고, 우정을 심화시키며 배우자 선택의 중요성을 강조함으로써 사회적 관계의 필요성을 강조했다. 샤이너와 마스텐(Shiner & Masten, 2002)은 성인전기 동안 사랑, 친구를 사귀는 일, 교육과 일을 강조하였고 브라이언트, 슐렌버그 및 오말리(Bryant, Schulenberg & O'Malley, 2004)는 또래 몰입, 낭만적 몰입, 교육과 일, 경제적 자율성, 시민의식, 그리고 약물남용 회피를 성인전기의 발달과업으로 제시하였다. 이와 함께 아넷(Arnett, 2000)은 청년기에서 성인전기로 진입하기 위한 과도기를 18세~25세까지로 규정하였고, 예이츠와 유니스(Yates & Youniss, 1997)는 성취와 유친, 정체감 및 시민의식이 이 시기 동안의 중요한 발달과업이라고 제안하였다.

Chapter 03

성인학습자에 대한 이해

배울내용

1. 성인학습자의 개념과 특징
2. 생애주기별 성인학습자의 특징
3. 성인학습자의 참여동기 및 장애요인

학습목표

1. 성인과 성인학습자의 개념을 구분하고 특징을 파악한다.
2. 생애주기별 성인학습자의 특징을 설명할 수 있다.
3. 성인학습자의 참여동기를 높이는 방안과 장애요인을 줄일 수 있는 방안들을 모색해 본다.

Chapter 03

성인학습자에 대한 이해

1. 성인학습자의 개념과 특성

1) 성인과 성인학습자의 개념

(1) 성인의 정의

'모두를 위한, 모두에 의한(ETF, 2023)' 평생학습의 가치는 근본적으로 아동, 청소년 및 성인 등 모든 사람에 적용되지만, 국내에서는 다음의 몇 가지 측면에서 성인의 평생학습이 더욱 주목받고 있다. 첫째, 우리나라는 저출산 기조와 인구구조 변화에 따라 25세 이상 성인의 비율이 2025년에 전 국민의 80% 이상을 차지할 것으로 전망되고 있기 때문이다(관계부처합동, 2021). 둘째, OCED 국가 평균 대비 성인기 역량이 급감하는 문제로 국내 성인의 평생학습지원과 활성화가 시급한 상황이기 때문이다(관계부처합동, 2022).

성인이라는 단어는 그 자체로 '성숙'이라는 의미를 내포하고 있는데, 이는 성인과 아동을 구분하는 점으로 인식된다. 그러나 성인을 누구로 볼 것인가에 대한 통일된 기준은 없으며, 법령에 의한 법적 기준도 국가나 문화마다 다르다. 예를 들어, 대한민국 「민법」은 성인의 연령 기준을 19세로 규정하고 있지만 이러한 기준은 국가에 따라서 18세, 20세 등 모두 상이하며, 한 국가 안에서도 지역법에 따라 달라지기도 한다. 이에 성인을 규정함에 있어서 심리적인 성숙의 정도, 사회적 역할 수행 여부 등의 측면을 함께 고려할 필요가 있는 것이다(권두승, 조아미, 2016).

성인에 대한 학자들의 개념을 살펴보면, 노울즈(1980)는 성인의 심리적 특성에 기초하여 성인을 성인의 역할을 수행하고 자신을 성인으로 인식하는 사람으로 정의하였으며, 성인의 개념은 생활연령, 발달정도, 사회적 역할수행에 따라 다르게 규정된다고 보았다. 권대봉(2006)은 성인을 자기관리를 통해 자신의 생활에 일차적인 책임을 질 수 있는 만 18세 이상의 사람으로 보았으며, UNESCO (2020)는 성인을 개인이 소속된 사회에서 성인으로 간주되는 사람으로 정의하였고, 메리엄과 브로켓(Merriam & Brockett, 2007)은 성인의 연령대에 놓이고, 성인으로 사회적 역할을 수행하며, 스스로를 성인으로 인식하는 사람을 성인으로 정의하였다. 또한 카푸르(Kapur, 2015)는 성인은 크게 생물학적인 성장과 성숙한 개인, 완전한 성장에 도달한 사람, 법적으로 정해진 성인 연령에 도달한 사람이라는 3가지 의미를 지닌다고 하였다.

(2) 성인학습자의 정의

이와 같이 성인의 정의에 기초해 볼 때, 성인학습자는 가정, 직업에서 다양한 역할을 수행하고 경험을 통한 관점의 전환을 통해 기존의 편견이나 고정관념을 새로운 태도나 행동으로 바꾸는 사람으로 정의할 수 있다(장미성, 김경이, 2022). 그리고 브룩필드(Brookfield, 1986)는 성인학습자를 다양한 역할과 책임을 갖고, 많은 삶의 경험을 축적하고, 여러 발달단계를 거치면서 과거 경험을 재해석하고 재배열하며, 학습에 대한 불안과 양면성을 경험하는 개인으로 정의하였다.

다시 말해 성인학습자는 사고, 가치 및 행동의 지속적인 변화를 촉진하는 학습활동에 참여하는 사람들이다. 구체적으로 성인학습자는 주로 정규 학교과정을 마치고 일정 시기의 사회 경험을 하고 난 후 계속적인 배움을 수행한다. 이처럼 성인학습자가 공교육 졸업 이후 학업을 중단하였다가 다시 학업을 이어 간다는 점에서 이들을 학업으로의 '복귀자', '두 번째 기회' 등으로 묘사되기도 한다. 따라서 성인학습자는 학위중심의 전통적 학생, 비학위 과정의 비전통적 학생 및 자기주도적으로 학습하는 개인을 모두 포함하는 개념이라고 할 수 있다.

성인이 참여하는 평생학습의 유형은 형식학습, 비형식학습, 무형식학습으로 이 중 어느 한 가지 활동에 참여하는 사람은 모두 성인학습자로 볼 수 있다. 무형식학습은 사람에게 필요한 일상적인 지식, 관행, 가치 및 규범을 습득하는 방법 자체이며 누구나 살아가면서 이러한 무형식학습을 경험한다. 결국 개인은 살아가면서 특정 시점에서 평생학습의 참여자와 비참여자로 구분될 뿐, 모든 성인을 학습자로 볼 수 있다.

2) 성인학습자의 특성

다양한 연령층으로 구성되는 성인학습자 집단은 그들의 다양하고 풍부한 삶의 경험을 바탕으로 서로 다른 교육적 필요에 의해 학습하게 된다. 성인교육을 제대로 수행해 나가기 위해서는 그 대상이 되는 성인학습자에 대한 이해가 선행되어야 한다. 학령기를 지난 성인을 대상으로 하는 모든 형태의 교육은 정규 학교교육과는 많은 차이가 있다. 따라서 성장함에 따라 변화하는 성인의 특성을 무시한 채 아동과 성인을 하나의 학습이론으로 설명하는 것은 성인을 위한 효과적인 교육의 실시를 어렵게 할 것이다. 성인학습은 다양한 특성을 지닌 학습자들을 대상으로 그들의 다양한 욕구와 흥미를 만족시키기 위해 프로그램이나 교사, 교육장소, 시간, 목표, 평가에 이르기까지 모든 부분에서 융통성을 지녀야만 한다. 먼저 교육대상의 대부분을 차지하는 성인의 주요 특성을 살펴보고자 한다(이기원 외, 2022).

(1) 신체 · 인지적 특성

성인의 시작이 어디부터인가에 관한 의견은 사회마다 혹은 개인이 지각하는 정도에 따라 다양하며, 각 사회에서 부여하는 법적 기준 또한 다양하기 때문에 정확한 성인의 범위를 정의하기는 어렵다. 그러나 사람은 일정한 연령이 되면 신체 및 정신적 성장이 일어나고, 어느 시점 이후부터는 성장의 둔화와 함께 서서히 쇠퇴하기 시작한다. 성인기의 변화 중에서 신체적 측면에서는 노화에 초점을 맞추고 있다. 왜냐하면 이는 성인들의 학습가능성과 직결되는 부분이기 때문이다.

신체적 기능의 노화와 함께 성인의 학습능력 또한 저하되는 것으로 인식되는 것이 일반적이었으나 노화가 진행된다고 해서 학습이 불가능한 것이 아니라는 연구들이 누적되면서 성인들의 학습가능성에 대한 긍정적인 전망이 이루어지고 있다.

성인기 노화에서 현저하게 이루어지는 신체적 변화를 살펴보면, 시력 감퇴나 색변별력의 쇠퇴 등 시력의 변화를 들 수 있다. 인쇄된 자료 및 컴퓨터 스크린에 나타나는 글자와 같이 섬세한 것을 지각하는 능력이 저하되는 것이다. 이러한 사실에 기초하여 성인학습자들의 학습환경을 조성할 때는 조명을 밝게 해 주고 일정한 조명상태를 유지해 주는 것이 필요하다. 그리고 점진적으로 쇠퇴하는 부분 중 하나가 청력의 감소로 인한 지각의 변화이다. 청력의 감소는 음절의 분별력이 상대적으로 떨어지기 때문에 성인학습자를 가르치는 교수자들은 명확한 발음으로 또박또박 느리게, 적절한 속도를 유지하며 강의를 진행해 나갈 필요가 있다.

이 밖에도 생리적 반응 속도의 저하 등으로 인해 학습능력이 쇠퇴하거나 체력 감소, 신체적 질병에 대한 영향, 지능 및 기억력의 감퇴 등을 들 수 있다.

성인의 인지발달에 대한 연구가 많지는 않지만, 먼저 기억의 용량에 대해 살펴보면, 기억의 용량은 기억폭(memory span) 검사에 의해 측정된다. 즉, 기억폭 검사는 숫자를 몇 개 불러 준 다음 그 순서대로 말해 보도록 하여 정확하게 회상할 수 있는 항목 수로 기억폭을 측정한다. 유아기는 이러한 기억능력이 부족하여 기억이 비체계적이고 부정확하다. 예를 들어, 낮에 어린이집에서 있었던 일을 물어보면 사실과 다르게 대답하는 경우가 많은데 이는 거짓말을 하는 것이 아니라 기억을 제대로 못하기 때문이다. 이러한 단기기억의 용량을 측정하는 기억폭은 유아기에 급속히 증가한다. 2세 유아는 2개, 5세 유아는 4.5개 정도, 성인은 7~8개 숫자를 회상할 수 있는 것으로 나타났다.

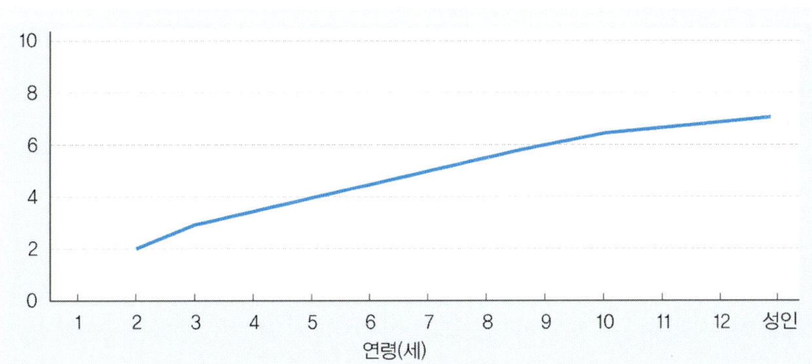

그림 3-1. 연령에 따른 기억폭의 증가

출처: Dempster, F. N. (1981). Memory span: Sources of individual and developmental differences. *Psychological Bulletin, 89(1),* 66.

그리고 지능에 대한 연구들을 살펴보면, 사람의 지능은 유아 시절에 빨리 발달하고 연령이 증가할수록 점점 느리게 발달하는 것으로 본다. 비네(Binet)의 연구에 따르면 지능은 약 16세경에 정점에 도달하고 45세까지는 고원(plateau)을 유지하다가 그 이후 감소한다는 것을 보여 준다(그림 3-2).

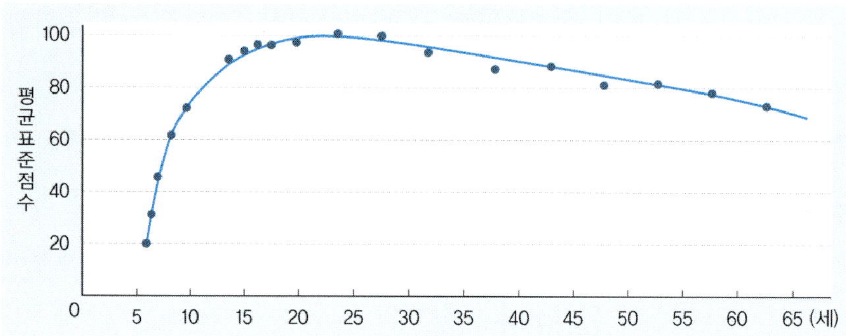

그림 3-2. 지능의 발달곡선

또한 여러 종단연구의 결과를 보면, 일반지능은 약 50세까지 성장하는 경향을 보이지만 그 과정은 사람마다 다른 것으로 나타났다. 샤이에와 스토더(Schaie & Strother, 1968)의 연구에서는 언어적 의미를 이해할 수 있는 능력은 55세가 정점이고, 문제를 해결하는 추리력은 40세에 정점에 도달하는 반면, 언어유창성은 25세에 정점에 도달하고 이후 감소하는 경향을 보였다. 일반적으로 유아나 아동기에는 지능이 변화하는 경향이 있으나 성인이 되면 큰 변화를 보이지 않고 유지된다. 따라서 일상생활에 지속적이고 활발하게 참여하고, 지적인 활동을 계속 유지하는 것이 연령의 증가에 따른 상대적 지능 저하를 최소화할 수 있는 방법이다.

이상의 연구결과들을 종합해 볼 때, 지능의 결정적 시기가 유아기부터 청소년기까지인 것으로 볼 수 있다. 따라서 이 시기에 가정과 학교에서 풍부한 교육적 환경과 자극을 제공할 필요가 있다. 20세가 넘은 뒤에도 어떤 지적 능력, 예를 들어 평가력, 종합력, 해석력 등과 같이 경험의 양적 증가와 관련된 능력들은 지속적으로 발달한다. 이와 같은 증거는 19세, 50세, 61세 100명을 대상으로 수행된 연구에서 나타난다. 이 연구에서 수학점수는 19세 때 최고였으며 나이가 들어감에 따라 서서히 내려갔다. 그러나 추리력 검사에서 나타난 점수는 바로 그 반대였다. 추리력 점수는 계속적으로 올라갔으며 61세 때 최고였다. 언어능력 점수는 19세 때보다 50세 때 높았으나 61세 때는 조금 내려갔다. 총점은 19세 때보다 50세 때 훨씬 높았고 그 후 조금 내려가는 경향을 보였다(강순희 외, 2022; 강태훈 외, 2013).

이 연구는 최소한 현재의 지능검사로 측정된 지능이 나이가 들어감에 따라 결코 하강만 하는 것은 아님을 말해 준다. 카텔(Cattell)은 결정성 지능[1]은 나이가 들어감에 따라 계속 증가하고, 유동성 지능[2]은 청소년기에 절정을 이루다가 서서히 하강한다고 주장하였다.

(2) 심리 · 사회적 특성

중년기 심리적 특징의 가장 중요한 변화는 자아개념과 자아가치관의 변화에 따른 위기증상이다. 자아가치관은 육체적 힘에 뿌리를 두고 있었기 때문에 이제는 자신을 쓸모없는 사람으로 생각하기 쉽다. 특히 중년기 여성의 자아개념은 이 시기가 되면 더 낮아지며, 이로 인하여 실망감, 상실감에 빠진다는 연구도 있다.

1) 후천적으로 살아가면서 축적되는 지식이나 경험을 통해 획득된 능력으로서 언어적 요인, 문제해결능력, 논리적 추리력, 일반상식 등이 포함된다. 유동적 지능을 바탕으로 생겨나지만 가정환경과 교육정도 및 직업 등과 같은 환경적, 문화적 영향에 의해 발달하는 지능으로서 40세까지 발달하고 환경에 따라서는 노인기까지 계속 발달한다.

2) 선천적, 생물학적으로 결정화된 정신과정을 반영한 능력으로서 비언어적인 지각적 요인과 공간적 요인 등을 포함한다. 지능이 높은 사람은 새로운 상황에 대한 적응력이나 새로운 문제를 해결하는 응용력 등이 높으며, 14세까지 발달하고 14~20세까지는 안정 상태를 유지하다가 22세 이후부터 급격히 감소하는 경향이 있다.

이러한 중년기에 시작되는 다양한 변화들은 성격적 변화를 통하여 나타나기도 한다. 대체적으로 나이가 들어감에 따라 내향성과 소극성이 증가한다. 외부의 자극보다는 오직 자신의 사고에 따라 판단하는 경우가 많아지게 된다. 또한 나이가 들수록 자신감이 낮아지는 경향이 있는데, 이는 연령증가와 함께 체험하는 능력의 감퇴, 젊은 세대를 중심으로 현대사회에서 점차 주변화되어 가는 자신의 위치에 대한 인식으로 생겨난다. 즉, 나이가 들어감에 따라 조심성이 증가하고 안정성을 우선적으로 추구하게 되는 것이다. 이는 옛 것과 친근한 사물에 대해 고집이 강해지면서 경직성이 증가하여 새로운 것을 학습하는 데 두려움을 갖게 만들기 때문이다.

이러한 성인기의 성격특성은 성인학습자의 학습상황에서 고려해야 할 점이라고 볼 수 있다. 즉, 학습상황에서 시간적 여유가 있음을 알려 주고 성인들이 심리를 고양시킬 수 있도록 자신감을 가지게 하며, 그들에게 친근한 사물이나 상황들을 수업진행에서 활용한다면 보다 효과적인 수업진행이 될 것이다.

그리고 나이가 들어감에 따라 성인들에게 요구되는 사회적인 기대나 요구사항이 변화해 가며, 이러한 변화들은 성인기의 특성을 형성한다. 성인들에 대한 사회적 요구와 심리적 특성의 상호작용에 따른 변화의 단계로 대표적인 것은 에릭슨(1963) 이 제시한 발달단계이다. 이들 발달이론에 따르면, 인간은 변화하는 내적 · 외적 환경에 어떻게 적응하는가에 따라 성공과 실패가 나타난다고 한다. 즉, 신체적이고 심리적인 성숙과 결혼, 자녀양육, 직업생활 등의 사회적 요구들의 상호작용이 어떻게 수행되는가에 따라 자아정체감이 생성되기도 하고 절망감이 생기기도 한다는 것이다(강순희 외, 2022).

2. 생애주기별 성인학습자의 특징

성인학습자의 특징은 크게 자아개념 및 자기주도성, 경험기반학습, 학습준비도, 생활 및 과업중심학습, 내재적 학습동기 및 학습 필요의 인지 차원에서 조망된다(Merriam & Bierema, 2013). 성인학습자의 특징은 청년기, 중장년기, 노년기와 같은 생애주기 단계에 따라 차이가 있으며, 성인학습자가 평생학습을 수행하는 목적과 동기, 평생학습으로 얻는 효과, 평생학습 참여 태도 및 요인도 생애주기에 따라 다르게 나타난다(교육부, 한국교육개발원, 2021; 최경미, 2022; 허지숙, 2021; Moustakas, 2018). 예를 들어, 새로운 문제해결 상황에 직면했을 때, 청년은 이를 해결하기 위한 새로운 방법을 모색하는 반면, 노인은 축적된 경험을 바탕으로 한 기존의 문제해결 방안을 활용한다. 따라서 생애주기에 따라 선호하는 학위 및 프로그램 유형도 다르다. 최근의 디지털 환경에서 활발하게 이루어지는 모바일 학습에 영향을 미치는 노력 기대, 사회적 영향 등의 요소에서도 연령 간 차이가 확인된다. 평생학습의 연구와 교육도 성인의 생애주기별로 차별화된 내용으로 구성되어야 하며 이를 위해서는 각 단계별 성인학습자의 특징에 대한 이해가 선행되어야 한다. 생애주기별 성인학습자의 특징을 청년기, 중장년기 및 노년기로 구분하여 살펴보면 다음과 같다(이윤진, 2023).

1) 청년기

청년기, 성인전기(이하 청년기) 성인학습자는 심리적 차원에서 성인기로의 진입기, 학생과 성인 사이 과도기적 전환기의 특징을 지닌다. 청년은 다양한 순간에 교육, 훈련, 고용, 주거 등에 대한 결정을 내리는 과정에서 자신의 성격을 형성해 나간다. 이러한 청년기 학습자는 상대적으로 자아개념이 이미 확립된 중장년기와 노년기에 비해 조직과 사회의 영향을 더 많이 받기 때문에 사회적 기준 및 규범을 따르고, 자신이 소속된 개인 또는 집단과 뚜렷하게 구분되지 않는 경향을 지니게 된다. 이에 청년기 학습자는 자신의 관점과 자신이 속한 조직의 관점을 비교하고 해결점을 찾아가는 과정을 거치게 된다.

청년기의 발달과업과 평생학습은 직업, 결혼과 관련된 방향성, 진로를 결정하는 것과 관련이 크며 청년기 학습자는 삶과 관련된 문제를 해결하기 위해 지식을 습득해야 한다(Schaie, 1989). 20대와 30대 학습자의 평생학습 참여 목적은 특히 경력을 쌓거나 자격증이나 면허를 취득하는 데 필요한 기술 습득, 취업, 이직 및 창업에 초점을 맞추고 있다(교육부, 한국교육개발원, 2021). 그러나 최근 우리나라 20대 청년층의 실업률은 타 연령대의 2~3배에 이르는데(통계청, 2022), 이렇게 높은 실업률로 인해 가정 형성과 부모로부터의 독립이라는 청년의 발달과업 달성이 과거에 비해 지연되고 있는 실정이다. 이렇게 개인이 취업 실패를 경험하는 것은 다음 단계의 발달과 성숙으로 이어지는 데 부정적인 영향을 미칠 수 있기 때문에 청년층의 평생학습 참여는 취업의 관점에서 조망될 필요가 있다(윤지영, 박수정, 2017).

청년기 학습자의 평생학습 참여는 취업, 고용 가능성 및 삶의 질에 긍정적인 영향을 미치는 것으로 선행연구에서 확인되고 있다. 그리고 최근 연구들은 청년기 학습자가 활용하는 기술과 학습환경에 주목하고 있는데, 대표적으로 소셜 미디어는 젊은 세대의 일상생활에서 교육과 학습을 실행하는 장으로 활용된다는 것이다. 특히 케서 아센버거 등(Keser Aschenberger et al., 2023)은 COVID-19 기간 동안 학습환경이 청년기 학습자에게 미친 영향을 분석한 결과, 원격학습의 물리적 학습환경이 자신의 필요를 충족한다고 인식할수록 학습동기와 만족도가 높아지고 스트레스는 낮아진다고 주장하였다.

2) 중장년기

중장년기, 성인중기(이하 중장년기)에 놓인 성인은 인생의 중반에 이르러 자신의 삶과 실체에 대한 의문을 지니게 되고, 무의미함, 공허함 및 무기력감 같은 심리적 혼란을 경험하게 된다. 중장년기에는 특히 노화가 시작되는 신체적 변화와 함께 직장에서의 은퇴, 자녀의 독립과 같은 사회적 변화로 인해 우울이나 불안을 겪기도 한다(두현정, 2013).

중장년층의 위기와 불안은 우리나라의 주된 일자리에서 퇴직하는 평균연령이 49.3세라는 현실과 4차 산업혁명 및 디지털 전환 시대의 빠른 변화에서 기인한다(김아람, 2022.03.08.). 이에 중장년층의 학습은 해당 시기에 겪는 신체적, 심리적 변화와 때로는 불안 속에서 과업을 성공적으로 이행하고 위기를 극복해 가는 것과 밀접한 연관이 있으며, 중장년층을 대상으로 한 경력개발의 중요성도 더욱 증대되고 있다.

40대와 50대 중장년기 학습자의 학습참여 동기는 직업상의 발전, 경력 변화를 위한 기술습득에 중점이 있다. 우리나라의 40대 성인학습자는 직업 관련 목적으로 평생학습을 수행하는 비율이 직업과 무관한 목적으로 수행하는 비율의 두 배에 가까우며, 이 중에서도 '일하는 데 필요한 기능습득' 목적은 타 연령대 중에서 가장 높다(교육부, 한국교육개발원, 2021). 즉, 우리나라의 중장년기 성인학습자는 경력 유지 또는 변화에 대한 방향을 모색하는 데 주된 관심을 두고 있다. 청년기 학습자는 여가생활과 능력개발을 중시하는 것에 비해 중장년기 학습자는 일 자체를 더 중시하는 직업가치상의 차이를 지닌다. 이에 노일경과 이혜연(2014)은 중장년층에 해당하는 베이비부머 학습자는 직업과 관련된 직접적, 실제적 필요와 요구가 있을 때 학습에 참여하며, 일종의 보험과 같이 준비하는 차원에서 학습을 수행함을 확인하였다. 이에 은퇴를 준비하는 중장년층을 위한 제2의 인생준비교육이 중요하며, 중장년기 이후 삶에 대한 관심을 바탕으로 한 전생애 영역의 통합적 관점이 요구된다고 주장하였다.

성인학습자들은 과거에 비해 인생에서 여러 역할과 책임을 지니며 더 빡빡한 일정을 지닌다. 중장년기 학습자는 특히 가족 부양과 직장 업무에 따른 시간 부족을 평생학습 참여의 가장 큰 장애요인으로 경험한다(교육부, 한국교육개발원, 2021). 정혜령(2019)은 중장년기 성인학습자들의 '시간 없음'에 관한 경험을 고찰한 결과 직장일, 가정일과 학업 병행이 시간 부족의 주된 이유로 나타났다. 또한 사회적으로 학습자로 인정받지 못하는 상황, 자신의 시간을 자율적으로 주관할 권한이 미약한 사회적 위치에 있다는 점도 성인학습자들로 하여금 학업 활동이 우선순위에서 밀리게 하는 것으로 나타났다. 특히 기혼 유자녀 여성 중장년기 학습자는 교육, 일, 가족 및 사회생활 사이의 균형을 추구하는 과정에서 평생학습 참여에 어려움을 겪는다(Kara et al., 2019). 이 외에 학습결손도 중장년기 학습자의 학습참여 또는 포기 여부에 영향을 미치며, 생활의 기본적인 문제가 해결되었을 때에만 평생학습 참여가 가능하다는 점이 파악되었다.

3) 노년기

고령화의 이슈는 전 세대에 영향을 미치는 사회구조적 변화이다. 미국 인구조사국(United States Census Bureau, 2022)은 아시아의 인구는 다른 어떤 세계 지역보다 더 빠르게 고령화되고 있으며, 고령인구가 향후 40년 동안 거의 3배 증가할 것으로 예상된다고 보도하였다. 2021년 기준 우리나라의 65세 이상 고령인구는 전체 인구의 16.5%로, 향후에도 계속 증가하여 2025년에는 20.3%에 이르러 우리나라는 초고령사회로 진입할 것으로 예고되었다(통계청, 2021). 이러한 인구통계학적 변화는 오늘날 성인학습에 영향을 미치는 중요한 사회·문화적 맥락으로, 평생학습에서 노년기 학습자의 비중과 필요성은 점점 커지고 있다.

노년기, 성인후기(이하 노년기) 학습자의 평생학습은 신체적 능력이 감소하고 새로운 출발보다는 과거 인생을 반추하는 심리적 특성을 보인다. 그러나 과거 적극적인 사회 발전을 이끌어 온 베이비부머가 이제 노인세대로 교체되면서 사회 중심에서 벗어난, 변두리 세대, 힘없고 나약한 이미지가 더 이상 어울리지 않는 측면도 있다. 노인은 다양한 평생학습기관을 통해 적극적으로 평생교육에 참여하는 능동적 성인학습자의 특징을 보이고 있는데, 노년기 학습자의 자기주도성이 높거나 자기주도학습에 참여하는 경우 높은 독립성과 삶의 만족도라는 긍정적 영향이 나타난다.

노년기 학습자들은 타 연령대 학습자와 달리 건강관리, 심리적 만족, 행복감 증대 및 교양중심 자기계발과 같은 목적에서 평생학습에 참여하는 비율이 가장 높다(교육부, 한국 교육개발원, 2021). 즉, 노년기 학습자의 평생학습 목적은 낮은 질병, 높은 인지적, 신체적 능력 및 삶에 대한 적극적인 참여에 관한 '성공적 노화'와 연관된다.

노년기 학습자는 타 생애주기 학습자에 비해 미래보다 현재에 더 집중하고, 일상의 행복을 추구하며, 가까운 가족 및 친구와의 긍정적 관계를 통해 부정적인 정서를 줄일 수 있다. 따라서 노년기 학습자는 평생학습 참여를 통해 소속감 부여, 인지적 정신능력 향상, 치매 예방 및 세대 간 격차 극복이라는 도구적 효과를 기대할 수 있으며, 장기적인 참여를 통해 인지능력과 건강을 증진할 수 있다. 또한 활동적 노화, 액티브 에이징(active ageing)에 노년기 학습자의 적극적 학습, 액티브 러닝(active learning)이 긍정적인 영향을 미치며, 이에 관한 사회적인 정책수립과 지원이 뒷받침되어야 한다(Tam, 2012; Zhu & Zhang, 2019).

한편 노년기 학습자가 과거에 학습한 내용만으로는 이들이 현재 직면하는 다양한 문제와 과제를 해결할 수 없으며, 이에 노년기의 지속적인 평생학습 수행의 중요성을 이해하고 심리적, 사회적 영역을 지원하는 노력이 필요하다(김한별, 2019). 이상의 청년기, 중장년기, 노년기 성인학습자의 생애주기별 특징을 고찰하여 종합한 결과는 표 3-1과 같다.

표 3-1. 성인학습자의 생애주기별 특징

구분	청년기	중장년기	노년기
사회적 배경	• 높은 청년 실업률 • 늦어지는 독립시기	• 평생직장 소멸 • 앞당겨진 퇴직 시기	• 고령화 사회 진입 • 학습자 비중의 증가
신체적 · 심리적 특징	• 학생에서 성인기로 전환 • 취업, 이직, 창업 • 일에 필요한 기능 습득 • 고용가능성, 삶의 질 향상, 자기주도성 향상	• 중년의 위기 및 불안, 신체적, 심리적 변화에 대한 인지 • 직업, 고용 유지에 필요한 기능 습득 • 제2의 인생 준비 • 향후 삶에서의 생산성 모색	• 신체적 능력 감소 • 정보활용역량 부족 • 건강관리, 심리적 만족 및 행복감 증대, 교양 중심 자기계발 기대 • 성공적 노화 목표
학습 참여의 장애요인	• 직장업무로 인한 시간 부족	• 가족 부양에 따른 평생학습 참여 제약	• 건강, 경제적 여건 • 기술 활용 어려움

3. 성인학습자의 참여동기 및 장애요인

1) 참여동기의 개념

일반적으로 성인학습자의 학습에 참여하는 현상을 이해하는 가장 핵심적인 방법은 '성인들은 왜 학습에 참여하는가?'라는 물음이다. 성인학습자가 교육에 참여하는 모형으로 호울(Houle, 1961)은 목표, 활동, 학습지향의 세 가지로 분류하였다. 첫째, 목표지향형은 학습자가 교육을 상당히 정확한 목표달성으로 이용하며, 학습은 물음표로부터 시작하여 어떤 특별한 목표를 달성하기 위해 학습활동에 참여한다. 둘째, 활동지향형은 학습자가 특정 목표를 취득하거나 어떤 특별 내용을 배우기보다는 활동 자체를 위해 참석한다. 그들은 외로움이나 나른함, 또는 불행한 가정생활 또는 직업현장에서 탈피하여 사회적 교제를 위하여 참가하는 유형이다. 셋째, 학습지향형은 학습자가 지식과 앎 그 자체를 중요시하고 학습을 통해서 자신에게 부족한 지식, 교양 등의 확충을 지향하는 순수한 학습을 추구하는 학습자의 유형이다.

앞에서 살펴본 세 가지 형태의 교육 참여동기에 대해 학습자의 참여방법 형태는 학습의 주제나 조건, 학습자의 연령에 따라서 개인에게 여러 가지 요소로 나타나는 경우가 많다. 한편 호울의 학습참여 동기유형과 관련해서 이정희(1997)는 우리나라 대학의 성인교육 학습자들의 참여동기를 연구하였는데, 학습지향형의 동기가 매우 높은 것으로 나타났다. 목표지향형 동기는 연령이 높은 사람일수록, 이혼보다 기혼자가, 소득수준이 높을수록 감소하는 것으로 나타났다. 활동지향형 동기는 연령이 높아질수록 기혼자의 집단일수록 증가하는 것으로 나타났다.

이 같은 연구 결과는 단지 학교 급별에 차이일 뿐 중·고등학교 성인학습자의 학습동기 유형도 이와 같은 결과로 나타날 것이다. 그러나 일반적으로 성인학습자의 특성은 같은 성인이라고 하더라도 연령에 따라서 혹은 개인의 소속 집단에 따라 학습효과 및 자신들의 효능감에 영향을 미친다.

이경아(2008)의 연구결과에 따르면, 비슷한 연령대의 학습 집단이라도 그 집단의 특성에 따라 목표지향성, 자기효능감, 동기 요소와 학습의 전략에 차이가 있다고 하였다. 그러므로 성인들이 학습활동에 참여하는 이유를 묻는 질문의 답은 어떤 간단한 공식으로 답하지는 않을 것이다. 동기는 학습자의 집단에 따라서 다르게 나타나고 환경도 비슷하게 나타난다. 그리고 대부분의 성인학습자들은 학습에 있어서 하나의 이유가 아닌 여러 가지 이유들을 가지고 있다는 결과에서 더욱더 다양하게 나타난다는 것을 알 수 있다.

2) 참여동기의 유형

표 3-2. 참여동기 유형 척도

	문항	1 전혀 그렇지 않다	2 약간 그렇지 않다	3 보통이다	4 약간 그렇다	5 매우 그렇다
활동지향형	1. 좋은 인간관계를 맺고 싶어서	①	②	③	④	⑤
	2. 일상생활에서 스트레스를 해소하기 위해서	①	②	③	④	⑤
	3. 사회적으로 인정받을 수 있는 자격을 갖추고 싶어서	①	②	③	④	⑤
	4. 나와 생각을 함께하는 사람들과 어울리고 싶어서	①	②	③	④	⑤
	5. 가정이나 직장 이외의 사회활동에 참여하고 싶어서	①	②	③	④	⑤
목적지향형	6. 내가 계획하고 있는 일을 성취하는 데 필요한 지식이나 기술을 얻고 싶어서	①	②	③	④	⑤
	7. 수료증이나 자격증을 취득하고 싶어서	①	②	③	④	⑤
	8. 지금까지 배워 온 학교교육만으로는 무언가 부족하다고 생각되어서	①	②	③	④	⑤
	9. 앞으로의 인생을 보람 있게 보내고 싶어서	①	②	③	④	⑤
	10. 직업을 얻거나 창업을 위해서	①	②	③	④	⑤
학습지향형	11. 무엇인가 '배운다'는 그 자체가 즐거워서	①	②	③	④	⑤
	12. 학습을 통한 자아실현을 위해서	①	②	③	④	⑤
	13. 배움을 통해 나 자신의 정체성을 확인하고 삶의 의미를 깨닫기 위해서	①	②	③	④	⑤
	14. 배움으로써 자녀학습과 자기학습에 도움이 되어서	①	②	③	④	⑤
	15. 사람은 죽을 때까지 끊임없이 배워야 한다는 생각에서	①	②	③	④	⑤

출처: 정진하(2016). 성인학습자의 참여동기와 교육만족도가 삶의 의미에 미치는 영향: 학력인정 학교시설 재학생을 중심으로. 국민대학교 교육대학원 석사학위논문.

학습은 동기화에 의해 일어나게 된다. 자비스(Jarvis, 1987)는 학습동기를 개인적, 경제적, 사회적, 직업적인 측면에서 4가지로 구분하였다. 개인적 측면에서는 목적의 만족과 보상교육으로 개인적인 발달과 흥미를 충족시키고자 하는 요구, 경제적인 측면에서는 직업적인 재교육과 새로운 직업에 대한 준비, 사회적인 측면에서는 변하는 환경과 사회적인 태도·습관들에 대한 적응, 직업적인 측면에서는 새로운 기회를 위한 훈련과 재훈련에 대한 적응으로 나누었다.

호울(1961)은 평생학습에 참석하는 학습자들이 무엇인가 보상을 받기 위한 학습의 목적을 갖고 있으며, 각자의 참여동기 유형은 다를 것이라고 말한다. 교육에 참여하는 성인들의 학습동기를 알아보기 위해 22명을 대상으로 학습경력과 계속학습을 유도하고 학습자로서 자신을 바라보는 관점과 심층면담을 실시하였다. 이 같은 결과를 바탕으로 연구에 참여한 성인학습자의 동기를 세 가지 유형으로 구분하였고, 성인교육의 참여의식과 신념에 기초를 두고 평생학습에 참여하는 참여동기를 '목표지향형', '활동지향형', '학습지향형'으로 분류하였다.

표 3-3. 성인학습자의 학습참여 동기의 유형

구분	내용
목적지향형	목적지향형은 평생학습 참여동기가 지식과 기술의 전문적 향상이나 새로운 지식의 습득을 통한 직업상 발전의 목표와 같은 경우이다. 이 유형의 주목적은 현실적이고 실제적인 필요나 학습자의 이익 추구를 위한 욕구 충족으로써 외부로는 가장 구체적이며 가장 명백하게 보인다. 이러한 유형의 학습자는 현실적인 이익이나 필요 등 이해관계에 의해 이를 충족시키려는 욕구로 학습에 참여한다. 이들은 지속적으로 꾸준한 참여를 하는 것이 아니라 일단 교육에 참여한 목표를 달성할 경우 학습을 쉽게 중단하는 경향이 강하다. 그들은 교육을 즉각적, 실제적인 문제해결의 수단으로 활용하기 때문에, 목적달성에 도움이 되는 교육기관이나 방법을 선택하여 참여한다.
활동지향형	활동지향형은 학습자들이 특정 목표를 획득하거나 어떤 과목을 배우기보다는 활동 그 자체와 사회적 상호작용을 목적으로 한다. 이러한 유형의 학습자들은 단조로운 일상 또는 가정이나 직장에서의 어려운 상황을 탈출하고자 학습한다. 활동지향형 학습자들에게 성인교육기관은 사람들이 서로 만나고 우정을 갖는 개방된 장소이며 사회적으로 인정된 장소이다. 또한 그들에게는 학습참여가 고독을 피하기 위한 수단이다. 학습자들은 학습활동의 참여를 통해 얻게 되는 인간관계 유형이나 양 등에 비중을 둔다. 상황으로부터의 도피, 다른 사람들과의 관계 유지, 소속감의 형성, 대인관계의 증진을 통한 안녕감, 사회적 안정 및 참여, 가족이나 직장에서의 기대 등을 목적으로 학습에 참여하기도 한다.

구분	내용
학습지향형	학습지향형은 학습자들이 배움과 지식 그 자체를 추구한다. 학습자들은 학습을 통하여 새로운 것을 알고, 인격적으로 성장하려는 근본적인 소망을 지니고 있으며 그와 같은 활동은 지속적이고 평생을 간다는 사실을 발견할 수 있다. 그들에게 모든 종류의 학습활동은 그 자체만으로 의미를 지니게 되며, 학습활동마다 지니고 있는 의미들의 총체는 곧 학습자의 참여동기가 된다. 학습지향형 학습자는 지식자체에 관심을 갖는다. 그들은 자신에 대한 분명한 자아개념을 지니고 있으며, 자신을 학습에 몰두하는 사람으로 여긴다. 그들에게 있어서의 교육은 특별활동이라기보다는 매우 일상적인 일 중의 하나이다. 그들에게는 모든 학습활동들이 그 자체의 목적과 의미를 지니며, 각각의 학습활동이 지니는 의미의 총체가 참여동기를 형성한다.

첫째, 목표지향형은 참여 학습동기가 전문적인 지식, 직업상의 향상을 목적으로 참여하는 유형으로 구체적이고 확실한 목표의식을 갖고 있는 유형이다. 이 같은 사람들은 현실적인 이익이나 필요 등 자신의 목적을 충족시키려는 욕구로 학습에 참여하며, 지속적인 참석을 하는 것이 아니라 자신의 목적을 달성하면 쉽게 학습을 중단한다. 둘째, 활동지향형은 학습동기 자체에 목적이 있는 것이 아니라 학습에 참여하는 활동 그 자체에 의미나 만족감을 느낀다. 학습자들은 생활의 단조로움이나 고독감, 소외감으로부터 벗어나기 위한 활동이나 스트레스 등에서 오는 여러 가지 무력감으로부터 탈피하고자 참석하는 것이다. 셋째, 학습지향형은 지식이나 배움 자체를 좋아하며 지적 호기심과 알고자 하는 욕구를 충족시키기 위해서 교육에 참석한다. 학습자에게 교육은 특별한 목표의식이나 목적의식을 가지고 참여하기보다는 매우 일상적인 일과 중의 하나로 인식하게 된다.

호울 이후 여러 학자들이 다양한 종류의 동기유형화를 시도하고 있으나 그들의 연구 출발점은 호울의 세 가지 성인학습 참여동기 유형으로 귀결하게 된다. 호울 이래 모스테인과 스마트(Morstein & Smart, 1976) 등이 참여동기에 대한 연구를 꾸준히 진행하였다. 호울 그리고 모스테인과 스마트의 참여동기 유형을 비교해 보면, **표 3-4**와 같다.

표 3-4. 호울 그리고 모스테인과 스마트의 참여동기 유형의 비교

호울의 유형	모스테인과 스마트의 유형
활동지향형 동기	**사회적 관계** • 개인적 교제와 우정에 관한 요구를 충족시키기 위해 • 새로운 친구를 사귀기 위해 • 이성 회원을 만나기 위해
	도피/자극 • 지루함으로부터 벗어나기 위해 • 남은 생애에서는 뚜렷한 차이를 내기 위해 • 가정이나 일로부터 휴식을 취하기 위해
	사회적 복지 • 인류에 봉사할 수 있는 능력향상을 위해 • 공동체에 대한 봉사를 준비하기 위해 • 공동체 작업에 참여할 수 있는 능력을 향상시키기 위해
목표지향형 동기	**외부적 기대** • 다른 사람의 지시에 따르기 위해 • 형식적 권위를 지닌 사람의 기대사항들을 수행하기 위해 • 다른 권위자가 추천하는 것을 수행하기 위해
	직업적 진보(전문성 향상) • 직업에서 더 높은 지위를 차지하기 위해 • 직업적 진보를 보장하기 위해 • 경쟁에서 뒤떨어지지 않기 위해
학습지향형 동기	**인지적 흥미** • 단지 학습 자체를 위해 • 자신을 위하여 지식을 추구하기 위해 • 알고 싶어 하는 마음을 충족시키기 위해

출처: 권두승(2000). 성인학습 지도방법의 이론과 실제. 교육과학사.

3) 성인학습자 교육참여 방해요인

학습을 통하여 자신감과 자존감을 회복하며 스스로 만족감을 느끼며 삶의 의미를 되찾아 가기도 한다. 그럼에도 불구하고 성인학습자의 학습참여를 방해하는 요소는 여러 가지가 존재한다. 풍부한 경험을 한 성인학습자들은 그들 자신이 바로 풍부한 학습자원임에도 불구하고 오랫동안 체계적인 교육을 받지 못했기 때문에 자신의 학습능력을 평가절하하거나 자신감의 결여 등으로 인하여 학습에 대한 의욕상실과 포기로 이어지기도 한다.

다켄월드와 발렌타인(Darkenwald & Valentine, 1985)은 성인학습 참여의 장애요인으로 학습에 대한 낮은 자신감, 교육과정의 적합성 부족, 학습참여를 위한 시간 부족, 낮은 우선순위, 학습비용, 개인적 문제 등을 제시하였다. 이와 관련하여 헤이스(Hayes, 1998)는 학습참여에 대한 낮은 자신감, 성인학습에 대한 사회적 불인정, 상황적 방해물, 수업에 대한 소극적 자세, 낮은 개인 선호도 등을 학습참여 장애요인으로 제시하였다.

성인학습이론가들이 제시한 성인학습자들의 학습참여의 장애요인을 정리해 보면, 첫째, 학습능력에 대한 확신 부족, 적령기 학생과의 경쟁에서의 자신감 결핍, 둘째, 학습력의 부족, 사전학습 준비의 미흡, 이수 자신감의 부족, 주위 동료들의 시선 등 낮은 자신감, 셋째, 개인의 필요와 요구에 맞지 않는 과정 등의 적합성의 부재, 넷째, 학습시간 부족, 규칙적인 참여 부족, 가족 시간 빼앗음, 직업·일에 도움이 되지 않는다는 개인 선호도, 다섯째, 경제적 부담의 비용 문제, 육아, 가족문제, 건강, 교육시설이나 환경 등 개인적 문제 등을 제시하였다.

실제로 평생교육현장에서 성인학습자를 만나서 개인면담을 하거나 학교생활에 대한 상담을 하다 보면, 중도에 학업을 포기하거나 학교생활을 충실하게 하지 못하는 원인을 파악할 수 있는데, 구체적인 내용은 **표 3-5**와 같다.

표 3-5. 평생교육의 방해요인

- 시간의 절대 부족을 들 수 있다. 학령기 청소년학습자들과 달리 성인학습자들에게 학교생활은 우선순위가 아니다. 육아를 비롯한 가족부양, 직업생활 등 일상적인 생활이 공존하기 때문이다. 그리고 평생교육기관의 경우 주간과 야간으로 나누어져 있는데 대부분의 학습자가 여성이며, 주간에 다니는 학습자들은 전업주부가 많은 반면에 야간에 나오는 학생들은 대부분이 직업생활을 하고 있다. 따라서 직장의 근무시간과 겹치게 되면 직장을 선택하게 되는 경우가 많은 것이다.
- 성인학습자의 학습능력에 대한 자신감의 결여를 들 수 있다. 성인학습자들의 배우고자 하는 욕구는

매우 강하지만 그에 비하여 학습내용을 이해하고 받아들이는 속도는 느리다고 생각한다. 실제로 지적인 차이가 많지 않다고 함에도 불구하고 현장에서 수업을 진행하다 보면 교과서에 나오는 용어 자체에 거부감을 보이면서 학습자 스스로 자신의 학습능력에 대한 의구심을 보이곤 한다.

- 일반 학교과정과 동일한 교재로 수업을 진행하다 보면, 성인학습자들은 학령기 학생들의 학습능력과 비교를 하며 자신들의 학습능력에 대한 자신감을 잃기도 한다. 이러한 심리적 태도는 수업에 대한 소극적 참여로 이어지곤 한다.

성인학습자의 특성에 대한 일반화는 매우 어렵지만 학자들의 통상적 견해에 따르면 성인의 학습능력은 25세에 정점에 이르렀다가 이후 점차 감소하며, 학습자의 지능, 동기, 속도, 태도, 준비도, 창의력 등에서는 비슷한 경향을 갖는다고 보고 하고 있다. 성인학습자들의 학습참여 동기와 장애요인, 성인학습자의 특성을 고려할 때 교수자는 **표 3-6**과 같은 점을 고려해야 한다.

표 3-6. 성인학습교수자의 고려사항

- 성인학습자는 풍부하고 다양한 경험을 가지고 있는 특성이 있기 때문에 교수자는 이러한 경험을 교실 안에서 공유할 필요가 있다.
- 성인학습자는 돈과 시간을 누가 부담하느냐에 따라 학습자세가 달라지는 특성이 있는데, 학습자 자신이 꼭 필요한 경우는 자기 돈과 시간을 내서라도 열심히 학습하지만 자기가 필요한 것이 아니면 조직이나 단체에서 무료로 제공하는 교육일지라도 열심히 참여하지 않는다. 따라서 교수자는 학습자가 필요로 하는 교육내용과 교육방법을 사전에 파악할 필요가 있다.
- 성인학습자는 배운 것을 활용하는 것을 선호하기 때문에 교수자는 적용방법에 대한 시간을 할당할 필요가 있다.
- 성인학습자의 기분에 따라서 학습효과가 좌우되는 특성이 있으므로 교수자는 성인학습자들의 학습동기를 유발하기 위하여 다양한 교수방법을 활용하고 학습했을 때의 이점을 알 수 있도록 한다.
- 성인학습자의 신체적 특징을 고려하여 인체공학적 측면에서도 성인에게 적합한 강의실을 마련할 필요가 있다.

Chapter 04

전통적 학습이론

배울내용

1. 학습의 정의
2. 학습이론

학습목표

1. 학습의 정의를 이해한다.
2. 학습이론들을 이해하고 일상생활에 학습이론이 어떻게 적용되고 있는지를 모색해 본다.

Chapter 04

전통적 학습이론

행동주의 이론(behavior theory)에서는 인간행동의 대부분은 학습에 의해 형성되며, 또한 수정될 수 있다는 기본전제를 두고 있기 때문에 학습이론(learning theory)이라고도 불린다. 이러한 행동주의 이론에서는 인지, 감각, 의지, 본능과 같은 개념은 내성적이며 관념적인 것들로서 과학적 연구의 대상이 될 수 없기 때문에 자극과 반응에 의한 학습 또는 수정되는 직접 관찰가능한 인간행동이 연구의 초점이 되어야 한다고 주장한다(Watson, 1919). 20세기 초 러시아의 파블로프(Pavlov)와 손다이크(Thorndike)의 실험에서 발달한 행동주의 이론은 고전적 조건형성, 도구적 조건형성, 인지학습 그리고 사회학습이라는 네 가지 접근방법으로 분류된다.

1. 학습의 정의

인간행동의 대부분은 학습을 통해 획득된 것이다. 예로 교실에서 공부를 하는 것, 컴퓨터를 다루는 것, 담배를 피우고 술을 마시는 것, 인사를 하는 것 등은 모두 학습의 결과로 볼 수 있다.

그렇다면 학습이란 무엇인가? 우리는 학습이라는 단어를 생각하면 먼저 공부를 떠올리는 경우가 많다. 물론 공부도 학습에 속한다. 그러나 학습이란 단어는 공부보다 더 넓은 의미를 지닌다. 일반적으로 학습이란 '강화받은 훈련의 결과로 일어나는 행동잠재력의 비교적 영속적인 변화'라고 정의되고 있다(Kimble, 1961). 다시 말해 학습은 경험이나 연습의 결과로 비교적 영속적인 행동의 변화를 일으키는 과정으로 볼 수 있다.

이와 같은 정의에는 여러 가지 요소가 포함되어 있다. 즉, 학습이라고 정의를 내리기 위해서는 다음과 같은 요소를 포함해야 한다. 첫째, 학습은 행동의 변화이며 이러한 행동의 변화는 이전에는 할 수 없었던 혹은 하지 않았던 행동을 할 수 있게 된 것을 말한다. 둘째, 이러한 행동의 변화는 일시적인 것도 아니고 그렇다고 고정된 것도 아닌 비교적 영속적인 성질을 가지고 있다. 셋째, 행동의 변화, 즉 학습된 행동은 학습경험을 한 후에 즉시 행동으로 나타날 수도 있고, 행동잠재력으로 남아 있다가 특정한 경우나 상황에서 학습된 행동으로 나타날 수도 있다. 넷째, 행동의 변화 혹은 행동잠재력은 경험이나 연습에서 비롯되며 이러한 학습이 이루어지기 위해서는 특정한 행동이 일어난 후에 강화가 뒤따를 때 효과적이다. 그러나 학습은 되었으나 수행상의 변화가 없을 수도 있다. 예를 들어, 먹이가 없이 미로를 다녀 본 쥐가 처음 미로를 접하는 쥐에 비해 목표지점에 먹이를 주면 훨씬 빨리 오류를 줄이는 것을 볼 수 있다. 이 결과는 먹이 없이

미로를 다닐지라도 학습이 어느 정도 이루어졌음을 말해 주는 것으로, 미로에 대한 학습이 잠재적으로 이루어져 있었지만 목표에 도달하는 수행에서 변화가 나타나지 않았음을 말해 주는 것이다.

2. 학습이론

학습이론에는 크게 고전적 조건형성, 도구적 조건형성, 인지학습 및 사회학습이라는 네 가지 접근방법으로 분류된다. 먼저 고전적 조건형성(classical conditioning)은 파블로프의 개 실험에서 보는 바와 같이 인간이 환경적 자극에 수동적으로 반응하여 형성되는 행동을 설명하려는 접근방식이다. 볼프, 라자루스, 아이젠크(Wolpe, Lazarus, Eysenck) 등은 이러한 고전적 조건형성을 공포증 치료에 적용하였다. 도구적 조건형성(operant conditioning)은 신체의 반응과 직접적인 관련성이 없고 개인의 통제하에 있는 조건화를 연구한 손다이크의 실험결과에서 발전된 것이다. 도구적 조건형성은 인간이 환경적 자극에 능동적으로 반응하여 나타내는 행동, 즉 어떤 자극에 대한 강화가 없으면 도구적 조건형성이 일어나지 않는다고 본다. 스키너(Skinner, 1938)는 손다이크의 도구적 조건화의 개념을 활용하여 인간행동을 수정할 수 있는 다양한 행동수정기법을 개발하여 임상에 적용하였다. 그리고 인간행동에 영향을 미치는 사고과정, 태도, 가치 등의 요인을 전혀 고려하지 않는 전통적인 행동주의 이론의 제한점을 보완하려고 시도한 인지학습 이론은 행동에 영향을 미치는 인지적 요인의 역할을 설명하려는 접근방법이다. 마지막으로 관찰학습, 모방학습으로 불리는 사회학습 이론의 대표적인 학자는 반두라(Bandura)이다. 각각의 학습이론들에 대해 자세하게 살펴보면 다음과 같다(김이영 외, 2021).

1) 고전적 조건형성

(1) 파블로프의 조건형성 실험

이반 파블로프(1849~1936)는 소화과정을 연구하던 러시아의 생리학자였다. 그는 자신의 연구소에서 식사를 하러 갈 때 개가 자신의 발자국 소리를 듣고서 타액을 분비한다는 것을 발견하였다. 이러한 현상을 밝히고자 그가 한 실험의 예가 **그림 4-1**에 제시되어 있다.

파블로프(Pavlov)

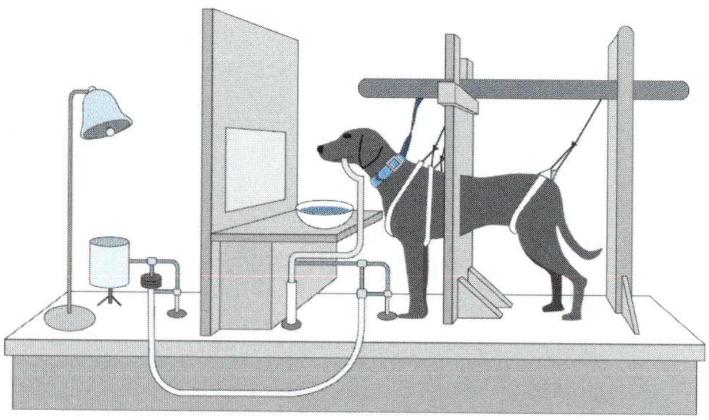

그림 4-1 고전적 조건형성의 실험

파블로프의 고전적 조건형성에 대한 구체적인 실험절차는 **그림 4-2**에 제시되어 있다. 이 그림에서 보는 것과 같이 무조건자극(unconditioned stimulus: UCS)이란 유기체로 하여금 학습 없이도 어떤 특정한 형식으로 반응하도록 하는 자극을 말하는 것으로, 이 경우 특정의 학습 없이 개로 하여금 타액을 분비하도록 하는 먹이가 무조건자극에 해당된다.

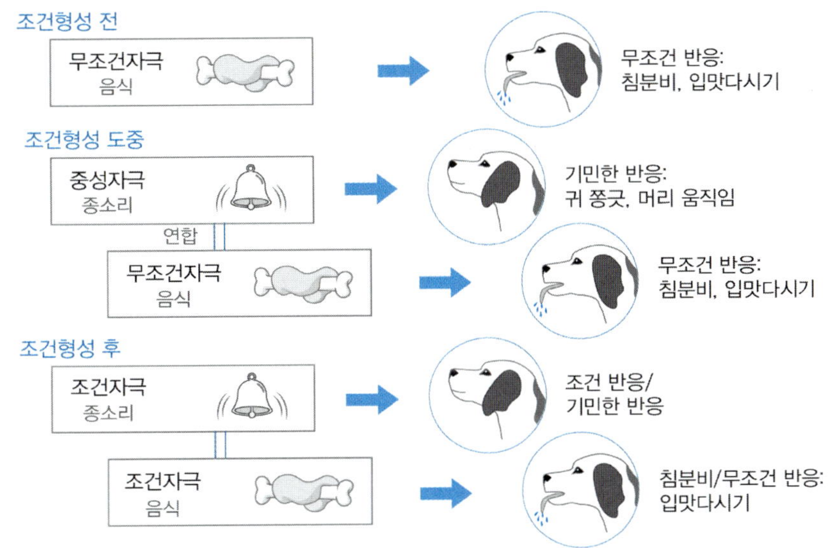

그림 4-2 고전적 조건형성의 절차

출처: Berk, L. E.(1999). *Infats and children: Prental through middle childhood*(3rd ed.). MA: Allyn & Bacon.

무조건반응(unconditioned response: UCR)이란 무조건자극이 일어날 때 언제나 유기체에서 일어나는 반응으로 타액이 여기에 해당된다. 조건자극(conditioned stimulus: CS)이란 원래는 중성적인 자극인데 무조건자극과 짝지어 짐으로써 결국은 그것만을 제시했을 때도 유기체에서 바라는 반응을 생성시키게 되는 자극으로, 파블로프의 실험에서 보면 개는 처음에 들려주는 종소리에는 타액을 분비하지 않지만 절차가 계속적으로 반복됨으로써 종소리에 대하여 타액을 분비하게 된다. 이때 종소리는 중성자극에서 조건자극으로 성질이 바뀌게 되는 것이다. 조건반응(conditioned response: CR)이란 유기체가 조건자극이 제시될 때 침을 생성하는 것을 학습하게 된 반응으로 조건자극인 종소리를 듣고 분비한 타액이 여기에 해당된다.

고전적 조건형성은 쉽게 일어날 수 있지만 자동적인 것은 아니기 때문에 어떠한 필수요건이 충족되어야만 학습이 이루어진다. 고전적 조건형성이 일어나기 위한 필요조건은 다음과 같다.

첫째, 조건자극(CS)은 그것을 쉽게 지각할 수 있도록 충분히 강력하고 특별해야 한다. 둘째, 무조건자극(UCS)과 조건자극(CS)의 제시순서이다(그림 4-3). 이 둘 간의 제시순서에 따라 조건형성의 종류는 다양하다. 먼저 동시적 조건형성(simultaneous conditioning)은 CS와 UCS가 동시에 제시되는 것을 말하고, 지연조건형성(delay conditioning)은 CS가 먼저 제시되고 UCS가 제시되는 것을 말한

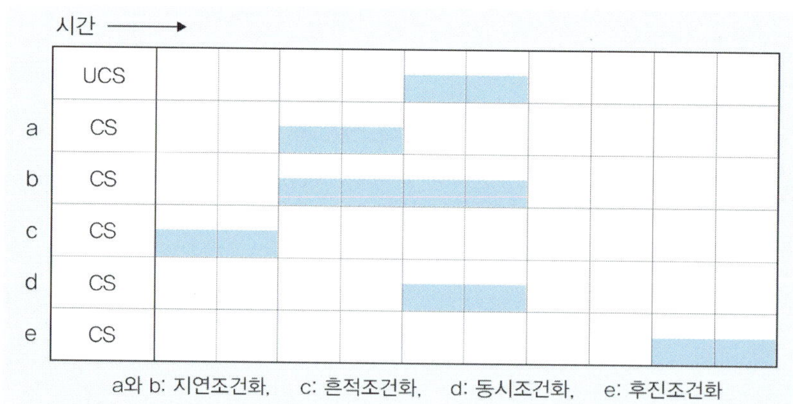

그림 4-3 무조건자극과 조건자극의 시간적 관계성

다. 그리고 흔적조건형성(trace conditioning)은 CS를 제시하고 난 후 CS가 완전히 사라진 후 UCS를 제시(CS의 흔적으로 인해 조건형성됨)하는 것이며, 후진조건형성(backward conditioning)은 UCS를 먼저 제시하고 CS를 뒤에 제시하는 것이다. 일시적 조건형성(temporal conditioning)은 CS가 전혀 없이 UCS만 일정한 간격으로 제시되는 것을 말한다. 이러한 조건형성 중 가장 효과적인 것으로 밝혀진 것은 지연조건형성이다.

셋째, 조건자극과 무조건자극 제시 사이의 시간간격이다. 일반적으로 CS 제시 후 약 0.5초 뒤에 UCS를 제시하는 경우에 조건형성이 가장 잘 이루어진다고 보고되고 있다. 넷째, 학습이 이루어지기 위해서는 반복적인 시행이 요구된다는 것이다. 즉, 시행과 시행이 적절한 간격으로 이어져야 한다. 만약 간헐적으로 짝을 지어 주면 학습수준은 감소하게 된다. 그러나 예외도 있는데, 가르시아 효과를 그 예로 들 수 있다. 가르시아 효과는 미각혐오학습이다. 가르시아(Garcia, 1955)는 쥐를 대상으로 미각혐오학습을 수행하였는데, 쥐는 그냥 수돗물보다 사카린이 함유된 물을 더 좋아한다. 그는 쥐에게 사카린이 든 물을 마시게 한 후 감마광선에 노출시켜 수분 후에 구토를 하도록 하였다. 이후 쥐들은 단맛의 물을 혐오하게 되었다. 이 실험은 고전적 조건형성과 차이점을 보이는데, CS와 UCS가 단 한번의 짝지음으로 조건형성이 되었으며, CS와 UCS 간의 시간간격이 수분 이상이었음에도 조건형성이 되었다는 것이다. 이러한 현상은 음식과 질병 간에 긴 시간간격과 1회 연합에 의한 것이라도 생존에 매우 중요하기 때문에 나타나는 것이다.

(2) 주요 개념

① 소거와 자발적 회복

개가 종소리를 들었어도 먹이를 얻지 못하면 개의 타액반응은 점차 감소하게 되고 결국 개는 종소리를 들어도 더 이상 타액을 분비하지 않는다. 이 과정을 소거(extinction)라고 한다. 이러한 현상은 조건자극(종소리)과 음식(무조건자극)을 더 이상 짝지어 제시하지 않으면 개는 타액분비(조건반응) 반응을 억제(inhibition)하여 더 이상 종소리에 대하여 반응을 하지 않는다. 즉, 이것은 조건자극(종소리)이 무조건자극 없이 지속적으로 홀로 나타나서 학습자는 더 이상 종소리를 무조건자극(먹이)과 결합시키지 못하게 되어 이전에 학습된 반응의 빈도 또는 강도가 감소되거나 사라지는 현상이 나타난다는 것이다.

일단 소거가 된 후 시간이 지나서 조건자극을 제시하면 처음에는 약하지만 조건반응이 다시 나타나게 되는데, 이 과정을 자발적 회복(spontaneous recovery)이라고 한다. 즉, 자발적 회복이란 일단 학습하였다가 소거된 반응이 재훈련 없이 다시 나타나는 것을 의미한다. 앞의 예에서 타액분비가 소거된 개에게 다시 종소리를 들려주면 타액을 분비하게 된다. 또 다른 예로는 자전거를 배운 사람이 10년 동안 자전거를 타지 않다가 우연히 자전거를 타게 되었을 때, 처음에는 흔들리면서 가지만 곧 능숙하게 자전거를 운전하게 된다. 이것이 자발적 회복이다.

② 일반화와 변별

일단 특정한 조건자극(CS)에 대하여 조건형성(CR)이 된 후 원래의 조건자극(CS)과 유사한 자극에 대해서도 조건반응(CR)을 일으키는데, 이것을 자극일반화(sitmulus generalization)라고 한다. 예로 500dB의 소리 강도로 학습을 시켰는데, 400dB 혹은 600dB의 소리에도 타액을 분비하는 경우가 이에 해당된다. 즉, "자라 보고 놀란 가슴 솥두껑 보고 놀란다"라는 속담은 자극일반화를 의미하는 것이다.

자극일반화와 달리 변별(discrimination)은 자신의 휴대폰 소리를 다른 사람의 휴대폰 소리와 구별할 수 있는 것과 같이 유사한 자극에 대해 다르게 반응하는 것을 의미한다. 즉, 동물이나 사람이 학습한 반응을 다른 것에 일반화하지 않고 단일의 특정한 대상이나 사상에만 반응하고 다른 모든 자극에는 반응이 억제되는 것을 의미한다. 전형적인 변별학습에 대한 실험절차를 살펴보면, 500dB의 소리에는 음식을 주고 400dB의 소리에는 음식을 제공하지 않는다. 실험 초기에는 500dB과 400dB에 반응을 보이다가(이 현상을 일반화라고 함) 점차 500dB에는 조건반응을 보이고 400dB에는 반응을 보이지 않는 것이다. 이 실험에서 개는 변별학습 과정을 통해 유사한 두 자극에 다르게 반응하는 것을 학습하게 된 것이다.

인간행동의 경우, 맞선을 보고 난 여자가 두 남자 중 아무리 비교해 보아도 어느 쪽을 선택해야 할지 결정하기 어려운 경우 이것은 변별의 어려움에 따른 현상이라고 할 수 있다.

③ 고차적 조건형성

고전적 조건형성의 기본적인 원리는 중성적인 자극이 무조건자극과 짝지어짐으로써 조건자극화된다는 것이다. 그러나 무조건자극 대신 이미 조건형성된 조건자극(CS)과 짝지어 제시해도 무조건자극과 짝짓는 것과 동일한 효과가 나타난다. 즉, 종소리(CS)에 타액을 분비(CR)하도록 학습시킨 다음 불빛을 주고 종소리를 들려주면 타액을 분비한다(이때는 종소리에 의해 타액 분비). 불빛과 종소리를 반복해서 제시하면 나중에는 불빛만을 제시하였을 때도 타액을 분비하게 되는데, 이 현상을 고차적 조건형성(higher order conditioning)이라고 한다.

고차적 조건형성은 이전의 학습에 기초한 조건형성으로 후속의 훈련에서는 조건자극을 무조건자극으로 사용하지만 소거와 경쟁하기 때문에 학습이 더 어렵다(타액의 분비량으로 보면 종소리보다는 적음). 즉, 불빛에 타액을 분비해도 먹이가 주어지지 않으면 동물은 더 이상 반응을 하지 않게 되기 때문에 간헐적으로 먹이를 주어야 그 반응은 지속될 수 있다.

지금까지 고전적 조건형성의 원리와 기본개념들에 대해 살펴보았는데, 고전적 조건형성은 중립자극이 특정 자극과 반응 사이에 짝지어져 있는 자율신경계의 불수의적 반사와 연합되어 일어나는 비교적 단순한 학습이라고 할 수 있다. 즉, 고전적 조건형성은 유기체의 의도와는 상관없이 이루어지는 수동적인 학습이다.

(3) 인간행동에서의 고전적 조건형성

저녁시간에 집으로 돌아갔을 때 식탁 위에 놓이는 수저 소리에 배가 고픈 사람은 입가에 침이 고이는 것을 경험하는데 이것이 고전적 조건형성이라고 할 수 있다. 이처럼 고전적 조건형성은 우리의 일상생활에 많은 영향을 미치는데, 그 대표적인 예로 행동치료와 광고를 들 수 있다.

① 행동치료

왓슨(Watson)의 앨버트(Albert)를 대상으로 한 실험을 살펴보면(그림 4-4), 앨버트는 실험절차에 노출되기 전에는 쥐와 잘 놀았던 평범한 아이였다. 처음 아이가 쥐(중립자극)에 접근할 때마다 실험자는 쇠망치를 두들겨 큰 소리(UCS)를 내었을 때, 아이가 나타낸 반응은 두려움(UCR)이었다. 이와 같은 절차를 반복한 결과 아이는 쥐(CS)를 볼 때마다 놀라 도망(CR)을 가는 반응을 보였다.

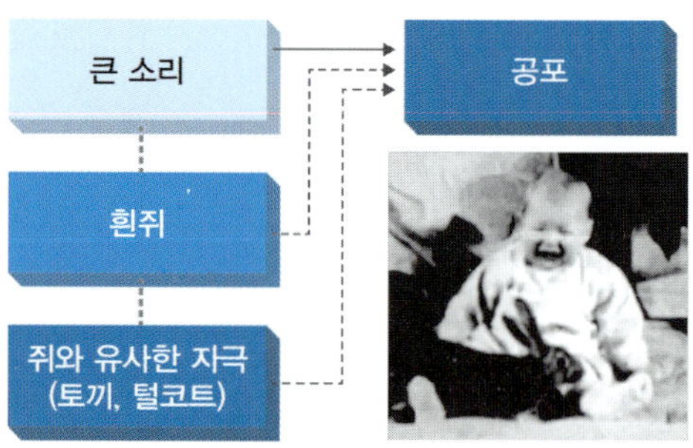

그림 4-4. 앨버트의 공포반응 조건형성

이 현상을 역조건형성 기법에 의해 치료를 시도한 사람은 존스(Jones, 1924)였다. 그는 앨버트처럼 이전의 조건형성기법에 의해 토끼를 두려워하는 피터(Peter, 3세)에게 피터가 음식을 먹는 즐거운 활동을 하고 있을 때 토끼를 보여주었다. 처음에는 아주 멀리서 토끼를 보여 주고 점진적으로 토끼를 그 소년 가까이 이동시켰다. 그 결과 이 소년은 토끼에 대한 공포에서 벗어나게 되었고, 토끼와 함께 놀려고 시도하였다.

② 광고

우리는 TV나 라디오에서 흘러나오는 광고를 자주 접하게 된다. 또한 유명한 연예인은 한 편의 광고에 출연하는 데 몇 억 원을 보상받는 것을 보게 된다. 그리고는 "만약 나에게도 그런 기회가 된다면 난 그렇게 많은 돈을 받지 않고도 할 수 있는데"라고 혼자 생각한다. 그렇다면 왜 광고주는 그렇게 많은 돈을 들여서 유명 연예인을 광고 모델로 하는 것일까? 여기에 고전적 조건형성의 원리가 숨어 있다.

광고주는 상표(CS)와 정적 자극(UCS)인 모델을 짝지음으로써 정적 자극에 따른 반응이 광고하는 상표에도 그대로 나타나기를 원한다. 예로 나훈아를 청바지 광고 모델로 사용할 경우, 광고주는 먼저 많은 것을 고려하게 된다. 먼저 나훈아를 좋아하는 사람들은 대부분 젊은층보다는 나이가 있는 중년층이다. 만약 광고주가 만드는 청바지가 중년층을 대상으로 하는 물건이라면 나훈아를 광고 모델로 섭외해도 문제가 없지만 젊은층을 대상으로 만든 옷이라면 광고 모델을 다시 고려해 봐야 할 것이다.

광고주의 제품이 중년층을 대상으로 하는 청바지라고 가정했을 때 여기에 어떤 원리가 숨어 있는 것일까?

유명 연예인을 대상으로 할 경우 기본 가정은 많은 사람들이 그 사람에 대해 좋은 감정을 가지고 있다는 것을 함축하고 있다. 그러므로 인기 있는 연예인인 나훈아가 청바지를 입고 광고를 한다면 대중들은 처음에는 나훈아에 대한 호의적인 감정에서 그 광고를 선호하게 될 것이다. 그러나 계속 반복해서 제시한다면 나중에는 그 청바지에 대한 선호도는 나훈아에 대한 선호처럼 올라갈 것이고, 이것이 곧 매출과 관련이 된다. 그래서 광고주는 많은 돈을 들여서라도 인기 있는 연예인을 섭외하여 광고 모델로 쓰려고 하는 것이다. 또한 스미스와 엥겔(Smith & Engel, 1968)은 자동차 옆에 서 있는 매력적인 여자가 자동차의 평가에 강하게 영향을 주는 것을 발견하였는데, 이처럼 우리가 지각하건 지각하지 못하건 조건형성은 광고는 물론 일상생활에 많은 영향을 미치고 있다.

2) 도구적 조건형성

우리는 놀이공원에 갔을 때 돌고래가 조련사의 신호에 따라 공중으로 뛰어오르는 등의 묘기를 부리는 것을 종종 보게 된다. 그렇다면 그런 동물들이 어떤 원리에 의해서 학습을 하는 것일까?

돌고래가 묘기를 부리는 것은 조련사가 원하는 행동을 했을 경우 먹이를 보상받게 되고, 원하는 행동을 하지 않는 경우에는 먹이를 보상받지 못하거나 처벌을 받기 때문이다. 이처럼 강화나 처벌을 사용함으로써 어떤 행동의 가능성을 증가시키거나 감소시키는 학습의 유형을 도구적 조건형성(instrumental conditioning)이라고 한다. 다시 말해 행동 뒤에 따르는 결과에 의해 행동이 강화되거나 약화되는 것, 즉 행동과 결과 사이의 관련성을 학습하는 것이다. '도구적'이란 행동이 어떤 결과를 야기시킬 것인지를 결정하는 하나의 도구(또는 수단)가 됨을 의미한다.

인간의 행동에 있어서도 어떤 행동을 유발하도록 하는 방법 중 하나는 그 행동을 보상해 주는 것이다. 부모는 아이가 심부름을 하면 칭찬을 해 주거나 용돈을 주고, 학교에서도 성적이 좋은 학생에게 장학금을 주며, 회사에서도 영업실적이 좋은 사람에게 보너스를 지급하거나 승진할 기회를 주기도 한다. 그러나 인간이 수행하는 대부분의 행동이 보상과 연계되어 있음에도 불구하고 행동을 변화시키려는 시도는 쉽지가 않다. 예로 대학생이 공부를 열심히 하면 장학금을 받고 더 나아가 좋은 직장을 구할 수 있는 기회가 많아진다는 사실을 알고 있지만, 열심히 공부하는 것은 쉬운 것이 아니다. 또한 담배를 피우면 병에 걸릴 확률이 높아지고, 술을 마시면 알코올에 중독될 확률이 높다는 것을 알면서도 금연, 금주가 쉽지 않다. 이처럼 보상의 효과가 명확한 듯하면서도 생각처럼 그렇게 간단하지는 않다고 할 수 있다.

그렇다면 고전적 조건형성과 도구적 조건형성의 차이점은 무엇일까? 고전적 조건형성은 무조건자극에 의하여 인출되는 수동적이고 불수의적인(개가 먹이를 보고 타액을 분비하는 것은 자신의 의지와는 상관없는 것) 반응인 데 비해, 도구적 조건형성은 유기체가 다양한 환경조건에서 능동적으로 적절한 반응을 함으로써 보상을 받거나 유리하게 적용될 수 있는 능동적이고 수의적인 반응이라는 것이다. 예로 버스나 택시가 오면 손을 들고, 부모에게 처벌받는 것을 회피하기 위해서 숙제를 하거나, 선생님에게 칭찬을 듣기 위해 열심히 공부하는 것처럼 인간행동의 대부분이 외적 사상에 의해 불가피하게 일어나기보다는 대부분 수의적인 반응으로 일어나는 것이다.

(1) 손다이크의 도구적 조건형성

손다이크(Thorndike)

손다이크(1874~1949)는 동물의 사고능력에 관한 객관적인 실험증거를 얻고자 병아리, 고양이를 대상으로 동물실험을 하였는데, 손다이크가 실시한 유명한 실험은 고양이를 대상으로 한 문제해결실험이다(그림 4-5). 고양이를 문제상자(puzzle box) 안에 넣고 고양이가 볼 수는

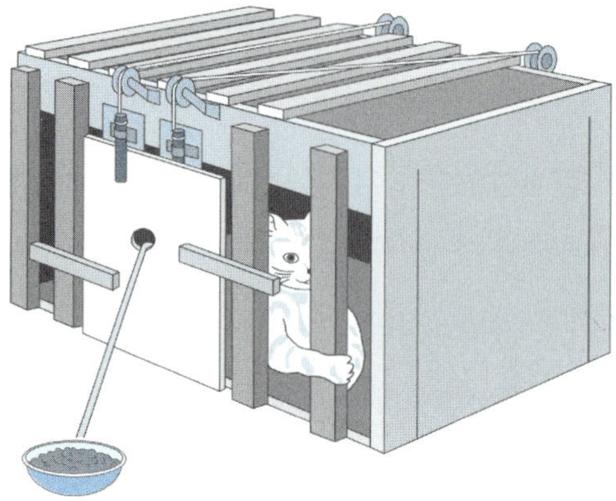

그림 4-5 손다이크의 문제상자

있지만 발이 닿지 않지 않는 곳에 먹이를 두었다.

문제상자의 문을 여는 방법은 발판을 누르거나 고리를 당기면 된다. 처음에는 배가 고픈 상태에서 문제상자에 들어간 고양이는 틈새를 비집고 나가려고 하거나 틈으로 발을 내밀거나 상자를 발톱으로 긁거나 물어뜯었다. 그러던 중 우연히 고리를 당기거나 혹은 발판을 눌러서 탈출하게 되면 고양이는 갑갑하고 통제된 환경으로부터 자유와 먹이를 보상받게 된다. 먹이를 보상받은 다음, 다시 문제상자 안으로 집어넣으면 또 다시 문이 열리는 것과는 무관한 행동을 하게 되지만 이런 시행이 반복됨에 따라 무관한 동작은 줄어들게 되고 마침내 문제상자에 넣자마자 고양이는 곧바로 발판을 누르거나 고리를 당겨서 밖으로 나오게 된다.

여기서 고양이가 발판을 누르는 것은 외적 자극의 영향이라기보다는 수의적이고, 능동적인 행동이다. 이러한 반응을 도구적 조건형성이라고 한다.

손다이크는 고양이가 발판을 누르거나 고리를 당기는 것을 학습한 것은 추리(reasoning)에 의해 문제를 해결하는 것이 아니라 이런저런 시도를 해 보던 중에 우연히 올바른 행동을 하게 된 것이며, 올바른 행동 이후 보상을 받으면 올바른 행동과 보상 사이의 연합은 곧바로 형성되는 것이 아니라 시행을 거듭하면서 올바른 행동은 보다 쉽게 일어나게 되며 쓸모없는 행동은 줄어들게 된다고 본다.

이처럼 동물학습은 추상적인 지적 학습의 결과가 아닌 수많은 시행착오를 거듭하면서 이루어진다고 볼 수 있는데, 손다이크는 이를 시행착오학습(trial and error)이라고 정의하였다.

손다이크의 실험에서 발판을 누르거나 고리를 당기고 밖으로 나온 고양이에게 연필과 같은 것으로 보상을 준다면 발판을 누르거나 고리를 당기는 행동을 학습할 것인가? 그렇지 않을 것이다. 그의 실험에서 고양이가 올바른 행동을 하면 갑갑하고 통제된 환경에서 자유와 먹이라는 보상을 받게 되고, 부적절한 반응을 보이면 보상을 받지 못한다. 즉, 보상은 자극과 반응의 결합을 강화시키는데 이러한 현상을 효과의 법칙(law of effect)이라고 불렀다. 효과의 법칙은 피학습자가 원하는 것을 보상해 주었을 때 가장 학습이 잘 일어난다는 것을 의미한다.

(2) 스키너의 조작적 조건형성

스키너는 손다이크에 의해 도구적 조건형성이 확립된 이후 스키너 상자(Skinner box)라는 장치를 제작하여 학습과 행동에 관한 지식의 폭을 크게 넓혔다(**그림 4-6**).

스키너(Skinner)

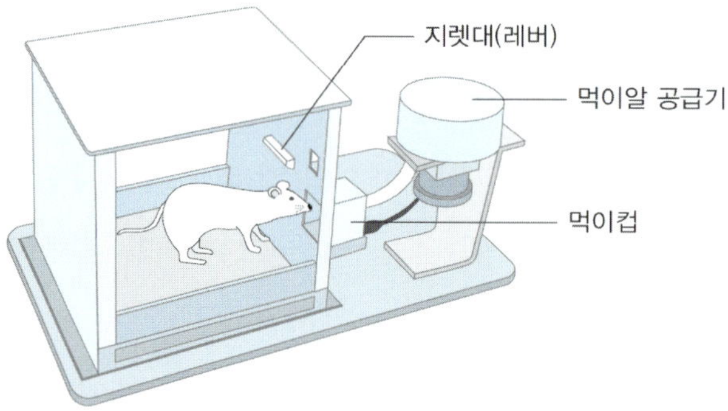

그림 4-6 **스키너 상자(Skinner box)**

스키너 상자는 지렛대(레버)를 누르거나 불빛이 켜진 단추를 쪼을 수 있도록 장치가 되어 있고 먹이가 나오는 장치도 되어 있다. 상자 안에 배고픈 쥐를 넣었을 경우 쥐가 우연히 지렛대를 누르면 먹이가 나온다. 이렇게 시행을 반복하고 나면 쥐는 지렛대를 누르면 먹이(강화물)가 나온다는 것을 학습한다(먹이는 지렛대 누르는 행동을 강화한다).

스키너 상자 속의 쥐 또한 손다이크의 고양이처럼 처음에는 여러 행동을 보이지만 훈련이 진행됨에 따라 지렛대를 누르는 반응이 빨라지게 된다. 스키너는 지렛대와 같은 반응을 조작(operant)반응이라고 불렀는데, 그 이유는 쥐들이 환경을 변화시키기 위해 환경에 조작을 가하였기 때문이다. 또한 그는 적절한 조작행동을 습득하는 절차를 조작적 조건형성(operant conditioning)이라고 불렀다.

스키너는 반응률을 증가시키는 먹이를 보상(reward)이나 만족스러운 결과로 부르지 않고 반응을 강화시킨다는 의미로 강화물(reinforcer)이라고 불렀으며, 행동을 강화시키는 절차를 강화(reinforcement)라고 불렀다. 강화란 특정한 자극이나 반응 뒤에 어떤 바람직하거나 좋은 것이 제공되는 것을 말한다. 반면 행동을 약화시키는 절차를 처벌(punishment)이라고 불렀다. 강화 절차에는 정적 강화(positive reinforcement)와 부적 강화(negative reinforcement)가 있고 처벌은 혐오적인 자극제시와 반응대가(response cost)가 있다.

정적 강화는 먹이와 같이 보통 동물이 좋아하는 것으로 반응 뒤에 이것이 주어지면 반응의 빈도가 증가되는 것이다. 예로 동물들은 음식이나 물(정적 강화물)을 얻기 위하여 지렛대를 누르고, 문을 여는 것을 학습하는 것으로, 이 과정에서 음식이나 물은 동물들이 생득적으로 좋아하는 성질을 갖고 있다.

이에 비해 부적 강화는 전기충격이나 고통같이 동물이 피하려고 하는 자극이 반응 뒤에 제거되거나 감소됨으로써 반응빈도를 증가시키는 절차이다. 즉, 어떤 것이 감소되거나 종결될 때 진행 중인 행동이 재현될 가능성이 증가하는 것으로 전기충격이나 시끄러운 소리(부적 강화물)를 회피하기 위하여 도망가는 것을 학습하는 것이다. 예로 아동들은 칭찬(정적 강화물)을 받기 위하여 피아노 연습을 하거나, 싫증나는 숙제를 하지 않기(부적 강화물) 위하여 피아노 연습을 할 수 있다.

동물의 경우 음식이나 물(정적 강화물)을 얻기 위해서 지렛대를 누르고 문을 여는 것을 학습할 뿐만 아니라 전기충격이나 시끄러운 소리로부터 도망(부적 강화물)가기 위하여 행동하는 것을 학습할 수도 있다. 정적 강화물과 부적 강화물은 모두 새로운 행동의 학습을 가져오고 현존하는 행동을 강하게 하는 역할을 한다.

반응률을 증가시키는 강화와 달리 처벌은 반응 뒤에 혐오자극을 줌으로써 반응률을 약화시키는 것을 말한다(정적 처벌). 처벌의 대표적인 예는 잘못된 행동에 대하여 때리는 것을 들 수 있다. 반응대가는 반응 뒤에 바람직한 것을 제거함으로써 반응률을 약화시키는 절차로, 규칙을 어긴 죄수에게 자유시간을 박탈하는 것이 해당된다(부적 처벌).

처벌의 목적은 원하지 않는 행동의 발생률을 줄이는 것이다. 하지만 이러한 처벌은 그 목적과는 다르게 부정적인 영향을 미치게 된다. 처벌은 그것을 행하는 사람의 의도와는 다르게 처벌을 받는 사람은 공포감과 불안을 경험하게 되고, 그 행위가 모델링이 되어 이후 공격성을 나타내는 문제를 유발시킨다.

처벌의 부정적인 영향을 최소화시키고 원하는 목적을 달성하기 위해서는 다음과 같은 조건이 충족되어야 한다. 먼저, 처벌의 즉시성이다. 잘못된 행동이 나타나고 시간이 흘러 처벌이 주어지게 되면 그 행동 자체에 처벌의 의미를 부여하기가 어려워지므로 그 행동이 나타날 때 즉시 주어져야 한다. 둘째, 처벌의 충분성이다. 약한 처벌은 잘못된 행동의 발생률을 줄이기 어렵기 때문에, 그 행동을 억제할 수 있을 만큼 충분히 주어져야 한다. 셋째, 처벌의 일관성이다. 처벌의 대상이 되는 행동에 대해서는 시간과 상황이 바뀌어도 일관되게 주어져야 한다.

(3) 주요 개념

① 일반화와 변별

조작적 반응이 반응의 결과에 따라 통제되지만 그 반응에 선행하는 자극 또한 조작적 행동에 영향을 미칠 수 있다. 실험동물이 특정 자극이 있을 때 어떤 반응을 수행한 결과 강화를 받았다면, 그 실험동물은 유사한 자극조건하에서도 동일한 반응을 할 것이다. 이 현상을 자극일반화라고 한다. 일반화의 정도는 원래 자극과 새로운 자극 간의 유사성 정도에 비례한다. 예를 들어 500루멘(lumen) 정도 밝기의 불빛이 들어왔을 때 불빛을 쪼으면 먹이를 보상받도록 훈련시켰을 때, 480루멘이나 520루멘 정도의 강도에서도 쪼는 행동이 일어나는 것이 포함된다.

반면에 한 자극에 대한 반응결과 강화를 받고 다른 자극에 대해서는 강화를 받지 못하거나 적은 양의 강화를 받는다면 학습자는 두 자극 사이를 구분하여 상이한 반응률을 나타낼 것이다. 이것이 바로 변별이라는 현상이다. 예로 비둘기로 하여금 500루멘 정도 밝기의 불빛이 들어왔을 때 불빛을 쪼으면 먹이를 보상받고, 480루멘 정도 밝기의 불빛을 쪼으면 먹이를 보상받지 못하면 나중에는 480루멘 정도의 밝기에서는 반응을 하지 않는 것을 말한다.

② 소거

고전적 조건형성과 마찬가지로 조작적 조건형성에서도 소거가 일어난다. 소거란 기대했던 반응(강화)이 일어나지 않으면 그 행동은 사라진다는 것이다. 처음에 학습이 강하게 일어날수록 행동을 소거시키기가 어렵고, 학습이 일어나는 상황이 다양할수록 소멸시키기가 어려우며 또한 복잡한 행동은 단순한 행동보다 소멸시키기가 더욱 어렵다. 그리고 계속적인 강화를 받은 경우보다 간헐적인 강화를 받은 경우에 그 행동을 소거시키기가 더욱 어렵다. 또한 회피훈련 혹은 강화보다는 처벌에 기초를 두고 학습된 어떤 행동은 소거시키기가 특히 어렵다.

③ 조형

돌고래가 공을 입에 물거나, 코끼리가 앞발을 들고 춤추는 동작, 불 속에 뛰어드는 사자 등과 같은 행동을 학습시킬 때, 전체를 이루는 행동 가운데 원하는 특정한 행동을 강화(부분적 강화)시키는 것부터 시작하여 연속적인 접근으로 완전한 반응을 학습하도록 만드는 것을 조형(shaping)이라 한다. 예로 쥐로 하여금 레버를 코로 강하게 누르게 하고자 한다면 레버 쪽으로 코를 향하는 쥐의 행동에 강화를 주고 레버 쪽으로 코를 향하게 한 후에는 목표행동에 보다 근접한 행동, 즉 레버에 코를 갖다 대는 행동에만 강화를 준다. 그 다음엔 레버를 코로 약하게 누를 때, 그 다음에는 강하게 누를 때 강화를 주게 되는 것이다. 이와 같이 조형은 점진적인 과정으로 바라는 반응의 강도는 매번 강화받을 때마다 조금씩 늘어나며, 반응이 나타나는 데는 조금씩 더 적은 시간이 걸리게 되는 것이다.

조형에는 두 가지 요소가 있는데 그것은 차별강화(differential reinforcement)

와 점진적 접근(successive approximation)이다. 차별강화는 어떤 반응은 강화를 받고 어떤 반응은 강화를 받지 못하는 것이고, 점진적 접근은 실험자가 원하는 반응에 근접할 때만 강화를 주는 것이다.

이러한 조형을 통하여 돼지가 마차를 밀고, 개가 TV를 켜거나 끄고, 돌고래가 여러 가지 재주를 부릴 수 있는 것이다. 태권도를 배우는 소년은 기본동작부터 시작하여 약속대련, 자유대련 순으로 고도의 기법을 발전시켜 나가는데 이것도 조형의 한 과정이다.

④ 미신적 행동

스키너는 스키너 상자 안에 있는 비둘기들 중에 어떤 비둘기는 먹이를 얻기 위해 다리를 들고, 어떤 비둘기는 고개를 숙이고, 어떤 비둘기는 위를 쳐다보고 있는 것을 발견하였다. 이러한 현상은 처음 스키너 상자 안에 있는 비둘기는 먹이를 얻기 위해서 할 수 있는 일이 아무것도 없었지만, 스키너가 무선적으로 먹이를 넣어 주었더니 비둘기는 먹이를 얻기 전에 했던 행동이면 무엇이든지 반복하기 시작했기 때문이다. 즉, 고개를 숙이고 있을 때 먹이가 나왔다면 다음에 고개를 숙이면 먹이가 나올 것이라는 기대를 가지고 행동을 하는데, 이 현상을 미신적 행동(superstitious behavior)이라고 한다.

미신적 행동은 인간의 생활에서도 흔히 찾아볼 수 있다. 비가 오지 않을 때 기우제를 지낸다든가 혹은 운동선수들의 징크스와 같은 것은 우연한 기회에 강화를 받은 결과로 나타나는 미신적 행동의 예이다.

⑤ 이차적 강화

지금까지 살펴본 강화물은 먹이, 물 등과 같은 일차적이고 직접적인 강화들이었다. 그러나 도구적 조건형성에서의 강화는 배고프거나 목마르고 고통스러운 생물학적 사건에 의해서만 강화되는 것은 아니라고 본다. 우리는 주위의 사람들에게 “고맙다”, “멋있어” 등의 언어적 강화를 주고받는다. 이것은 어떤 자극이 일차적인 강화물과 짝지어지면 그 자극은 강화적 속성을 갖게 된다. 이와 같이 일차적 강화물이 아닌 중립자극이 강화의 기능을 하는 것을 조건강화(conditional reinforcement) 혹은 이차적 강화(secondary reinforcement)라고 한다.

(4) 강화계획

강화란 특정한 자극이나 반응 뒤에 어떤 바람직하거나 좋은 것이 제공되는 것을 말하는 것으로 강화가 어떤 행동을 형성시키고 유지시키는 데 중요한 역할을 하는 것은 사실이다. 그러나 어떻게 강화를 주는가에 따라서 행동이 학습되는 속도와 패턴 그리고 지속성이 달라질 수 있다. 즉, 강화계획(reinforcement schedule)에 따라 행동의 학습이 영향을 받게 된다는 것이다.

강화계획은 크게 전체적 강화(total reinforcement)와 부분강화(partial reinforcement)로 나눌 수 있다. 전체적 강화는 원하는 행동을 했을 경우 100% 강화를 주는 것을 말하고, 부분강화는 원하는 행동을 했을 경우 100%의 강화가 주어지는 것이 아니라 부분적으로 강화를 제공하는 것을 말한다.

연구결과 전체적 강화는 학습이 빨리 일어나는 장점이 있는 반면 강화가 주어지지 않으면 소거가 빨리 일어난다는 단점이 있다. 이에 비해 부분강화는 학습은 천천히 일어난다는 단점이 있지만 소거 또한 천천히 일어난다는 장점을 지니고 있다. 이 현상을 부분강화효과(partial reinforcement)라고 한다. 그러므로 어떤 행동을 학습시키기 위해서는 학습이 일어나기 전까지는 전체적 강화를 사용하다가 학습이 일어난 후부터 부분강화를 주는 것이 효과적일 것이다. 강화계획에 대하여 구체적으로 살펴보면 다음과 같다.

① 고정간격 강화계획(fixed interval schedule)

이 강화계획은 일정한 시간이 지난 다음 올바른 반응을 할 경우 강화를 주는 것이다. 예로 5분의 간격으로 강화를 준다면 5분이 지난 다음 올바른 행동을 했을 경우 강화를 받고, 다음 강화를 받기 위해서는 5분이 지나야만 강화를 받게 되는 것이다. 인간행동의 경우 학교에서 시행하는 중간고사, 기말고사가 이 강화계획에 해당되며, 회사에서 매월마다 월급을 받는 것도 이 강화계획에 해당된다.

② 고정비율 강화계획(fixed ratio schedule)

이 강화계획은 시간과 관계없이 일정한 횟수의 반응을 하고 난 뒤 강화를 주는 것이다. 예로 강화계획을 5번으로 잡았다면 올바른 행동을 5번 시행하고 나면 강화를 주는 것이다. 그러므로 5번의 시행을 30초 안에 할 수도 있고, 한 시간 안에 할 수도 있지만 강화는 원하는 5번의 행동을 하고 난 뒤 강화를 주는 것이다. 보다 많은 강화를 받기 위해서는 짧은 시간에 많은 반응을 하는 것이 유리하기 때문에 이 강화계획에서는 높은 반응률이 나타난다. 예로 일한 만큼 대가를 주는 것이나 생산량에 의해 봉급을 지불하는 것이다.

③ 변화간격 강화계획(variable interval schedule)

이 강화계획은 변동적인 시간간격이 지난 다음 반응에 대하여 강화하는 것이다. 이 강화계획은 예로 6분, 3분, 12분 등으로 강화를 주지만 평균적으로 7분마다 한 번 강화를 주는 것을 말한다. 이 강화계획은 예고 없이 수업시간에 쪽지시험을 보는 것(강의계획서에 평균 한 달에 1회의 쪽지시험을 본다고 했을 때, 학기가 진행되는 4개월 동안 4회의 쪽지시험을 보게 되지만 언제 볼지는 모름)으로 시험을 언제 볼 것인지 모르기 때문에 꾸준히 공부를 하게 된다.

④ 변화비율 강화계획(variable ratio schedule)

이 강화계획은 특정한 횟수의 반응을 한 뒤 강화를 받지만 강화를 얻는 데 필요한 반응의 양(수)이 일정하지 않는 것을 말한다. 예로 평균적으로 10번의 반응 뒤에 보상을 받지만 어떤 경우는 2번 반응 뒤에 보상을 받기도 하고, 어떤 경우는 20번의 반응 뒤에도 보상을 받지 못한다. 이 강화계획의 대표적인 예가 도박(계속 도박을 하면 언젠가는 보상이 따르기 때문)이나 슬롯머신 등이며, 학습된 행동을 유지시키는 데 가장 효과적인 강화계획이다.

(5) 인간행동에서의 도구적 조건형성

지금까지 살펴본 도구적 조건형성은 인간의 실제 생활에서 매우 광범위하게 적용되어 왔고 적용될 수 있는 것이다. 스키너는 우리가 직면하고 있는 여러 가지 사회문제를 조작적 조건형성 원리를 이용하여 해결할 수 있다고 주장한다.

그 예로 안전벨트 미착용으로 인한 사고를 방지하기 위해 조작적 조건화를 이용한 실험을 한 경우이다. 즉, 승용차를 운전해서 통학하는 학생들을 대상으로 안전벨트를 착용하는 행동에 피자, 스티커 그림책으로 강화를 하였더니 학생들의 안전벨트 착용률이 평균 7배 이상 증가한다는 결과가 나왔다(Roberts & Fanurik, 1986).

이 외에도 학교에서 강화와 소거를 통해 문제행동을 감소시키며, 산업체에서는 보상을 통해 결근율의 감소, 생산량의 향상을 유발할 수 있다. 또한 임상 장면에서의 토큰경제법(token economy)은 조작적 조건형성을 이용한 대표적인 치료법이다. 이 치료법은 환자들이 사회적으로 적절한 행동을 할 때마다 토큰을 주고 이 토큰을 나중에 음식, 담배 혹은 환자들이 원하는 다른 물건들과 교환할 수 있게 해 주는 치료방법인데 매우 효과적인 것으로 보고되고 있다.

3) 인지학습

지금까지의 학습이론은 연합학습으로 인간행동의 많은 부분을 고전적 조건형성과 도구적 조건형성으로 설명할 수 있지만, 수학의 미분을 계산하는 것과 같은 복잡한 문제해결행동을 설명하지 못한다. 인간이 복잡한 문제를 해결하는 데 도움이 되는 인지학습(cognitive learning)에서는 학습에서의 인지적 요소의 역할을 강조한다. 즉, 인지학습은 직접적으로 관찰할 수 없는 정신적 과정에 의존하는 학습을 말한다.

(1) 잠재학습

연합이론을 비판한 톨먼(Tolman)은 동물은 연합을 학습하는 것이 아니고 인지를 획득한다고 주장하였다. 톨먼과 혼지크(Tolman & Hornzik, 1930)는 잠재학습(학습된 것이 행동으로 나타나기 이전에 상당 시간 잠재되어 있는 상태)에 대해 미로학습 실험을 수행하였다(**그림 4-7**).

톨먼(Tolman)

이 실험에는 세 집단의 쥐를 사용하였는데, 첫 번째 집단은 미로를 정확히 지나가더라도 결코 보상을 주지 않았고, 두 번째 집단에게는 항상 보상을 주었으며, 세 번째 집단에는 처음에는 계속 보상을 주지 않다가 실험을 시작한 지 11일째 되던 날부터 보상을 주었다. 실험결과 주목할 만한 사실은 항상 보상을 받았던(2집단) 집단보다 처음에는 보상을 주지 않다가 11일째 되던 날부터 보상을 받았던 집단(3집단)의 쥐들이 훨씬 수행을 잘했다는 사실이다. 이 사실을 기초로 그는 보상이란 수행변인이지 학습변인이 아니라고 주장하였고, 11일 동안 잠재학습이 되었던 것이 보상이 주어짐으로써 나타난 것이라고 주장하였다.

톨먼의 잠재학습의 연구는 동물학습에서 인지적 요인의 중요성을 지적해 주었고 또한 학습과 수행의 구분을 가능하게 해 주었다.

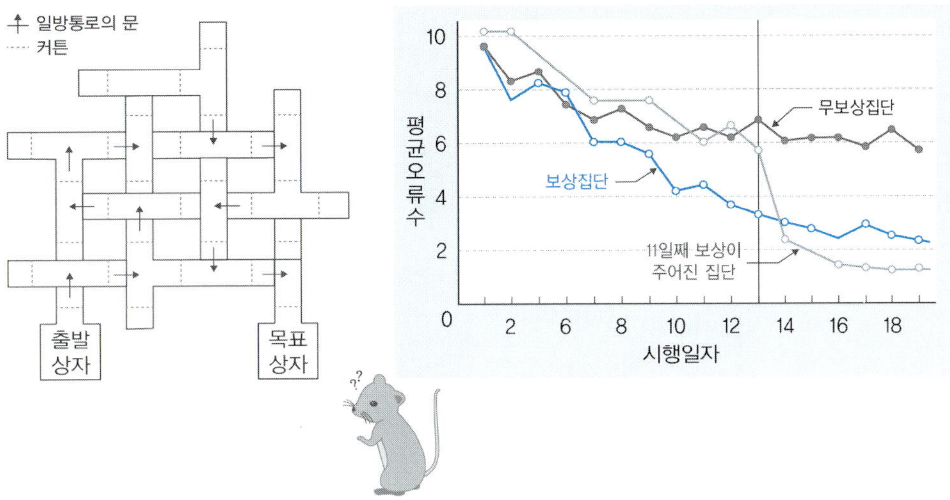

그림 4-7 톨먼의 생각하는 쥐

출처: 이해경 외(2006). 교육심리학. 양서원.

(2) 통찰학습

통찰학습(insight learning)에 대한 연구는 독일 형태주의 심리학자 퀼러(Köhler, 1887~ 1968)에 의해 시도되었다. 통찰이란 장면을 이루고 있는 요소들이 갑작스럽게 '모아져서' 가장 효과적인 통로가 명료화되고 문제가 해결되는 것을 말한다. 이 경우 학습은 부드러운 곡선을 이루면서 천천히 그리고 점차적으로 진행하는 것이 아니고 계속적인 실패의 연속인 시행착오에서 순간적인 성공으로 갑작스럽게 변하는 것이다.

퀼러(Köhler)

그림 4-8 통찰학습 실험

퀼러는 침팬지의 문제해결능력을 알아보는 일련의 실험을 수행하였는데, 침팬지를 쇠창살로 된 우리 속에 가두었다(그림 4-8). 그리고 우리 밖 손이 닿는 곳에 짧은 막대기를 놓았고 손이 닿지 않는 곳엔 긴 막대기, 그 뒤쪽에 사과를 놓아두었다. 짧은 막대기를 이용한다면 긴 막대기를 끌어당길 수 있으며, 긴 막대기를 이용한다면 침팬지는 사과를 먹을 수 있었다. 처음에 침팬지는 짧은 막대기로 사과를 끌어당기려다 실패했다. 한참 주저하고 응시하다가 갑자기 짧은 막대로 긴 막대를, 다시 긴 막대로 사과를 끌어당겼다. 분명히 잠시 동안의 주저하는 행동 후에 개별적인 행동들이 최종목표를 향해 통합되었다.

이처럼 통찰학습은 시행착오적인 무선적 반응이 아니라 급속히 해결책에 도달하는 것으로, 요소들을 유의미한 전체로 관련짓고 의미 있는 인지구조를 형성하는 것이다. 다시 말해 학습은 시행착오가 아닌 인지현상으로 학습자는 문제해결에 대한 모든 요소를 생각해 보고 문제가 해결될 때까지 여러 가지 방식으로 생각하여 미해결상태이거나 해결상태로 남게 된다. 해결상태란 유기체가 문제해결에 대한 통찰('아하'학습이라고도 함)을 얻은 것이다.

4) 사회학습 이론

사회학습 이론은 반두라가 처음 주장한 것으로 관찰학습, 대리학습, 모방학습이라고도 한다. 사회적 학습은 본인이 직접 경험하지 않아도 다른 사람의 행동을 관찰함으로써 발생하는 학습을 말한다. 즉, 많은 학습이 조건형성에 의해서도 이루어지지만 다른 사람에게 일어나고 있는 것을 보거나 그에 대한 이야기만 듣고도 충분히 학습이 일어날 수 있다는 것이다. 반두라의 실험을 예는 **그림 4-9**와 같다.

반두라(Bandura)

그림 4-9. 반두라의 실험의 예

그는 아이들을 세 집단으로 구분하여 각 집단별로 실험의 모델이 보보(Bobo) 인형에게 공격적인 행동과 언행을 한 뒤 각기 다른 보상과 처벌을 받는 장면을 TV를 통해 보도록 하였다. 먼저 한 집단에게는 모델이 공격적인 행동을 하고 난 뒤 강화를 받는 장면을, 또 한 집단에게는 공격적인 행동을 하고 난 뒤 처벌을 받는 장면을, 한 집단에게는 공격적인 행동을 하고 난 뒤 처벌 혹은 강화 모두를 받지 않은 장면을 보도록 하였다. 그 결과 보상을 받은 모델을 본 아이들은 그렇지 않은 아이들보다 공격적인 행동이 증가한다는 사실이 드러났다.

사회학습 이론은 간접적 학습 또는 관찰학습을 강조한다. 그리고 사회학습이 이루어지는 위해서는 주의집중과정, 보존과정, 운동재생과정 그리고 동기과정의 절차가 필요하다고 주장한다(그림 4-10).

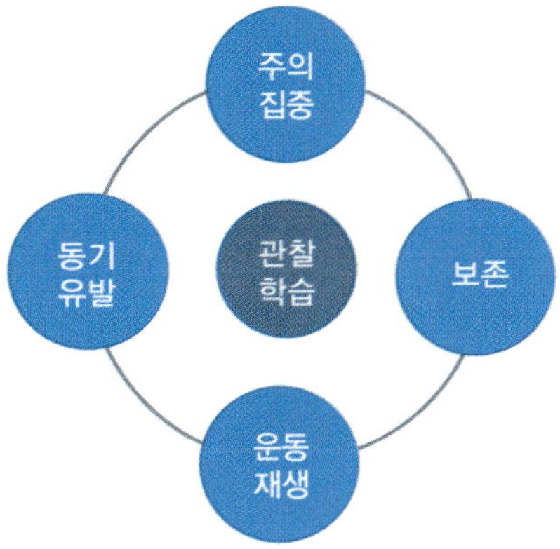

그림 4-10. 관찰학습의 네 가지 요소

첫째, 주의집중과정(attentional process)이다. 이것은 모델의 행동을 주의 깊게 집중하여 관찰하는 과정이다. 이 과정에서 모델의 두드러진 특징이나 뚜렷한 단서를 주시해야만 관찰에 의해서 여러 가지를 획득할 수 있다. 이와 같이 주의집중과정은 모델의 행동에 주의를 기울여서 보고 어느 것을 선택하여 습득할 것인지를 결정하는 것이다.

둘째, 보존과정(retention process)이다. 모델의 행동을 주의 깊게 관찰하여 그것을 기억하여 장기간 보존하는 과정이다. 이 과정에서 모델의 행동을 보고 즉각적으로 반응을 보이는 것이 아니다. 이 과정은 나중에 모델의 두드러진 특징이나 뚜렷한 단서에 대하여 기억한 것을 어떤 방법으로 유용하게 이용할 수 있다. 여기에서 모델의 행동을 장기간 기억하기 위해서 모델의 행동을 어떤 상징적인 형태로 부호화해야 하는 것이 필요하다.

셋째, 운동재생과정(motor reproduction process)이다. 모델을 모방하기 위하여 모델의 상징적 표상을 연습하는 과정이다. 이 과정에서 모델의 상징적 표상을 잘 기억하여 그 행동을 계속적으로 연습하는 것이 필요하다. 한편 모델의 행동을 주의 깊게 관찰하여 연습한다고 하더라도 모델이 한 행동을 올바르게 수행하지 못할 수도 있음을 인지해야 한다.

넷째, 동기과정(motivational process)이다. 모델의 행동을 모방한 것이 가치 있는 것인지를 결정하는 과정이다. 이 과정에서 동기가 주어지지 않는다면 모델의 행동을 모방하려 하지 않을 것이다. 모델의 행동을 모방하여 강화가 주어지면 행동을 수행할 가능성이 높아진다. 만약 모델의 행동이 긍정적인 보상을 받는 강화로 이어진다면 모델의 행동에 대하여 좀 더 집중하여 기억하였다가 나중에 그 행동을 수행하는 데 강력한 촉진제가 될 것이다.

Chapter 05

성인학습이론과 학습방법 및 평가

배울내용

1. 성인학습의 개념과 원리
2. 성인학습이론
3. 성인학습의 교수 · 학습방법
4. 성인학습의 평가

학습목표

1. 성인학습의 개념과 원리를 설명할 수 있다.
2. 성인학습이론인 안드라고지, 자기주도적, 휘타고지 및 통합 학습이론의 특징을 설명할 수 있다.
3. 성인학습의 교수 · 학습방법 기술을 익힌다.
4. 성인학습의 평가를 이해하고 효과적인 평가방법을 모색해 본다.

Chapter 05

성인학습이론과 학습방법 및 평가

1. 성인학습의 개념과 원리

1) 성인학습의 개념

현대사회는 평균수명의 증가로 고령화와 고학력 성인인구가 증가하고 있다. 따라서 많은 성인이 정규 교육과정을 졸업한 후 직무 재교육이나 취업, 교양 증진을 위해 성인학습을 하고 있다. '성인학습'은 문자 그대로 성인들이 행하는 학습을 의미한다. 즉, 학습자인 성인이 자신의 요구와 흥미에 따라 자기주도적으로 실행하는 학습활동이다. 성인의 기준은 각종 법률에 따라 다양하게 규정되고 있지만, 교육학자 노울즈는 성인의 역할을 수행하는 사람 및 성인으로 인식하는 사람 모두를 성인이라고 심리학적 · 사회학적으로 정의하고 있다.

반면, 학습의 사전적 의미는 연습이나 경험의 결과로 일어나는 행동의 변화로서 학습으로 간주하기 위해서는 그 효과가 비교적 오래 지속되어야 하며 외형적, 내면적 행동의 변화도 포함된다. 메이어(Mayer)는 성인학습을 '경험의 결과로 사회에서 성인으로 간주하는 사람들의 지식, 태도 및 행동이 비교적 지속적으로 변화되는 과정'이라고 하였다. 그러나 성인학습의 일반적인 정의로는 성인학습의 구체적인 과정이나 결과를 이해하는 데 어려움이 있어, 성인학습이 지닌 의미를 몇 가지로 살펴보면 다음과 같다(가영희 외, 2013; 권두승, 조아미, 2017; 김현숙, 2021).

첫째, 성인학습은 성인학습자가 스스로 변화하고자 하는 행동 변화 요구와 각자의 다양한 생활경험, 학습경험, 직업경험 등을 통해 습득된 경험을 토대로 학습활동이 이루어진다. 따라서 대부분 성인학습자의 당면한 문제에 초점이 맞춰진 학습활동이다.

둘째, 성인학습은 학습자가 경험과 훈련을 통해 계획하고 실천하는 의도적인 활동이다. 교육기관이나 교사, 지도자에 의한 타인 주도학습과 스스로 학습을 관리하는 자기주도학습이 포함된다. 그것은 학습자가 동기나 목표를 실현해 나가기 위해 자율적으로 판단하고 선택하는 계획적인 학습활동으로 볼 수 있다.

셋째, 성인학습은 다양한 형태의 학습을 통해 자아실현을 가능하게 한다. 성인학습의 궁극적인 목적은 국민으로서 자각하고 자신의 능력과 자질을 발휘할 수 있는 자아실현이다. 계속된 학습을 통해 성인기의 발달과업을 달성하고 사회적 역할을 수행하며 교육적 요구를 충족시켜 인간의 지속적 성장에 기여한다.

따라서 성인학습은 특정한 부류의 사람들만이 사용하는 개념이 아니라 일상적으로 사용하는 보편적인 개념으로 학습을 통해 자기존중과 자아실현의 욕구를 충족시키는 것이다. 우리사회는 기술과 정보습득의 기능적인 교육에서 벗어나 자기계발을 통한 자아실현, 반성, 자기쇄신을 달성하고, 소외에서 벗어나 사회적 정체성을 획득할 수 있는 참여 가능한 교육이 필요하다. 성인의 연속적인 학습의 변화는 **그림 5-1**과 같다.

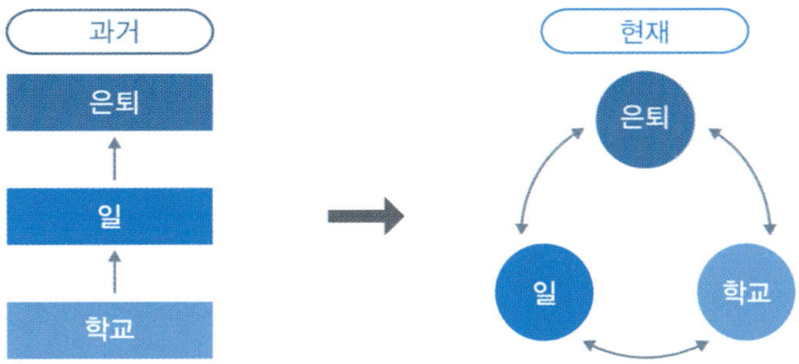

그림 5-1. 성인학습의 변화

출처: 나항진 외(2016). 성인학습 및 상담. 양서원.

2) 성인학습의 원리

성인학습은 성인학습자들의 욕구, 특성, 태도, 경험 등을 고려하여 학습효율성을 높이고 지원할 수 있는 원리가 다양한 차원에서 연구되었는데, 조성연 등(2010)은 성인학습의 원리를 자발적 학습의 원리, 자기주도적 학습의 원리, 상호학습의 원리, 다양성의 원리, 활용성의 원리로 제시하였고, 가영희 등(2013)은 자발성의 원리, 자기주도성의 원리, 다양성의 원리, 융통성의 원리, 생활적응의 원리, 계속성의 원리, 상호학습의 원리, 참여교육의 원리, 효율성의 원리, 유희·오락성의 원리를 제시하고 있다. 이러한 견해를 기반으로 성인교육의 특성과 여러 상황에 따라 성인학습을 효과적으로 전개할 수 있도록 하는 것이 중요한데, 성인학습자의 학습과정상의 특성은 4단계로 구분할 수 있다(가영희 외, 2013; 권두승, 조아미, 2017; 조성연 외, 2010).

1단계는 학습의 요구이다. 성인은 어떤 학습이 필요한지를 자신의 요구에 따라 결정한다. 여기서 요구란 현재의 상태와 바람직한 상태와의 차이를 의미하는 것으로, 학습요구란 학습에 대한 현재의 상태와 바람직한 상태 간의 학습차원의 불일치를 의미한다. 성인들은 자신의 자각이나 경험을 토대로 학습요구를 진단하고 요구에 따라 학습과정에 참여하게 된다. 그러나 성인학습자가 학습요구를 적절하게 분석하고 전문적인 정보를 파악하기 어렵다는 것이 문제이다. 그러므로 성인학습자가 과거 학습경험의 불안감이나 저항감에서 벗어나 자발적 욕구를 파악하고 동기를 유발할 수 있는 학습상담전문가의 분석이 필요하다.

2단계는 성인학습의 가장 큰 특징으로 자기주도적 학습의 원리이다. 성인은 학습목표를 달성하기 위한 전략과 자원을 창출할 수 있는 존재이다. 성인은 자신의 목표를 성취할 동기와 학습결과에 대한 기대가 있다면, 지속해서 학습에 참여하기 위한 전략을 구사한다. 성인들은 다양한 경험이 있어, 질 높은 학습이 가능하며 새로운 학습에 참여할 수 있기 때문이다. 성인의 자기주도적 학습의 원리는 학습자가 스스로 학습에 참여하고 전념할 수 있는 환경의 조성이 중요한 역할을 한다.

3단계는 학습전략을 실행하고 학습자원을 활용하는 상호학습의 원리이다. 학습효과를 높이기 위해 지도자와 학습자, 학습자와 학습자가 서로 배우고 가르치는 형태를 통해 참여한 사람의 집단 역동을 활용하는 것이다. 성인은 학습과정에서 학습 프로그램의 지속적인 참여 여부를 평가하게 되는데, 학습경험과 학습효과를 지속해서 인식하도록 도와주어 학습전략을 실행하고 학습자원을 활용할 수 있도록 해야 한다. 특히 지도자 및 동료 간의 수평적 관계에서 이루어지는 상호작용이 성인학습의 효과를 증대시킨다.

4단계는 성인이 자신의 학습성과를 평가하는 활용성의 원리이다. 성인학습은 시간적, 경제적 투자보다 학습결과가 얼마나 효율적이고 능률적인가에 따라 학습방법을 선택한다. 성인학습의 성과는 투입되는 비용과 노력에 비교하여 학습의 결과가 실생활에 얼마나 활용되는지에 의해 결정된다. 대부분의 성인학습자는 계획하고 의도했던 교육목적이나 목표를 어느 정도 달성했는지를 기준으로 자신의 만족 여부로 학습성과를 판단하게 된다. 지금까지 살펴본 성인학습의 원리를 정리하면 **그림 5-2**와 같다.

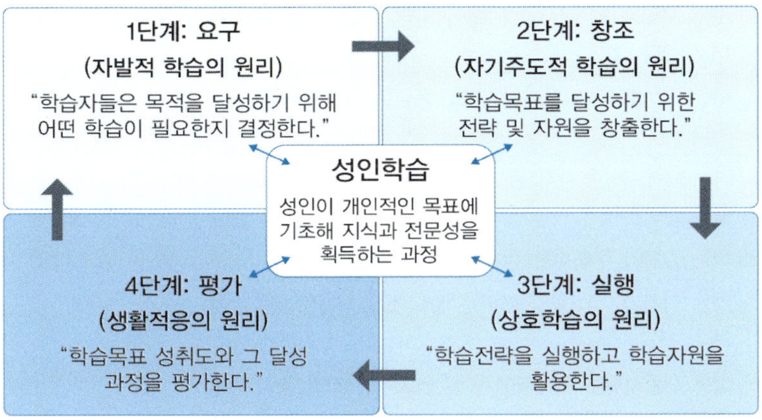

그림 5-2. 학습과정을 통제하는 성인학습의 원리

출처: 권두승, 조아미(2017). 평생학습사회 실현을 위한 성인학습 및 상담. 교육과학사.

2. 성인학습이론

다음은 평생학습정향성에 관한 문항입니다. 귀하가 해당되는 항목에 ∨표를 해 주십시오.

표 5-1. 자신의 평생학습정향성 파악하기

	내용	전혀 그렇지 않다	그렇지 않다	그저 그렇다	그렇다	매우 그렇다
페다고지 학습 정향성	1. 나는 타인에게 의존하는 기질을 가지고 있다.	①	②	③	④	⑤
	2. 나는 강사가 나의 교육내용을 결정해 주는 것이 좋다.	①	②	③	④	⑤
	3. 나는 전문가 및 강사(교수자)의 권유가 있을 때 학습의욕이 생긴다.	①	②	③	④	⑤
	4. 나는 체계화된 이론이나 원리 중심의 학습내용을 선호한다.	①	②	③	④	⑤
	5. 나는 학력, 학점, 자격 등 사회적으로 인정받을 수 있는 교육을 선호한다.	①	②	③	④	⑤
	6. 나는 강사가 주도하는 학습을 선호한다.	①	②	③	④	⑤
	7. 나는 강사가 지식을 전달하는 강의중심 학습방법을 선호한다.	①	②	③	④	⑤
	8. 나는 전문지식을 학습자에게 잘 가르치는 자가 능력 있는 강사라고 생각한다.	①	②	③	④	⑤
	9. 나는 학습의 성취정도를 전문가 혹은 강사로부터 확인받고 싶다.	①	②	③	④	⑤
	10. 나는 전문가 혹은 강사가 제시한 학습목표에 도달했을 때 성취감을 갖는다.	①	②	③	④	⑤
안드라고지 학습 정향성	11. 나는 주어진 상황 속에서 자기주도적인 성향을 나타낸다.	①	②	③	④	⑤
	12. 나는 내가 배우게 될 교육내용을 강사와 함께 결정하고 싶다.	①	②	③	④	⑤
	13. 나는 주어진 사회적 역할(직무수행)을 잘하기 위해 스스로 학습의지를 갖는다.	①	②	③	④	⑤
	14. 나는 나의 생활 및 업무와 관련된 실무형 학습내용을 좋아한다.	①	②	③	④	⑤
	15. 나는 사회적 역할 및 직무에 곧바로 활용가능한 교육에 참여하고 싶다.	①	②	③	④	⑤
	16. 나는 강사 및 동료학습자와 함께 상호작용하는 학습에 적극적이다.	①	②	③	④	⑤
	17. 나는 주어진 과제를 직접 체험하고 활동하는 방식을 선호한다.	①	②	③	④	⑤
	18. 나는 주어진 학습과제를 안내하고 촉진하는 강사가 훌륭하다고 생각한다.	①	②	③	④	⑤

	내용	전혀 그렇지 않다	그렇지 않다	그저 그렇다	그렇다	매우 그렇다
	19. 나는 학습성과에 대한 평가를 동료학습자 및 교수자와 함께하고 싶다.	①	②	③	④	⑤
	20. 나는 평생학습을 통해 얻게 된 보상과 자기개발에 만족감을 갖는다.	①	②	③	④	⑤
휘타고지 학습 정향성	21. 나는 타인에게 의존하지 않는 독립적인 성향이 강하다.	①	②	③	④	⑤
	22. 나는 내가 배우고 싶은 교육내용을 스스로 탐색하여 선택한다.	①	②	③	④	⑤
	23. 나는 주도적이고 창조적인 삶을 위해 지속적으로 학습활동에 열정을 쏟는다.	①	②	③	④	⑤
	24. 나는 스스로 발견한 문제와 과제를 해결할 수 있는 학습내용에 관심이 많다.	①	②	③	④	⑤
	25. 나는 미래를 스스로 개척할 수 있는 실천역량과 관련된 교육에 참여하고 싶다.	①	②	③	④	⑤
	26. 나는 배움의 과정을 직접 구상하여 전개하고 싶다.	①	②	③	④	⑤
	27. 나는 학습과제를 스스로 결정하고 탐구하는 학습방법을 선호한다.	①	②	③	④	⑤
	28. 나는 학습자가 스스로 선택하여 탐구하도록 하는 것이 강사의 역할이라고 생각한다.	①	②	③	④	⑤
	29. 나는 학습과정과 학습의 가치를 스스로 평가할 수 있다.	①	②	③	④	⑤
	30. 나는 평생학습으로 내가 체계화한 노하우를 실천할 수 있을 때 보람을 느낀다.	①	②	③	④	⑤

표 5-2. 자신의 평생학습정향성 점수 기록하기

구분	점수산출	평균점수
페다고지 학습정향성	총 획득점수(　　　　)/10	
안드라고지 학습정향성	총 획득점수(　　　　)/10	
휘타고지 학습정향성	총 획득점수(　　　　)/10	

성인학습이란 교육자에게 초점이 맞춰진 성인교육과 구분되는 개념으로써 연령과 사회적 역할, 심리적 성숙도에 따라, 성인으로 간주되는 학습자들에 의해

요구와 흥미에 따라 자기주도적으로 실행하는 모든 학습활동을 의미한다. 1970년대 이후, 성인을 위한 학습에 관한 연구와 이론을 구축하고자 하는 노력과 관심이 급증하였는데, 그중 가장 주목받는 것이 노울즈(1913-1997)의 안드라고지(Andragogy) 학습이론이다(이지혜, 2012).

1) 안드라고지 학습이론

1960년대와 1970년대 초에 걸쳐 전 세계적으로 자아개념과 잠재성 실현을 위한 교육이 유행하고, 사회변화의 다양화, 복잡화 및 가속화됨에 따라 성인들의 자기주도적 및 지속적 학습의 요구가 점차 증가하게 되었다. 따라서 기존의 학습개념으로는 성인의 다양한 학습요구를 충족시킬 수 없다는 인식이 생겨나기 시작하였고, 성인학습 분야가 고유하고 개별적인 분야로 자리 잡아 감에 따라, 성인학습을 다른 학습 분야와 구별하고 성인학습의 전문성을 부여해야 한다는 필요성이 대두하게 되었다. 이러한 시대적 상황으로 인해 1968년 미국의 성인교육자인 노울즈는 페다고지(Pedagogy)[1)]를 모체로 하지만 그와 구분되는 개념으로서 안드라고지[2)]의 개념을 정립하였다.

1) 페다고지는 아동(paidos)과 지도하다(agogos)의 합성어로서 아동을 가르치는 기예와 과학을 의미한다. 페다고지 모형에 의하면, 학습의 내용 · 방법 · 시기 · 결과는 교사가 결정하고 책임지게 되어 있다.

> 페다고지 모형은 교사주도교육을 설명하는 것으로서 학습자는 교사의 지침에 따라 단지 복종하는 존재일 뿐이라는 것을 부각시킨다. 따라서 페다고지 모형은 학습자에 대한 다음과 같은 가정에 기초하고 있다. 학습자들은 시험에 통과되고 진급하려면 교사가 가르친 것을 충실히 따라야 한다 … 학습자는 의존적인 존재로서의 자아개념을 가진다 … 학습자의 경험은 학습의 원천이 되기 어렵다 … 학습자들은 시험에 통과하고 진급하려면 교사가 학습해야 한다고 하는 것들을 사전에 준비할 필요가 있다 … 학습자들은 교과목 중심의 학습의 지향점을 갖고 있다 … 학습자들은 예컨대 성적, 교사의 인정 · 불인정, 부모의 압력 등의 외적 동기에 의해서 학습에의 의지를 가지게 된다.

2) 안드라고지는 성인(andros)과 지도하다(agogos)의 합성어로서 성인의 학습을 도와주는 기예와 과학을 의미한다. 안드라고지는 두 가지 개념으로 나뉘는데, 광의적 개념으로 성인학습의 정책, 제도 및 실시과정 전체를 체계적으로 연구하는 학문을 의미하며, 협의적 개념으로 성인학습에 있어서 계획, 실행, 평가와 같은 학습의 방법원리와 기술을 의미한다.

안드라고지에 대한 기본 가정은 6가지로서, 페다고지의 가정과 비교하면 다음과 같다(이지혜, 2012). 첫째, 알고자 하는 욕구이다. 페다고지에서 아동학습자는 시험에 합격하거나 진학하기 위해서 교사가 가르치는 내용을 학습하는 것에 집중하지만 안드라고지에서의 성인학습자는 학습하기 전에 자신이 왜 그것을 학습하고자 하는지를 알고자 한다. 따라서 성인학습에서 학습자들의 알고자 하는 욕구를 발전시킬 수 있도록 돕는 것이 중요하다.

둘째, 학습자의 자아개념이다. 페다고지에서 아동학습자는 의존적이고 수동적인 존재이지만 안드라고지의 성인학습자는 자아개념이 의존적 성격에서 자기주도적 성격으로 변화하게 된다. 따라서 이러한 특성을 잘 파악하여 성인학습자가 의존적인 학습자에서 자기주도적인 학습자로 변화할 수 있도록 창조적인 학습경험의 기회를 열어 주어야 한다.

셋째, 학습자의 경험이다. 페다고지에서 아동학습자가 학습현장에서 가져오는 경험은 학습의 출발점이 되지만 별 가치가 없는 것으로 여기기 때문에 강의와 같은 전달식 방법이 핵심이라면, 안드라고지에서 성인학습자의 경험은 학습의 풍부한 원천이기 때문에 토론과 같은 경험적 방법을 활용하여 상호협력적 활동을 강조하는 것과 더불어 성인학습자의 경험이 상당한 개인차가 존재하기에 개별화학습에도 강조점을 두어야 한다.

넷째, 학습의 준비도이다. 페다고지에서 아동학습자는 학습준비도가 부족해서 사회가 요구하는 것을 기꺼이 배우고자 하는 존재이지만 안드라고지에서 성

성인들은 무엇인가를 학습하기 이전에 왜 그것을 배워야 하는지를 알아야 한다 … 성인들은 삶과 자신의 결정에 대해 책임이 있다는 자아개념을 가지고 있다. 그러한 자아개념을 가지게 됨에 따라 성인들은 자신이 자기주도성을 가진 사람으로 간주되고 취급되기를 바라는 심리적 욕구를 가지게 된다 … 성인들은 아동보다 양적으로 더 많고 질적으로 다른 경험을 가지고 교육활동에 참여한다. 경험의 양과 질에서의 차이는 성인교육에 있어서 여러 가지 중요한 의미를 갖는다 … 성인들은 실제 생활에 더 효과적으로 대응하기 위해 알아야 하고 또 할 수 있는 것들을 배울 준비를 하고 있다. 성인의 학습준비성은 한 발달단계에서 다음 발달단계로 이동하는 발달과업이 이루어졌을 때 갖춰지게 된다. 이것이 의미하는 바는 그러한 발달과업에 일치하는 학습경험을 시의적절하게 제공하는 것이 중요하다는 것이다 … 아동들과 청소년들의 학습이 교과중심에 관심을 두는 것에 비하여 성인들의 학습은 다분히 생활중심, 과업중심 또는 문제중심적이다 … 성인들은 더 좋은 직업, 승진, 더 많은 급여 등과 같은 일부 외적 동기유발 요소들에 반응하기도 하지만, 가장 강력한 동기유발 요소는 더 높은 직업만족도, 자부심, 삶의 질 등과 같은 내적 욕구이다.

인학습자의 학습준비도는 사회적 역할로 요구되는 발달과업[3]에 따라 갖추어진다. 즉, 그들이 알아야 할 것들이나 실제 생활에서 가치가 있다고 생각되는 것들에 대해서는 학습준비도가 높다.

다섯째, 학습성향이다. 페다고지에서 아동학습자는 교과중심적인 학습성향을 가짐으로써 학습을 교과내용의 습득으로 이해하여 교과내용의 논리에 기초한 학습경험이 조직되지만 안드라고지에서 성인학습자는 생활중심적, 과제중심적, 문제중심적 학습성향을 가짐으로써 과업을 수행하거나 직면하고 있는 문제를 다루는 데 도움이 된다고 인식하게 되면 학습하려는 동기를 부여받고 학습된 지식의 미래 적용보다는 즉각적 활용을 선호한다.

여섯째, 학습동기이다. 페다고지에서 아동학습자의 학습은 성적, 부, 명예, 직업과 같은 외재적 요인에 의하여 학습동기를 부여받지만 안드라고지에서 성인학습자는 주로 자아실현, 삶의 질적 향상과 같은 내재적 요인들에 의하여 학습동기를 부여받는다.

이와 같은 안드라고지와 페다고지의 기본 전제 및 원리를 비교해 보면 **표 5-3**, **표 5-4**와 같다(이지혜, 2012).

표 5-3. 페다고지와 안드라고지의 기본 전제 비교

구분	페다고지	안드라고지
학습자의 개념	의존적 단계	자기주도성의 증대
경험의 역할	학습자원으로서 그다지 가치를 지니고 있지 않음	학습자가 지닌 경험은 자신은 물론 타인에게 있어서도 풍부한 학습자원이 됨

3) 에릭슨은 프로이트의 정신분석학을 기초로 삼고 있으나 그와는 달리 인간을 둘러싼 사회적 환경의 중요성을 강조하여 기본적 신뢰감 대 불신감(출생~1세), 자율성 대 수치감 및 의구심(1~3세), 주도성 대 죄책감(3~5세), 근면성 대 열등감(사춘기), 자아정체감 대 역할혼돈(청소년기), 친밀감 대 고립감(성인초기), 생산성 대 침체성(중년기), 자아통합 대 절망감(노년기) 이렇게 여덟 단계의 심리사회적 발달단계를 제시하였다. 특히 성인기는 타인과의 관계를 형성하고, 타인을 사랑하고 보살펴 주며 타인과의 관계 속에서 자신을 보다 심화시켜 나가는 시기라고 하였다.

구분	페다고지	안드라고지
학습준비도	생물학적 발달단계 및 사회적 압력	생애주기에 의한 다른 발달과제 및 사회적 역할의 변화
학습에의 경향성	미래를 위한 준비, 교과중심성	즉시적인 활용, 문제중심성
학습에의 동기	외재적 동기	내재적 동기

표 5-4. 페다고지와 안드라고지의 원리 비교

페다고지	안드라고지
교수·학습과정의 운영에서 학습자의 이해 또는 관심이나 적극적인 참여가 아닌 강제적 출석을 전제로 한다.	학습자의 자발적인 참여를 전제로 학습이 이루어지며, 이로 인하여 학습자는 자신의 욕구 또는 이해를 충족시킬 수 있을 것으로 기대한다.
아동이라는 개념은 성인의 지도를 필요로 하는 미성숙하고 의존적인 존재이다.	성인이라는 개념은 스스로 자기지도가 가능한 성숙하고 독립적인 인간이다.
교수자는 많은 지식을 갖추고 있으며, 교수자의 주된 임무는 자신의 지식을 학습자들에 전달하는 것이다.	학습자는 다른 학습자 및 교수자와 상호적 관계를 가진다.
아동의 삶에 대한 경험은 학습과정에서 가치 비중을 두지 않는다.	성인의 삶에 대한 경험은 다양하므로 그 경험이 학습과정에 다양하고 지대한 공헌을 할 수 있을 것이라고 기대한다.
교수자가 축적한 경험 및 지식은 매우 중요하며, 학습에서 제1의 자원이 되기도 한다.	학습자들이 삶에서 축적한 경험과 지식은 교수자의 그것처럼 학습에서 가치 있는 자원이라고 판단된다.
교수자는 학습과정과 내용을 결정하는 존재이다.	학습자는 학습과정 및 학습내용을 스스로 선택할 수 있으며, 그것은 개개인의 요구와 관심을 기초로 결정된다.
교육은 장래를 위한 준비과정이며, 학습자는 미래에 어떤 것을 행하고 이룰 수 있도록 준비하는 존재이다.	교육은 학습자의 현재 상황과 관련된 무엇인가를 행하는 과정, 즉 현재의 문제해결을 위한 과정으로 파악한다.
교수자가 지닌 최우선의 임무는 '무엇을 학습해야 하는가?'와 같은 내용을 통제하는 데 있다.	교수자가 지닌 최우선의 기능은 학습과정을 지도하는 것이다.
학습자가 학습교재에 대해 느끼는 감정은 거의 고려되지 않고 있으며, 단지 그것이 학습의 효과성에만 관심을 집중시키고 있다.	학습자들의 적극적인 감정이 학습을 지속시키는데 중요한 요소이며, 학습자가 학습과정과 학습내용을 어떻게 생각하고 있는가에 대해 큰 관심을 가지고 있다.

페다고지	안드라고지
학습자는 자신이 배운 과거 학습이 언제, 어떻게 도움이 될 것이며, 향후 자신에게 어떤 학습이 필요한지에 대해 거의 평가하지 못한다.	학습자는 학습과정이 갖고 있는 가치를 꾸준히 평가하고, 향후 학습에 자신의 요구가 얼마만큼 충족될 수 있을 것인가를 판단한다.

이와 같은 성인학습자의 특성을 안드라고지 학습이론에 대한 특징과 이해의 기초로 삼아 노울즈는 **표 5-5**와 같이 7가지의 성인학습단계를 설명하였다.

표 5-5. 페다고지와 안드라고지의 학습단계 비교

구분	페다고지	안드라고지
분위기	권위주의적, 형식적, 경쟁적	상호 존중, 비형식적, 협력적
계획	교사	상호적 계획화
요구진단	교사	상호적 자기 진단
목표의 공식화	교사	상호 대화
설계	교과 내용 단원의 논리	준비성과 문제 단원의 계통성
활동	전달 기술	경험주의적 기술
평가	교사	상호 재진단, 상호 축적

첫째, 학습분위기의 형성단계이다. 이 단계는 학습을 이끌어 내는 분위기 조성 단계로서 노울즈는 학습분위기 조성을 위한 방안으로 물리적 환경과 심리적 환경 두 가지로 나누었다. 물리적 환경을 통해 학습자가 안락함을 느낄 수 있도록 해야 하며, 심리적 환경을 통해 성인학습자들이 주체적으로 참가하고 존경받으며 지지받는다는 느낌이 들도록 하는 환경을 마련해 주어야 한다.

둘째, 학습에 대한 상호계획화의 구조단계이다. 안드라고지의 출발점이 학습자의 관심에 있음으로 학습의 계획에 학습자가 스스로 계획을 세우고, 자료를 제공하고, 학습을 기획하는 중요한 역할을 할 수 있도록 참여되어져야 한다.

셋째, 학습요구의 진단단계이다. 학습자의 요구를 진단하는 것은 학습에 대한 자각과 적극적으로 참여하게 하는 내재적 동기를 높일 수 있으므로, 학습자들에게 자기진단을 할 수 있는 기회를 부여해야 한다. 안드라고지의 자기진단 과정은 개인과 사회의 요구나 목적달성에 부응하여야 하고, 성인학습자의 능력 수준을 평가할 수 있도록 진단 경험을 제공해야 하며, 학습자 자신의 현재 능력을 측정할 수 있도록 구성되어져야 한다.

넷째, 학습목표의 공식화단계이다. 안드라고지 원리에 의한 목표설정은 현실적이고 발전적이어야 하며, 학습자의 자기진단 요구와 관련 있어야 하고, 그 결정의 책임을 학습자 자신이 공유할 수 있도록 해야 한다. 노울즈는 목표설정을 학습의 구체적인 안내자라고 정의함으로써 이것은 학습의 욕구를 목표로 전환시키는 것으로 매우 정확하게 설정되어야 한다고 주장하였다.

다섯째, 학습활동의 패턴 설계단계이다. 이 단계는 학습의 목표들을 학습 체제들로 변형시키는 단계로써 자기진단에 의한 학습자의 문제영역, 학습형태, 지시된 방법, 교재 등을 바탕으로 학습목표에 맞게 학습단원을 설정하고 이것을 학습자의 준비도, 내용의 계열성, 심미적 원리에 따라 배열해야 한다.

여섯째, 학습계획안의 작성과 학습활동 시행단계이다. 작성된 학습계획안을 학습활동을 통해 실현시키는 과정으로, 학습자들의 욕구에 따라 설정된 학습목표들이 구체적인 방법에 의해 실행되는 단계이다. 목표에 도달하기 위한 효과적인 기술과 그에 맞는 교재를 학습자와 함께 선정함으로써 학습자의 개성을 존중해 주고, 그 책임을 공유할 수 있도록 해야 한다.

일곱째, 학습결과의 평가 및 요구 재진단 단계로서 성인학습과정과 안드라고지에 있어서 중심적인 축이 되는 단계이다. 학습활동을 통해 성인학습자가 스스로 자신이 어느 정도 학습목표에 도달하였는지를 평가하고, 학습목표와 현재 학습활동과의 차이를 재진단하는 과정이다. 이 평가는 구체적인 교수와 학습과정을 개선하는 데 필요한 판단 자료로 활용된다.

2) 자기주도적 학습이론

자기주도학습(Self-directed learning: SDL)은 학습자 스스로 자신의 학습요구를 진단하여 이를 토대로 학습을 계획하고, 목표를 설정하며, 목표달성을 위해 필요한 학습자원과 내용 및 방법을 선정하여 학습을 진행해 나가는 학습과정이다. 노울즈는 자기주도학습을 개별학습자가 타인의 조력여부와 상관없이 스스로 주도권을 가지고 자신의 학습요구를 진단하고, 목표를 설정하며, 학습에 필요한 인적·물적 자원을 확보하고, 적합한 학습전략을 선택·실행하여 성취한 학습결과를 스스로 평가하는 과정과 활동이라고 정의하고 있다.

따라서 자기주도학습의 주요 핵심은 학습의 자기주도성[4)]과 학습자의 자기주도[5)]로서, 성인학습자는 자기의 학습목적 및 수단에 대한 타자의 통제로부터의 독립성, 타자의 원조 여부에 상관없이 자신이 주도권을 쥐고 자기의 학습요구를 진단하고, 학습목표를 공식화하며, 학습자원을 동일시하고, 학습전략을 선택·실시하며, 학습성과를 평가하는 학습과정 전체에 있어서의 주도성, 학습의 의미 및 학습을 통해서 실현하고자 하는 가치에 관한 학습의 선택범위에 대한 이해와 자각의 중심인 자율성의 개념을 내포하고 있다.

한편 구글리엘미노(Guglielmino)는 학습자가 자기주도학습을 수행하는 데 필요한 특성으로 학습기회에 대한 개방성, 효율적 학습자로서의 자아개념, 학습의 주도성 및 독립성, 학습에 대한 책임감, 학습에 대한 열정, 창의성, 미래지향성, 학습 문제해결능력까지 총 8가지를 제시하였는데 자세한 내용은 **표 5-6**과 같다(이지혜, 2012).

---

4) 교수학습과정에서 학습자가 학습의 주도권이나 통제권을 갖는 것을 의미한다.

5) 학습자가 무엇을 배우고 어떻게 배울 것이냐의 문제에서 자신의 학습을 스스로 관리하려는 자발적 의지와 능력의 개발을 의미한다.

표 5-6. 구글리엘미노의 자기주도성 8가지 특성

특성	내용
학습기회에 대한 개방성	학습에 대한 높은 관심, 지식의 근원에 대한 탐구심, 불확실함에 대한 인내심, 비판을 건설적으로 활용하는 능력
효율적 학습자로서의 자아개념	자기주도적 학습에 대한 확신, 학습시간을 스스로 조직하는 기술, 학습을 위해 필요한 자원을 확보하는 데 필요한 지식
학습의 주도성 및 독립성	학습경험 계획에 대한 자발성, 새로운 학습을 계획하고 시작할 수 있는 능력
학습에 대한 열정	학습에 대한 강한 욕구, 학문적 탐색을 즐기는 태도와 가치관, 지속적으로 학습하는 타인에 대한 존경심
학습에 대한 책임감	자신의 학습계획, 수행, 평가에 적극적으로 책임지려는 성향
창의성	새로운 방식으로 문제해결, 다양한 방법으로 학습에 접근할 수 있는 태도
미래지향성	평생학습에 대한 의지와 미래의 자아개념, 어려운 상황을 도전으로 대처하는 능력
학습 문제해결능력	학습문제를 해결하는 데 필요한 기술 및 능력

자기주도학습의 과정모형은 선형적 · 상호작용적 · 교수모형으로 구분할 수 있다. 첫째, 선형적 모형은 타프(Tough, 1936~2012)와 노울즈에 의해 제안된 자기주도학습 과정이론으로, 타프는 자기주도학습을 학습경험을 계획하고 요구를 진단하며 자원을 찾고 학습을 평가하는 데 있어서 개인이 주도권을 갖는 과정으로 정의하고 있다. 즉, 학습자들은 자기주도적 방식으로 학습목표를 달성하기 위하여 일련의 단계, 즉 학습의 계획, 실행, 평가의 단계를 거치게 된다고 보는 것이다.

둘째, 게리슨(Garrison)의 상호작용 모형은 자기주도학습의 과정이 계획적이거나 선형적이지 않다는 가정을 기반으로 학습자가 주변환경에서 발견하는 학습기회, 학습자의 성격 특성, 학습자의 인지과정, 학습의 맥락 등과 같은 요인들이 서로 상호작용하여 형성한다는 것이다. 따라서 학습자들은 미리 계획적으로 자기주도학습을 준비하지 않고, 주어진 단계를 따라 학습을 수행하지도 않으며,

자신만의 고유한 방식으로 다양한 관심과 전략에 따라 학습을 수행하게 된다는 것이다.

셋째, 교수모형은 형식교육 상황에서 교수자가 자기주도적 학습을 자신의 교육 프로그램 설계와 교육 실천 활동에 활용하고자 할 때 사용한다. 왜냐하면 자기주도학습이 개인적으로 행하는 학습을 의미하는 동시에 교수자와 학생 상호 간의 교수학습을 포함하기 때문이다. 이 모형은 학습자에게 학습에 대한 보다 많은 통제권과 독립성을 허용해 줄 수 있는 장점을 가지고 있다.

그로우(Gerald Grow)는 학습자의 자기주도성 특징을 고려하여 단계적 자기주도학습 모형(Staged Self-Directed Learning: SSDL)을 표 5-7과 같이 제시하였다(이지혜, 2012).

표 5-7. 그로우의 단계적 자기주도학습 모형

학습자의 자기주도성 수준		교수자 역할	학습 방법
1단계: 의존적 학습자	• 자기주도성이 낮은 학습자 • 권위 있는 존재가 무엇을 할지를 말해 주기를 원하는 학습자	권위자	연습, 지도, 코칭, 요구파악, 정보 제공
2단계: 관심 있는 학습자	• 자기주도성이 적은 학습자 • 동기화되어 있고 자신감도 있으나 학습 주제에 대하여 잘 알지 못하는 학습자	안내자	강의, 훈련, 교수자중심 토론, 학습전략 설정
3단계: 참여적 학습자	• 자기주도성이 중간 수준인 학습자 • 기본 지식과 기술을 갖춘 학습자로서 좋은 안내자와 함께 학습주체 영역을 탐구할 준비가 되어 있고 능력도 있다고 스스로 간주하는 학습자	촉진자	학습계약, 학습법 학습, 교수자가 촉진하는 참여식 토론, 세미나, 집단 과제
4단계: 자기주도적 학습자	• 자기주도성이 높은 학습자 • 전문가 도움 없이도 자신의 학습을 계획, 실행, 평가할 수 있다고 보는 학습자	상담자	연구논문, 자원활용, 목표달성, 자기평가, 높은 수준의 과제, 독자적 학습

1단계 의존적 학습자는 낮은 자기주도성을 가진 학습자로 교수자는 학습내용, 방법, 시기에 대해 분명한 방향을 제시하고 구체적으로 지시하는 권위자의 역할이어야 한다.

2단계 관심 있는 학습자는 약간의 자기주도성을 가진 학습자로 학습에 어느 정도의 관심이 있으며, 동기부여적 기법에 반응을 한다. 따라서 교수자는 동기를 불어넣어 주고, 과제를 설명하며, 학습자들에게 그 가치를 설득시켜 학습자가 학습에 관심 가질 수 있도록 안내자의 역할이어야 한다.

3단계 참여적 학습자는 중간 정도의 자기주도성을 가진 학습자로 기술과 지식을 가지고 있고, 스스로 교육에 참여할 준비가 되어 있다. 따라서 교수자는 학습자의 의사결정을 존중하고, 학습자에게 많은 역할을 부여하여 점차 독립적으로 학습해 나갈 수 있도록 촉진자의 역할이어야 한다.

4단계 자기주도적 학습자는 높은 자기주도성을 가진 학습자로 자신의 학습에 책임을 질 수 있으며, 학습과정에서 스스로 목표를 설정하고, 시간을 운영하며, 필요한 정보를 수집하고 이용하고, 학습활동에 대한 평가 등을 할 수 있다. 따라서 교수자는 학습자들에게 도전적인 과제를 정해 주고 그들이 스스로 과제를 수행하도록 모든 권한을 위임해야 한다.

표 5-7의 단계적 자기주도학습 모형을 통해 학습자의 자기주도성 단계에 따라 교수자의 역할과 학습방법의 다양함을 알 수 있다. 그러므로 학습자는 자신의 단계가 어디인지 진단하여 자신에게 필요한 교수자와 학습방법, 학습자료를 적절히 사용하고, 교수자는 학습자의 자기주도성 단계에 맞는 역할을 해 준다면 효과적이고 성공적인 학습이 될 수 있을 것이다.

3) 휘타고지 학습이론

휘타고지(Heutagogy) 학습이론은 자기주도적 학습을 강조하는 안드라고지(Andragogy)를 확장한 이론이다(Blaschke, 2011). 또한 휘타고지(그리스어로 "self"를 의미)는 학습자의 자기결정학습(self-determined learning)을 강조하고, 자기결정적 학습경험을 설계할 때, '학습자가 규정한 학습계약', '유연한 교육과정', '학습자 주도적 질문들', '유연하고 협의된 평가의 설계원리'를 강조한다. 휘타고지 학습은 연결주의 학습관과 큐레이션으로서 교수관이 학습에 대한 자기결정권자로서의 학습자 역할을 전제로 한다. 따라서 휘타고지(Heutagogy)는 학습자에게 무엇을 '가르칠' 것인가에 초점을 두기보다는, 특정 학습상황에서 학습자가 무엇을 어떻게 '배우기를 원하는가'가 학습의 본질이어야 한다는 입장을 취하고 있다(신다은, 2015).

휘타고지 학습정향성은 타인에 의해 행동하는 의존적인 성향에서 벗어나 학습자가 자신의 학습내용과 방법을 선택하여 자신의 학습경로를 결정하고 주도하는 자기결정학습 관점을 가진다. 이때 교수자는 학습자에게 평생학습환경과 학습조건을 제공하며, 역량(competence)을 넘어 능력(capability)을 개발할 수 있도록 지원하는 특성을 조망한다(Ashton & Newman, 2006).

또한 휘타고지 학습정향성은 학습자가 접하고 있는 환경과 다양한 조건이 복합적으로 작용하는 복잡성(complexity)의 시대적 맥락 속에서 다양한 매체를 활용하여 필요한 지식과 정보를 탐색하고 결정하는 접속주의(connectivism) 관점을 가진다. 이때 성인학습자는 자신의 학습을 구성하는 능동적 주체자로서 자신의 문제상황 및 과제를 확인하고, 이를 해결하기 위해 지식을 탐색하고 활용하는 특성을 가진다(Phelps et al., 2012).

이러한 휘타고지 학습정향성은 학습자가 생성학습을 경험하며, 지속적으로 자신의 의미를 구성하고 지식을 생성하는 생성주의(generativism) 관점을 가진다. 즉, 성인학습자는 학습과정의 주체자로서 평생학습을 통해 생성적 학습역량(generative learning competences)과 생성적 기술(generative skill)을 향상시키게 된다(Carneiro, 2011).

이상의 내용을 종합해 볼 때, 휘타고지 학습이론은 학습자가 직접 참여하는 연구형 학습과 생성적 학습특성이 나타나며, 학습자는 필요한 지식과 정보를 능동적으로 탐구하고 활용하는 특성이 강조된다.

4) 통합적 학습이론

성인학습자의 학습특성은 페다고지 학습원리와 안드라고지 학습원리로 그 현상을 포괄하여 설명할 수 없으며, 점차 다원화되고 있는 성인학습자의 학습특성을 조망하기 위해 새로운 학습원리에 대한 논의가 필요한 실정이다. 이와 관련하여 하즈와 캐니언(Hase & Kenyon, 2000)은 휘타고지(heutagogy) 학습원리를 제안하였으며, 린디(Lindy, 2010), 아혼시(Ahonsi, 2012), 가넷과 오베른(Garnett & O'Beirne, 2013) 등은 페다고지, 안드라고지, 휘타고지 학습정향성 간의 학습특성에 대해 밝혀내려고 노력해 왔다.

한편 자율성이 낮고, 교수자의 통제성이 높은 학습을 선호하는 성인학습자는 페다고지 학습정향성을 나타내는 반면, 자율성이 높고, 교수자의 통제성이 낮은 학습을 선호하는 성인학습자는 휘타고지 학습정향성을 나타내는 점을 반영하여 캐닝(Canning, 2010)은 평생학습 정향성의 하위영역을 페다고지와 안드라고지, 휘타고지로 규정하고, **그림 5-3**과 같이 피라미드 구조로 설명하였다.

그림 5-3. 통합적 관점의 모형

출처: Canning, N. (2010). Playing with heutagogy: exploring strategies to empower mature learners in higher education. Journal of Further and Higher Education, 34(1), 59-71.

성인학습자의 학습특성을 통합적 관점으로 분석한 린디(2010)는 페다고지와 안드라고지, 그리고 하즈와 캐니언(2000)에 의해 개념화된 휘타고지 학습원리를 자아개념, 학습자원, 학습목적, 학습방식, 학습동기화, 교수자 역할로 구분하여 비교 분석하였다. 또한 아혼시(2012)는 지식정보 사회의 맥락에서 페다고지와 안드라고지, 휘타고지 학습원리를 '삼합적 접근(tricological approaches)'으로 정의하였으며, 통제성, 콘텐츠, 학습과정, 학습방식, 학습동기화, 학습자의 기대감, 학습초점, 성과목표, 학습주체의 준거로 분석하였다. 이와 같은 맥락에서 가넷과 오베른(2013)은 'PAH 연속체(The PAH continuum)'를 개념화하여 통제성, 교육센터, 인식수준, 지식생산 맥락의 구성영역에 맞추어 페다고지, 안드라고지, 휘타고지 학습원리에 근거한 성인학습자의 특성을 정리하였다. 구체적으로 통합적 관점에서 밝혀진 학습특성을 총 7가지 준거를 통해 논의하였으며, 페다고지 학습원리와 안드라고지 학습원리, 휘타고지 학습원리를 토대로 성인학습자의 학습특성을 분석하면 표 5-8과 같다.

표 5-8. 통합적 관점에서의 성인학습자의 학습특성 분석

구성영역	페다고지(Pedagogy)	안드라고지(Andragogy)	휘타고지(Heutagogy)
자아개념	• 의존성	• 자기주도성/자율성	• 자기결정성/독립성
학습주제	• 교수자	• 교수자/학습자	• 학습자
학습 동기화	• 외재적 • 전문가의 권유	• 내재적 • 개인적 요구반영	• 내재적 • 자기변화 및 성장
교수자 역할	• 학습설계 및 전달	• 퍼실리테이터	• 학습환경 제공
학습내용	• 주제중심적	• 문제중심적	• 문제해결중심적
학습방법	• 강의중심학습	• 실천중심학습	• 탐구중심학습
학습결과	• 학습목표 달성 • 진학 및 승진	• 효과적 역할수행 • 역량(competency)개발	• 자기향상, 변화 • 능력(capability)개발

이상의 통합적 관점을 통한 성인학습자의 학습특성은 페다고지, 안드라고지, 휘타고지 학습원리에 근거하여 상이한 특성을 보이며, 학습원리에 따른 구체적인 성인학습자의 학습특성은 표 5-9와 같이 요약할 수 있다.

표 5-9. 학습원리에 따른 성인학습자의 학습특성

- 페다고지 학습원리에서 성인학습자는 의존적인 성향을 가지는 반면, 교수자는 지식전달자, 학습설계자와 같은 역할을 가진다. 학습자는 전문가의 권유 등과 같은 외재적 동기화에 의해 학습에 참여하게 되며, 논리적으로 구성된 학습주제를 강의중심으로 학습하는 것을 선호한다. 또한 교수자 및 전문가가 제시한 학습목표의 달성, 진학 및 승진 등의 어떠한 목표를 달성하기 위해 학습에 참여하는 학습특성이 강조된다.
- 안드라고지 학습원리에서 성인학습자는 자기주도적이고, 자율적인 성향을 가지는 반면, 교수자는 학습자의 학습활동을 촉진하는 퍼실리테이터의 역할을 가진다. 학습자는 개인적 요구나 개인적 성장 등과 같은 내재적 동기화를 통해 학습에 참여하게 되며, 생활 및 직업적으로 적용할 수 있는 다양한 문제와 과업중심의 학습을 선호한다. 또한 개인적 성장을 통해 효과적인 역할수행과 역량(competency)개발 등의 성과를 위해 학습에 참여하는 학습특성이 강조된다.
- 휘타고지 학습원리에서 성인학습자는 기존의 페다고지나 안드라고지 학습원리와 비교하여 성인

학습자의 자기결정성과 독립성이 강하게 나타나는 반면, 교수자는 학습환경을 제공하는 지원자로서의 역할을 가진다. 학습자는 자기변화와 성장, 학습을 통한 지식생성 및 공유 등과 같은 내재적 동기화를 통해 학습에 참여하게 되며, 다양한 생활 및 직업적인 문제와 과업을 해결하기 위한 탐구형 학습을 선호한다. 또한 자기성장과 변화, 미래적 실천역량으로써 능력(capability)개발 등의 성과를 위해 학습에 참여하는 학습특성이 강조된다.

이상의 내용을 종합해 볼 때, 통합적 관점은 페다고지, 안드라고지, 휘타고지 학습원리에 근거하여 통합적 학습원리를 형성하고, 이를 통해 성인학습자의 다양한 학습특성을 조망하는 것이다.

3. 성인학습의 교수·학습방법

교사의 교수 · 학습방법은 학생의 학업성취뿐만 아니라 학습태도, 가치관, 자아개념 등 학생의 제반 특성을 결정짓는 매우 중요한 요소 중의 하나이다. 따라서 교사 자신에게도 다양한 교수 · 학습방법을 지향하기 위해서는 교육방법에 대한 스스로의 성찰이 필요하며, 이를 통해 교수방법에 대해 보다 유연한 태도를 지닐 필요성이 있다. 성인학습의 교수 · 학습방법을 수업방식에 따른 교육방법과 효과적인 학습방법으로 구분하여 살펴보면 다음과 같다.

1) 수업방식에 따른 교육방법

수업방식에 따른 교육방법에는 면대면 교육(face to face learning), 원격 교육(distance learning) 및 혼합식 교육(blended learning)으로 구분할 수 있다.

(1) 면대면 교육(face to face learning)

면대면 교육이란 전통적인 교육방법으로 일반적으로 일인의 교수와 다수의 학습자들이 일정한 시간에 일정한 장소에 모여 학습목표를 달성하기 위하여 강의계획에 따라 교재나 칠판 등을 이용하여 교수자의 설명을 통해 전개하는 학습방법으로 강의식 교육이라고도 한다. 면대면 교육은 일반적으로 학습자, 교수, 학습내용, 물리적 환경으로 구성되며, 특성은 표 5-10과 같다.

표 5-10. 면대면 교육의 특성

- 면대면 교육은 정해진 시간에 정해진 공간에서 교수 · 학습활동이 이루어지므로 정해진 수업이 끝나면 그 학습내용을 다시 되풀이할 수 없으므로 시간과 공간적 제약이 따른다. 이러한 시간과 공간적 한계는 한정된 수업시간 동안 교수자는 정해진 내용을 학습자에 전달하고, 학습자는 습득하여야 하므로 한번 설명된 학습내용에 대해서는 반복 학습이 불가능하다. 또한 교수 · 학습자 간의 충분한 질문과 토의 활동이 불가능하여 능동적인 상호작용을 통한 학습이 이루어지기 어렵다.
- 면대면 교육은 교수와 학습자가 직접 대면하여 이루어지는 수업방법으로 교수는 강의내용에 대한 학습자의 다양한 반응을 즉석에서 알 수 있으며, 학습자의 경우 학습내용에 대한 즉각적인 피드백을 제공받을 수 있다.
- 면대면 교육에서는 학습에 관련된 정보 이외에도 학습자와 교수, 학습자 서로 간의 개인적인 다양한 정보를 교환함으로써 친화력을 높이고 학습동기와 참여에도 영향을 미친다.
- 학습내용에 대한 지식과 정보 등 학습내용의 전달은 칠판에 글로 적거나 교수자의 행동과 언어를 사용한 설명 등 비언어적 표현을 통해 전달된다.
- 면대면 교육의 경우 일인의 교수와 다수의 학습자로 학습이 진행되므로 각기 다른 특성을 지닌 학습자의 수준에 맞는 교육이 어렵다. 또한 학습방법과 이를 전달하는 수단이 주로 교수에 의해 결정되므로 교수 · 학습활동이 일방적으로 주도된다.

(2) 원격 교육(distance learning)

원격 교육은 면대면 교육과는 달리 컴퓨터 등의 정보통신기술을 활용하여 사이버 공간에서 교수자와 학습자가 시간적 · 공간적으로 제약을 받지 않고 이루어지는 교육방법으로 가상교육(virtual education), 사이버 교육(cyber education), 온라인 학습(online learning), 웹기반 교육(web-based instruction: WBI), 이러닝(e-learning) 등 여러 가지 개념을 혼용하여 사용하고 있지만 법 · 행정적으로 원격 교육이라고 용어로 통일하여 사용하고 있다(교육인적자원부, 2007).

원격 교육은 교수자와 학습자 간의 물리적 거리가 존재하며 그 거리를 줄이기 위해 매체를 커뮤니케이션 수단으로 활용하는 교육방법이라고 정의할 수 있다. 따라서 원격 교육은 교수 · 학습과정이 특정 장소 이외의 일상 공간 어디에서나 발생하는 학습이므로 특별한 조직적 · 행정적 지원은 물론 설계방법, 교수기법, 전자 및 첨단 공학 등에 의한 매체를 이용한 커뮤니케이션이 요구되는 학습으로 정의할 수 있다. 원격 교육매체는 정보통신기술의 발달과 함께 변화하였는데 원격 교육에서의 매체는 단순히 학습내용을 전달하는 것만을 의미하는 것이 아니라 다양한 학습방법을 효과적이고 효율적으로 전달하는 것과 새로운 매체가 제공하는 새로운 교육적 가능성을 최대한 활용하여 새로운 교수 · 학습방법 및 수업활동을 실현하는 데 목적이 있다. 교육에서의 매체 활용은 그 사용 목적과 사용대상, 제공하는 기능 및 역할, 기술적인 특성에 따라 다양하게 이루어져 왔다. 구체적으로 초기의 교육매체로는 우편통신 및 독립학습을 시작으로 1900년대 초기에는 라디오 방송을, 중반에는 TV 방송매체를 통한 교육이 이루어졌으며, 현대에는 컴퓨터 통신, 인공위성, 광케이블, 스마트폰 등 첨단매체를 이용한 교육이 이루어지고 있다.

특히 컴퓨터를 매개로 한 통신(computer-mediated communication: CMC)과 인터넷의 발달은 전 세계인이 네트워크를 통해 시간과 공간에 제약을 받지 않고 커뮤니케이션을 할 수 있는 매체로, 교육 패러다임 변화에도 큰 영향을 미쳤다.

원격 교육에서 가장 중요하게 여기는 것은 무엇보다도 교수와 학습자 간의 상호작용으로, 상호작용을 촉진시키는 교육매체의 보급과 활용은 매우 중요하다. 상호작용성(interaction)이란 네트워크상에서 커뮤니케이션하는 것으로 참여자가 서로 전자매체의 도움으로 학습정보를 교환하는 상호교류를 의미한다. 이러한 상호작용은 전통적인 교육환경에서 가장 많이 강조되어 왔던 것으로, 정보통신매체가 발전하여 학습자 서로 간의 상호작용이 가능해짐에 따라 학습자들 간의 심리적 유대가 강화되고 학습동기 유발과 협동학습을 통한 다양한 의견과 정보 수렴 등 다양한 학습효과가 강조되고 있다. 성공적인 원격 교육을 위해서는 활동적인 학습활동뿐만 아니라 교수와 학생, 학습환경 간의 상호작용이 반드시 필요하다(강재희, 2009).

(3) 혼합식 교육(blended learning)

첨단 정보통신기술의 발달로 언제 어디서든지 인터넷에 접속해 모든 생활환경을 원격으로 조정할 수 있는 유비쿼터스 생활환경이 도래했으며, 이러한 초고속 정보통신기술의 발전을 교육에 도입하여 언제, 어디서나, 누구에게나 교육이 가능하도록 하는 등 교육환경에도 큰 변화가 생기게 되었다. 그러나 최신의 정확한 정보를 시간과 공간의 제약 없이 신속하게 제공할 수 있는 이러닝(e-learning)의 장점에도 불구하고 정작 대학에서는 초기 투자 비용이 많이 소요되고, 정교한 수업설계가 어려우며, 전문 인력부족과 교수와 학습자 간 상호작용 부족 등 운영 및 관리상의 문제점과 면대면 교육방법만으로 충분하다는 이유로 이러닝(e-learning)을 활용한 수업이 활성화되지 못하다가 2000년대 말 학습효과를 극대화하기 위하여 온라인 교육의 장점과 오프라인 교육의 장점을 혼합한 혼합식 교육(blended learning)방법이 새로운 패러다임으로 등장하게 되었다.

혼합식 교육은 학습자들의 학습내용과 학습경험을 강화하기 위하여 강의, 사례연구, 토론, 코칭, 멘토링과 같은 학습방법을 취하여 학습자의 요구에 부응하기 위해 다양한 매체와 방법론을 혼합하려는 총체적인 접근 전략이라고 정의할 수 있다(Mantyla, 2001; Reay, 2003; Smith, 2001). 따라서 학습효과를 극대화하기 위하여 교실수업과 온라인 수업, 시뮬레이션 수업 등 다양한 학습전략과 학습방법 및 기술들을 활용하여 학습환경을 최적화하는 학습전략이 혼합식 학습이라고 정의할 수 있다. 또한 면대면 강의식 학습과 이러닝(온라인 학습)학습, 즉 온·오프라인을 통합한 혼합식 교육으로(Garrison & Kanuka, 2004), 전통적인 수업방식과 다양한 테크놀로지들을 조합하여 활용하는 원격 교육의 방법이 혼합식 교육이라고 할 수 있다.

이상의 정의에서 알 수 있듯이 혼합식 교육은 단순히 온라인과 오프라인 학습환경의 결합만을 의미하는 것이 아니라 학습목표, 학습방법, 학습시간과 공간, 학습활동, 학습매체, 상호작용 방식 등 다양한 학습요소들의 결합을 통해 학습자 개인의 학습스타일에 맞게 적합한 학습기술을 적용함으로써, 최상의 학습효과를 도출해 내기 위한 학습전략으로 그 개념과 영역이 확장되고 있다.

이러닝은 사이버공간의 활용 정도에 따라 보조학습형, 사이버형, 블랜디드형 3가지로 구분할 수 있다(산업자원부, 2003). 보조학습형은 전통적인 면대면 수업방식에서 부족한 교수와 학습자 상호 간의 추가·보충적인 학습방법으로 온라인상에서 이메일(e-mail)이나 관련 사이트 등을 통해 지원하는 것을 의미하고, 사이버형은 전 교육과정이 인터넷 환경에서 이루어지는 교육형태로 국내에서 운영 중인 사이버대학이 여기에 속한다. 블랜디드형은 학습이 면대면 환경과 사이버 환경 두 가지가 혼합적으로 이루어지는 교육 형태로 한국방송통신대학교를 예로 들 수 있다.

이와 같이 혼합식 교육은 학습자의 요구를 충족시키고 학습효과를 높이기 위해 다양한 교수 설계전략과 미디어 개발 방식 등을 적절히 혼합하는 교육으로 혼합식 교육의 목적은 **표 5-11**과 같다.

표 5-11. 혼합식 교육의 목적

- 학습효과를 극대화하기 위하여 다양한 학습자들의 스타일에 적합한 방법을 혼합해서 제공하는 것이다.
- 학습기회를 확대하기 위하여 교육에 참석하지 못한 학습자에게는 모바일 기기나 적당한 매체를 통해서 학습내용을 전달함으로써 학습범위를 넓히고 원하는 결과를 달성할 수 있도록 한다.
- 이러닝의 경우 초기 개발비용은 많이 드나 실행비용은 최소화할 수 있고, 오프라인 방식은 실행비용은 높은 편이나 시간활용을 집중시킬 수 있는 장점이 있으므로 이 두 가지 방법의 장점을 혼용하여 사용함으로써 비용뿐만 아니라 효과성을 동시에 고려할 수 있다. 특히 혼합식 교육은 전통적인 면대면 교육과 이러닝의 상호보완적인 기능을 하므로 직접 경험이 필요한 체험수업에 활용하는 것이 가능하다.

지금까지 살펴본 수업방식에 따른 교육방법, 즉 면대면 교육(face to face learning), 원격 교육(distance learning) 및 혼합식 교육(blended leaning)의 특징을 구분을 살펴보면 **표 5-12**와 같다.

표 5-12. 면대면 교육, 원격 교육 및 혼합식 교육의 특징

구분	면대면 교육	원격 교육	혼합식 교육
시간 · 공간	교수자와 학습자가 시 · 공간적으로 함께 있음(강의실)	교수자와 학습자가 시 · 공간적으로 떨어져 있음(가상공간)	교수자와 학습자가 시 · 공간적으로 함께 또는 분리되어 있음(강의실+가상공간)
학습환경	오프라인 면대면 교실 수업	전자매체를 이용한 학습	오프라인 면대면 교실 수업과 전자매체를 이용한 학습의 혼합
출결확인 및 강의	물리적 공간(현장)에서 확인 및 진행	가상공간에서 확인 및 진행	물리적 공간과 가상공간에서 확인 및 진행
교수방법	교사중심교육	교사주도, 상호참여, 학생중심교육	교사주도, 상호참여, 학생중심교육
학습내용	구조화된 학습내용(교과서, 인쇄물 등)	비구조화된 학습내용(다양한 매체를 통해 얻는 정보 등)	구조+비구조화된 학습내용
수업방법 및 강의 매체	면대면 수업, 칠판, OHP	정보통신매체를 활용한 수업(카세트, 비디오, 오디오, 컴퓨터 온라인 등)	면대면 수업과 정보통신매체를 활용한 수업(칠판, 전자칠판, 영상매체, 컴퓨터 등)

구분	면대면 교육	원격 교육	혼합식 교육
상호작용	교수자와 학습자의 직접적인 상호작용	매체를 통한 상호작용(우편, 커뮤니티, 이메일, 게시판 등)	직접적인 상호작용과 매체를 통한 상호작용(우편, 커뮤니티, 이메일, 게시판 등)
상호참여 효과	수동적 참여	능동적 상호참여(매체를 활용한 실시간 · 비 실시간 상호참여 가능)	수동적 참여+능동적 상호참여
교육수요	학령에 의한 교육	보수교육, 전문교육, 전환교육, 맞춤교육, 평생교육, 대학교육	보수교육, 전문교육, 전환교육, 맞춤교육, 평생교육, 대학교육

2) 효과적인 학습방법

평생교육에서 학습전략이 포함된 효과적인 교수방법이 학급 내 여러 가지 원인의 학습문제해결에 적절한 도움을 주기 위하여 개발되어 왔다. 그중에서도 오랜 기간 동안 효과적이고 유용한 교수방법으로서 많이 연구가 된 8가지 교수법은, 즉 개별화 교수법, 소집단 협동학습, 연습 및 반복학습, 설명식 수업, 토론식 문제해결중심 학습, 또래지도학습, 직접교수, 사례중심학습이다. 이들 각각의 교수법은 과목의 특성과 과제내용과 교사의 선호도 등에 따라 독립적인 방법과 병합된 방법으로 사용할 수 있다. 예를 들어, 협동학습은 문제해결학습 과제나 학습과제에 위계성이 있을 경우 경쟁학습보다 효율적으로 활용할 수 있다. 지금까지 연구와 효과성이 검증된 8가지 학습방법에 대해 살펴보면 **그림 5-4**와 같다(이기원 외, 2023; 정애라, 2015).

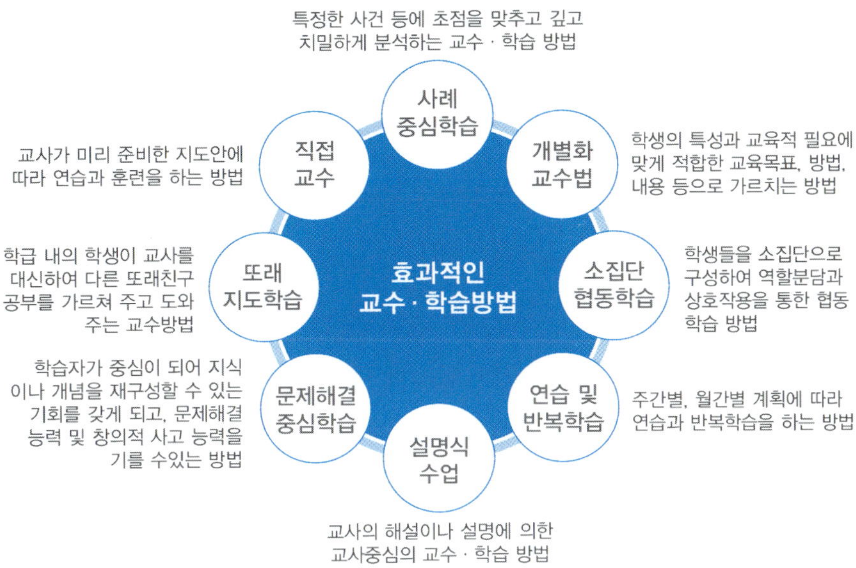

그림 5-4. 성인학습의 효과적인 교수 · 학습방법

(1) 개별화 교수법

개별화 교수법은 각 학생의 특성과 교육적 필요에 맞게 적합한 교육목표, 방법, 내용 등으로 가르치는 방법이다. 교육학용어사전(1995)에 의하면, 전통적으로는 교사 1명이 학생 1명을 대상으로 한 개별교수나 수업의 상황이었으나 공교육 정신에 따라 교육의 규모가 점차 증대하게 되어 1대 1 관계에 의한 개별교수는 어려워지게 되었고 오늘날 이질적인 학생을 한 교실에 수용하여 교육하는 다인수 학급의 형태가 일반화되었다.

하지만 개별교수의 이상이 사라진 것은 아니며, 다인수 학급의 상황에서 일제수업(획일수업)을 하면서도 수업의 개별화를 기하기 위한 여러 가지 방법이 개발되고 있다. 첫째는 일제교수를 하면서 학습부진아와 우수아에 대해서는 개별적인 특별지도를 하는 식으로 일제교수와 개별교수를 병행하는 형태이며, 둘째는 능력별 학급편성을 통한 방법이며, 셋째는 능력별 편성을 변형한 것으로서 능력별 · 진도별 학급편성을 통한 교수의 개별화이다. 이는 능력에 따른 학급편성을 함과 더불어 학급의 계통에 따라 진도를 달리하는 것이다. 넷째는 능력별로 편성하되 지망계통에 따라 목표수준을 달리하고 방법도 달리하는 형태이다. 마지막으로 위네트카 플랜(Winnetka Plan)에서 볼 수 있듯이 일제 학급식의 편제를 버리고 전통적인 개별교수의 형태를 취하는 방법이다.

개개인의 특성을 고려하고 그러한 특성에 반응하는 수업의 방법으로 개별처방 수업체제, 개별적 안내교육, 학습자 요구 부응 수업체제, 개별적 교수체계, 적성처치상호작용, 통합학습체제, 개별처방수업, 적응적 학습환경 모형, 완전학습체제 등 학생들의 다양한 특성을 고려한 교육방법 등 개별화의 방향과 방법은 다양하게 제안되고 있다(손승현, 2008).

(2) 소집단 협동학습

소집단 협동학습은 학생들을 소집단으로 구성하여 역할분담과 상호작용을 통한 협동학습 방법이다. 슬라빈(Slavin)이 정의한 협동학습이란 학습의 능력이 상이한 학생들이 합의된 동일한 학습목표를 향하여 소집단 모둠 내에서 함께 활동하는 수업방법이다. 협동학습은 모둠학습(group learning)의 일종이지만 서로 구분된다. 즉, 학생을 몇몇 모둠으로 나누고, 각 모둠에 학습과제가 주어지고, 모둠원이 주어진 과제를 함께 완수하는 과정을 모둠학습이라고 한다. 이와 같이 모둠학습이 모두 협동학습은 아니다. 모둠학습으로서의 협동학습에서는 모든 모둠원이 동시에 상호작용하고, 모둠 안의 개인 대 개인 사이의 대화가 동등하게 이루어지며, 축구에서 축구 선수들과 같이 상호 간에 의존하고, 그리고 학습의 결과에 대하여 모둠원 모두 책임을 가지게 된다. 중 · 고등학교에서 흔히 적용하는 협동학습은 학생들이 서로 협력하고 적극적으로 상호작용하는 교수 · 학습과정을 총칭한다(김경태, 2010).

또한 다양한 협동학습 유형은 집단구성 방법, 보상구조 모둠조직 방식에 따라 서로 다른 특징과 장단점을 가지지만 협동학습 모형들의 공통적인 특징은 표 5-13과 같다.

표 5-13. 협동학습 모형들의 공통적인 특징

- 협동학습에서 집단구성은 이질적 집단으로 구성된다.
- 집단구성원 간에 대면적 상호작용이 존재한다. 이는 구성원 간 심리 · 정서적으로 밀접하게 상호작용함을 의미한다.
- 모둠 구성원 사이의 긍정적 상호의존성이 있다.
- 협동학습은 집단활동의 과정을 매우 중요시한다.
- 협동학습은 모둠 구성원 간 협력을 강조한다.
- 협동학습은 개별적 책무성을 가진다.

(3) 연습 및 반복학습

연습 및 반복학습이란 주간별, 월간별 계획에 따라 연습과 반복학습을 하는 방법이다. 이러한 반복학습은 학습태도에 영향을 미친다고 할 수 있다. 그리고 새로 학습되어질 단원에 이미 경험이나 지식을 갖고 있을수록 새로운 것을 학습하는 과정에서 받는 저항이 적어 학습내용의 습득이 수월하게 전개되고 이로써 짧은 시간에 목표한 학습수준에 도달할 수 있게 된다(김유진, 2010).

인간의 기억은 감각기억, 단기기억, 장기기억으로 나누어지며, 이들 중에서 공부한 학습정보를 궁극적으로 저장해야 하는 기억 장소는 바로 장기기억인데, 인간의 오감을 통해 매 초당 들어오는 수많은 정보 중에서 실제 필요한 정보를 선택적으로 기억하고 이를 반복 기억하여 결국 장기기억으로 전환시키기 때문이다. 따라서 학습에는 반드시 반복기억의 과정이 있어야 한다(김소연, 2010).

에빙하우스(Ebbinghaus)는 '인간의 기억은 시간의 제곱에 반비례 한다'는 실험 결과를 바탕으로 감소되는 기억을 영구히 보존하는 장기기억으로 전환하기 위해서는 망각곡선의 주기에 맞추어 적절한 시점에 반복학습을 해 주어야 한다고 주장하였다.

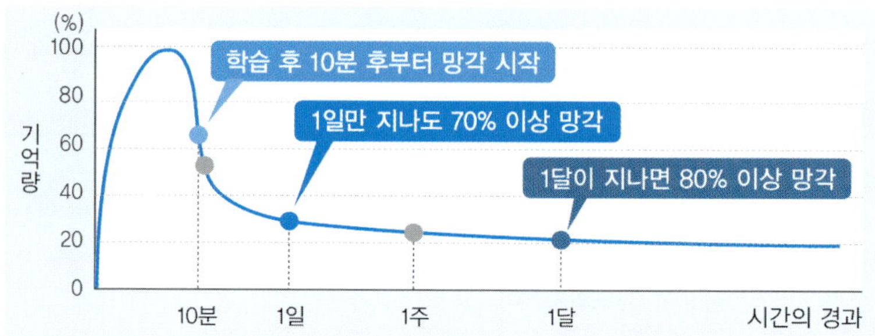

그림 5-5. 에빙하우스의 망각 곡선

또한 김경란(2010)은 학습한 내용을 잊지 않고 장기기억화시키기 위해서는 10분 후 복습, 1일 후 복습, 1주일 후 복습, 한 달 후 복습이 반드시 필요하다고 주장한다. 따라서 망각으로부터 기억을 유지하는 효과적인 방법은 주기적인 복습이며 어느 시점에 복습하는지에 초점을 두어 복습하는 주기가 매우 중요하다.

(4) 설명식 수업

설명식 수업은 교사의 해설이나 설명에 의해 이루어지는 교사중심의 교수·학습 방법이다. 설명식 수업은 전통적인 강의식 수업을 의미하며, 설명식 수업은 짧은 시간에 넓은 범위의 정보를 다량으로 전달할 수 있다는 장점을 지닌다.

이러한 강의는 단원을 소개할 때, 명확하게 이해시키려고 할 때, 과학적 용어를 정의할 때, 읽기 수준이 낮은 학생들에게 많은 정보를 주려 할 때 등에 적용하면 효과적이다. 또한 강의는 다수를 다루는 경제적 수업으로서 그 효과는 학생들의 선행지식을 참고하여 논리적으로 제시할 때 극대화된다.

강의중심 교수 · 학습의 일반적 절차에 대해서 에겐과 카우착(Eggaen & Kauchak, 2006)은 소개－제시－이해점검－통합－검토 및 끝내기의 순서로 진행을 하고, 강의의 첫 번째 단계에서는 학생들의 동기를 유발하며 강의의 내용을 소개한다. 강의의 전개는 여러 가지 시청각 기자재를 이용하여 수업의 내용을 진행되는 과정에서 학생들이 이해한 정도를 점검하고 그들의 선행지식이 분화된 정도를 확인한다. 형식적 강의에서는 주요 개념을 될수록 상세하게 말하여 강의의 내용을 평서문으로 요약하고, 대화식 강의에서는 질문으로 요약한다. 강의의 끝부분에서는 핵심적 내용이나 일반화로 강의의 내용에 관한 결론을 내린다.

(5) 토론식 문제해결 중심학습

토론식 문제해결 중심학습은 직접교수 모형과 달리 학습자가 중심이 되어 문제를 해결해 가는 과정을 통해서 지식이나 개념을 재구성할 수 있는 기회를 갖게 되고, 문제해결능력 및 창의적 사고 능력을 기를 수 있다. 수업절차는 도입－문제제시－문제해결－발표 및 토의－정리의 수업모형으로 문제해결단계를 간단히 소개하면, 팀구성－문제해결을 위한 하위 목표 검토－하위 목표해결을 위한 과제의 규명과 분담－학습 자료의 선정, 수집, 검토－주어진 문제 재검토－가능한 해결방안 모색(브레인스토밍 정교화)－해결방안 결정 및 보고서 작성 등을 적용하게 된다(교육과학기술부, 2012).

문제해결학습은 정해진 교재에만 국한되지 않으므로 특수교육 환경에서 학습자의 발달 수준과 심리적 단계에 따라 개별적으로 학습되기 때문에 흥미를 갖고 학습활동에 참여시킬 수 있으며, 배운 내용을 직접 실생활에 적용할 수 있도록 유도할 수 있다. 반면 문제해결학습은 체계적이고 조직적인 학습능력이 요구되고 수업상황이 어수선할 경우 일관성이 있는 학습지도가 곤란하다. 또한 문제해결학습을 통하여 학문적인 지식을 단시간 내에 습득하기가 어렵다는 단점도 있어 인지능력이 낮은 학생에게 제시하기에는 다소 무리가 따를 수 있다. 그러나 학습자의 발달수준과 심리적 단계에 따라 개별적으로 학습되기 때문에 학습자의 흥미를 끌 수 있는 학습과제를 갖고 문제해결학습을 적용시키면 학습자의 학습참여 활동을 증진시킬 수 있으며, 배운 내용을 직접 실생활에 적용할 수 있도록 유도할 수 있는 장점이 있다(권순황, 2008).

(6) 또래지도 학습

또래지도는 학급 내의 학생이 교사를 대신하여 다른 또래친구의 공부를 가르쳐 주고 도와주는 교수방법이다. 즉, 또래교수는 학습능력이 떨어지는 학생에게 개별화된 교수를 실시함으로써 또래교수자와 또래학습자 모두 학습내용을 쉽게 이해하게 할 수 있다. 교사보다 또래 간에 더욱 친근감을 갖기 때문에 원활한 의사소통을 통해 학업성취를 이룰 수 있다. 그리고 학습이해 속도가 느린 학습자는 친근한 또래교수의 개별적인 관심으로 심리적 안정을 얻을 수 있다. 또한 다인수 학급 수업에서의 교사 부담을 줄여 주고 학생들은 교사의 입장을 이해하게 된다. 또래교수는 수업의 일부 또는 전체 수업에 사용될 수 있으며 모든 학습내용에도 사용될 수 있다. 또래전략을 실시할 때 학생들에게 특별한 지침과 같은 충분한 준비를 통해 긍정적 효과를 기대할 수 있다(김선정, 2013).

또래교수의 대표적 유형은 다음과 같다. 첫째, 상호적 또래교수(reciprocal peertutoring)는 학업능력이 비슷한 같은 연령의 학생끼리 지식을 전달하는 또래교수자와 이를 받아들이는 또래학습자 역할을 교대로 수행하여 학습하는 교수전략이다(Fantuzzo et al., 1990). 둘째, 학급전체 또래교수(classwide peer tutoring)는 학급구성원 전체가 또래교수에 참여하는 것이다. 학급전체 또래교수(CWPT)는 동년배의 학생들을 대상으로 학급단위로 실시하며, 성별 및 기능수준 간의 차이가 있는 학생들에게 적절하게 활용할 수 있다(Buttler, 1999). 셋째, 학급전체 또래교수팀(classwidepeer tutoring teams)은 학급전체 또래교수에 토너먼트식 학습을 접목시킨 것이다(Utlye et al., 1997). 토너먼트식 학습은 협력학습의 원리로 3~5명의 학습능력이 다른 학생이 한 팀이 되어 소그룹을 형성하고 팀별로 경쟁을 하는 학습방법이다.

(7) 직접교수

직접교수법은 교사가 미리 준비한 지도안에 따라 연습과 훈련을 하는 방법이다. 직접교수법은 미국에서 불리한 교육환경에 처한 학생들을 효율적으로 지도할 수 있는 교육방법을 개발하는 과정에서 얻은 결과로, 직접교수법이 교육학에 본격적으로 도입된 것은 1970년대 중반 이후라고 할 수 있다. 직접교수법이란 교사가 학생에게 새로운 개념이나 기술을 설명하고 교사의 지시에 따라 연습하게 하여 학생의 이해 정도를 파악하고 교사의 지도하에 계속 연습하도록 하는 교수 형태로써 문제해결을 위한 전략을 가르치거나 추상적인 사고작용을 지도할 때, 또는 창의성을 지도할 때 적용할 수 있다.

다시 말해 교사가 무엇을 어떤 위계로 가르칠 것인지 결정한 후 학생에게 단계별로 자세히 설명을 해 주고 시범을 보이며, 질문을 통해 점검한 후 끊임없는 연습과 피드백의 제공을 통해 궁극적으로는 학생 스스로 활동하도록 하는 교수방법이라고 할 수 있다. 직접교수법의 교수·학습 단계는 다섯 단계로 나누어 안내－예시－시범－교사 보조 활동－학생 독립활동으로 진행된다(권순황, 2008).

(8) 사례중심 학습

사례중심 학습은 사례를 중심으로 지도하는 방법으로 크게 사례연구법과 사례분석법이 있다. 사례연구법은 특정한 사건 등에 초점을 맞추고 깊고 치밀하게 분석하는 교수·학습방법이다. 사례분석법은 토론식 수업을 성공적으로 유도할 수 있는 하나의 방법으로서 교사중심의 수업방식을 탈피할 수 있는 하나의 좋은 대안이다. 사례분석을 통한 수업에서는 교사는 단지 학습자의 의견을 경청하고,

모호한 부분에 대하여 학습자 자신이 질문하고 문제를 찾아내고 분석하며 해답을 찾아낸다(백혜진, 2006).

이러한 사례중심의 교수학습방법은 사회과의 법과 같은 어려운 과목에서 적용하는 예가 많으며 이해와 기억력 지속효과의 장점이 인정되고 그 활용도가 높아지고 있다. 사례중심 교수 · 학습방법이 성공하기 위해서는 교사의 역할이 매우 중요한데 교사는 수업상황을 잘 준비하고 제시되는 사례를 잘 이해하고 있어야 하며, 주요 쟁점에 대해서 다양한 질문을 통해 학생들의 사고의 방향을 이끌어 줌으로써 가능한 추론이나 결론 등을 분명하게 해 줄 수 있어야 한다(전효진, 2007).

4. 성인학습의 평가

1) 학습성과

학습성과란 무엇이고 어떻게 평가해야 하는가를 규명하는 과정에는 통제할 수 없는 많은 변인들이 작용하고 있기 때문에 연구자에 따라 학습성과에 접근하는 관점, 목적, 방법이 다르다. 또한 학습성과에 영향을 미칠 수 있는 변인들도 개인의 문제에서 국가적 관계에 이르기까지 다양하기 때문에 학습성과에 대한 구체적인 정의를 내리기는 어렵다고 할 수 있다.

이러한 관점에도 불구하고 학습성과 초기의 연구에는 타일러(Tyler, 1950)의 이론을 중심으로 한 교육목표를 측정하기 위하여 **표 5-14**와 같이 평가계획의 한 차원으로 학습성과를 평가하여 왔다.

표 5-14. 타일러의 목표달성모형 평가절차

절차	평가내용
1. 목표선정	일반 교육목표를 설정한다.
2. 목표명시	일반 교육목표를 행동목표로 명세화한다.
3. 도구제작	평가방법과 평가도구를 선정 또는 개발한다.
4. 자료수집	평가도구를 사용하여 데이터를 수집한다.
5. 가치판단	수집한 데이터를 기준으로 목표의 달성도를 파악한다.

이는 평가대상을 교육목표와 관련된 행동목표 또는 학습자 행동에 초점을 둔 일반 목표를 의미하는 것으로, 다음과 같은 문제점을 제기하고 있다고 할 수 있다(변주성, 2009). 첫째, 학생들의 의도된 행동변화 여부를 평가의 기준으로 보고 있어 교육과정 평가와 학업성취도 평가가 불분명하다. 둘째, 사전에 의도된 결과가 아닌 다른 부수적인 결과를 평가대상에서 간과할 수 있으며, 구체적으로 진술하기 어려운 목표는 목표설정에서 제외될 우려가 있다. 셋째, 평가의 주체가 주로 교사나 교육행정가 또는 교육내용 전문가들로 학습의 결과에만 관심을 두고 있다.

그러나 학생을 대상으로 하는 전통적인 학교교육 중심의 페다고지(pedagogy)와는 대조적으로 등장한 성인교육학의 안드라고지(andragogy)에서의 평가는 교수자중심의 평가로부터 교육수혜자인 성인학습자 중심으로 변화되었다.

자비스(1985)도 안드라고지(andragogy)의 특성을 설명하면서, 전통적인 학교교육에서는 평가의 제도화로 교사가 시험을 주도하며, 표준에 대해 강조하고 경쟁위주의 공식적 상대평가를 중요시하지만, 성인교육학에서는 학습결과에 대한 상호평가와 학습자 자신에 의한 자율적인 평가를 강조하고 있음을 밝히고 있다. 또한 노울즈(1980)도 안드라고지(andragogy)를 인간의 자아개념, 자신만의 독특한 경험을 축적하고 있는 것, 생애발달단계에 따라 독특한 학습과제와 발달과제가 존재한다는 것, 성인들은 미래보다 현재의 즉각적인 지식의 적용을 선호한다는 것 등으로 설명하면서 학습에 대해서 자신 스스로의 평가의 중요성을 강조하였다. 이러한 학교교육과 성인교육을 비교하여 정리하면 표 5-15와 같다.

표 5-15. 학교교육과 성인교육의 비교

구분	학교교육(pedagogy)	성인교육(andragogy)
대상	일부소수, 일부국민, 고정적, 획일적, 동질적	불확정 다수, 전 국민, 다양성, 탄력성, 이질성
시기	한정, 청소년기, 장기간, 계속적	무한정, 전생애, 단기적, 계속적
장소	한정(주로 학교 내)	무한정(어디서나), 학교 내 · 외
참가	독재적, 통제적	자발적, 융통적, 자유
내용	미래지향적, 준비교육, 지적, 추상적, 계통적 원리적, 기호문화의 지배, 계획적	현실지향적, 생활교육, 다양화, 구체적, 실제적, 개성적, 행동적, 비계획적, 실제생활에 밀착
목적	입신출세, 취직조건, 이상적	인간교육, 인격향상, 실제적
제도	형식적, 고정적, 사회변화에 적응곤란	비형식적, 다양, 모호, 사회변화에 적응 용이
방법	일방교육, 교사중심적, 수동적	상호교육, 능동적, 반드시 교사가 있는 것이 아님
주최	조직적	조직적 또는 비조직적

이처럼 안드라고지(andragogy) 관점에서의 평가는 인본주의의 주요 개념을 성인교육 측면까지 확장한 것으로, 성인의 관심과 요구를 충족시켜 주는 데 역점을 두고 있다. 다시 말해 학습의 주체와 학습과정의 중요성을 부각시키는 실제적인 평가과정이라고 정의할 수 있다(변주성, 2009).

2) 성인학습자의 학습성과

성인학습자의 학습성과는 그 내용상 정규교육을 받는 학생들의 학습성과와는 다르다. 왜냐하면 성인학습자란 동기와 목표가 다르기 때문이고, 또한 연령층의 차이로 인해 효과적인 학습의 방법과 내용에서 차이가 있기 때문이다(김애련, 2004). 그리고 의도성, 대상, 확인시기, 영역, 경로 등의 다양함을 전제로 교육기관의 목표달성 수준이 아닌 학습자 스스로의 주도권과 자율성을 갖는 실천적인 학습과정에서 일어나는 모든 지식이나 태도, 행동의 지속적인 변화의 과정과 그 결과를 의미한다.

성인학습자의 학습성과를 규명하는 과정에는 통제할 수 없는 변인들이 작용하고 있으나 일반적으로 다음과 같이 제시할 수 있다. 첫째, 교육기관이 본래 계획하고 의도했던 교육목적이나 목표를 어느 정도 달성했는지를 기준으로 하여, 성인학습자의 학습성과를 측정하는 방식이 있다.

둘째, 본래 의도했던 목적이나 목표와 관계없이 교육을 받음으로 인하여 결과적으로 나타난 최종 산출물을 놓고 학습성과를 평가하는 방식이 있다. 전자를 '당위적(의도적) 성과'라고 한다면 후자를 '실제적인(우연적) 성과'라고 한다.

셋째, 개인적인 측면에서 보는 학습성과와 사회적인 측면에서 보는 학습성과가 있다. 개인적 측면에서 보는 학습성과는 지식, 기능, 기술 등의 인지적 성과, 가치관, 태도, 동기, 자아개념 등의 정의적 성과, 체력 증진 등의 신체적 성과를 말하며, 사회적 측면에서 보는 학습성과는 인맥형성이나 소득 등의 사회, 경제적 성과를 말한다.

넷째, 학습성과가 확인되는 시기에 따라 단기적 성과와 장기적 또는 지속적 성과로 구분할 수 있으며, 학습성과가 직접적으로 나타나는지, 아니면 어떠한 경로를 통하여 나타나는지에 따라 직접적 성과와 간접적 성과로 나누어 볼 수 있다.

이처럼 성인학습자의 학습성과에 대한 개념을 의도성, 대상, 확인시기, 영역, 경로 등에 따라서 표 5-16과 같이 여러 측면에서 분류할 수 있다.

표 5-16. 학습성과의 개념화

구분의 준거	평생교육 성과의 구분	특성
의도성	의도적 성과	평생교육에서 산출해야만 한다고 기대되는 결과 (교육목표 달성도)
	우연적 성과	평생교육에 대한 기대와 관련 없이 평생교육을 받음으로 인해서 실제로 나타난 결과
대상	개인적 성과	개인에게 나타난 평생교육의 결과 (인지적, 정의적, 신체적, 협의의 사회적 성취 등)
	사회적 성과	사회에 나타난 평생교육의 결과 (인력의 공급, 기술개발, 사회 불평등의 해소 등)
확인 시기	단기적 성과	학교를 다니는 동안 또는 학습 이후 보이는 결과 (학업성취, 의식과 태도의 변화, 체력의 증진 등)
	장기적 · 지속적 성과	학습 이후 사회에서 성인으로서 살아가면서 보이는 결과 (정치 참여도, 질서 의식, 성취동기, 새로운 지식에 대한 수용성 등)
영역	인지적 성과	학업성취도, 지식, 기술, 기능 등 인지적 측면에서 나타나는 결과
	정의적 성과	태도, 가치관, 도덕성, 동기, 자아개념, 사회적 기술(social skill) 등 정의적 측면에서 나타나는 결과
	신체적 성과	체력의 증진 등 신체적 측면에서 나타나는 결과
	사회적 성과	취업, 소득, 인맥형성 등 사회 · 경제적 지위의 성취 측면에서 나타나는 성과
경로	직접적 성과	매개요인을 통하여 간접적으로 나타나는 결과
	간접적 성과	매개요인 없이 직접적으로 나타나는 결과

이와 같이 학습성과에 대한 개념을 의도성, 대상, 확인시기, 영역, 경로 등에 따라서 분류한 것을 바탕으로 성인학습자의 학습성과를 여러 측면에서도 조명할 수 있으며, 최근에는 이러한 학습성과에 대한 연구가 점차 확대되고 있다.

앞의 내용을 종합해 볼 때, 성인학습자의 학습성과는 정규교육을 받는 학생들의 학습성과와는 다른 관점에서 접근해야 하며, 학생들과 같은 교육을 받고 있다고 하더라도 평생교육 차원에서 참여동기와 목표가 다르고, 개인적 배경 특성이 다양하기 때문에 자기주도적인 평가방법에 의한 학습성과로 설명할 수 있어야 한다.

Chapter 06

성인학습 프로그램

배울내용

1. 성인학습 프로그램
2. 성인학습 프로그램의 유형
3. 성인학습 프로그램의 분류체계

학습목표

1. 성인학습 프로그램의 개념을 설명할 수 있다.
2. 성인학습 프로그램의 개발주체, 목적, 용도 및 구성범위에 따라 유형을 구분할 수 있다.
3. 성인학습 프로그램의 분류체계에 따른 6대 영역과 프로그램의 종류를 알아본다.

Chapter 06

성인학습 프로그램

1. 성인학습 프로그램의 개념

최근 급속한 사회변화로 인해 성인학습에 대한 수요가 급증하고 있다. 현대인들은 개인의 자기 향상, 직업적 역량 개발, 생활 문화 향유를 목적으로 성인학습 프로그램에 관심을 보이고 있으며, 또한 그동안 정규 학교교육의 단계에서 상위 단계로의 진학에 어려움을 겪고 있는 사람들은 학점은행제 프로그램에 참여하고 있다(김진화 외, 2010). 이렇게 다양한 성인학습 프로그램이 국민들에게 가까이 접근하여 급속히 확산되고 있는 시점에서, 성인학습 프로그램에는 어떤 것들이 있는지, 어디에서 운영되고 있는지, 어떻게 참여할 수 있는지 등에 대한 정보가 요구되고 있으며, 그 중요성 또한 커지고 있다. 우리나라에서 학령기 이후에 새로운 학습활동에 참여하는 일은 오래전부터 보편화되었으며, 이는 그만큼 성인학습이 우리 삶의 일부가 된 지도 오래되었음을 의미한다. 연도별 성인학습 프로그램의 수와 학습자 현황은 **표 6-1**과 **그림 6-1**과 같다.

표 6-1. 연도별 성인학습 프로그램과 학습자 수

구분	2011년	2012년	2013년	2014년	2015년	2016년	2017년	2018년	2019년	2020년
프로그램	142,776	129,443	133,844	156,690	156,665	161,788	164,160	163,631	184,214	194,772
학습자	28,920,780	17,618,495	18,260,301	12,919,836	11,982,654	11,336,564	11,897,236	16,344,658	16,348,842	24,397,282

주) 해당 자료는 1개월 이상 프로그램 수에 해당함.
주) 학습자 수는 1개월 이상 프로그램을 수강한 학습자로, 프로그램별 학습자를 각각의 학습자로 간주하여 합산함.
출처: 교육부, 한국교육개발원(2020). 2020 평생교육통계 자료집.

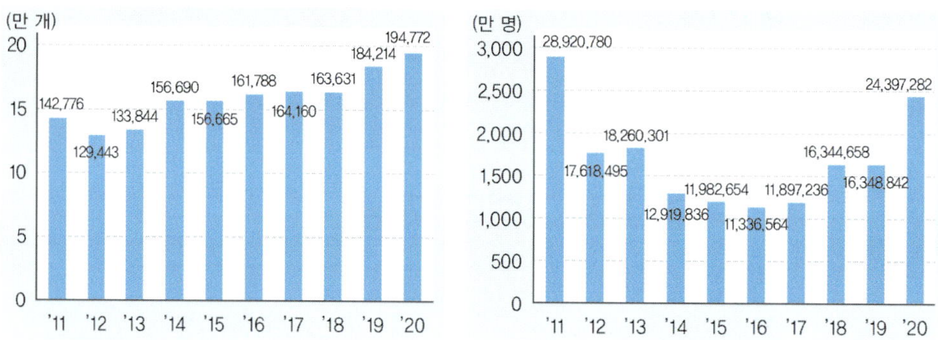

프로그램 수　　　　학습자 수

그림 6-1. 연도별 성인학습 프로그램과 학습자 수

표 6-1, 그림 6-1에서 보는 것과 같이, 전국 성인학습 프로그램의 규모는 2012년부터 약간의 등락이 있지만 상승 추세로 꾸준히 증가하고 있으며, 특히 2020년에는 전년 대비 5.7%(10,558개)가 증가한 것으로 나타났다. 그리고 2020년 기준 전국의 성인학습 학습자 수는 24,397,282명으로 전년 대비 49.2%(8,048,440명)로 크게 증가하였다. 이는 온라인 강의 프로그램 수가 전년 대비 11.8% 증가함에 따라 학습자 수가 급증한 것으로 해석된다. 최근 10년 동안의 증감을 살펴보면, 2011년 2천 9백만 명에 육박했던 학습자 규모는 2012년에 1천 7백 6십만 명 수준으로 급감하였고, 이후 2014년에도 1천 3백만 명 밑으로 다시 한번 크게 떨어

진 바 있다. 2012년에는 큰 폭으로 프로그램 수가 감소하는 현상도 발생했는데, 이는 실제로 개설된 성인학습 프로그램 수와 학습자의 수가 급감했기 때문이라기보다는 2011년 「학원의 설립 · 운영 및 과외교습에 관한 법률」이 개정됨에 따라 큰 규모의 원격형태 평생교육기관이 학원으로 전환 · 폐원되어 조사대상에서 제외된 결과라고 보는 것이 타당하다(교육과학기술부, 한국교육개발원, 2012). 2014년에는 전년도 대비 프로그램의 수는 증가하였으나 학습자 수에서는 대규모 감소가 발생했는데, 이때는 원격 형태의 평생학습기관에서 개설한 대규모 프로그램 중 일부가 학교교육과정과 관련된 것으로 판단되어 조사대상에서 제외되었기 때문이었다(교육부, 한국교육개발원, 2014). 이러한 조정 절차를 거친 이후 학습자 수는 1천 1백만 명 수준을 유지하다가 2016년부터는 꾸준히 증가하고 있다.

성인학습 프로그램은 성인학습의 이념을 실현하는 매개체로서 다양성, 통합성 및 개방성을 가지며, 성인학습의 활성화는 성인학습 프로그램의 질적 · 양적 확대는 물론 자율적이고 혁신적인 형태를 요구하고 있다.

이러한 성인학습 프로그램에 대한 외국 학자들의 정의를 살펴보면, 코왈스키(Kowalski, 1988)는 성인학습 프로그램의 개념을 “조직적, 의도적인 학습활동의 설계이며, 환경, 조직, 프로그램, 학습자 간의 상호작용이다”라고 정의하였으며, 보일(Boyle, 1981)은 성인학습 프로그램의 개념을 “여러 다양한 기관들의 성인교육을 위한 모든 활동”으로 정의하였다. 그 이전 다른 견해로 슈뢰더(Schroeder, 1970)는 프로그램을 조직과의 관계에서 실행되는 학습활동으로 정의하였다.

성인학습 프로그램에 대한 국내 학자들의 정의를 살펴보면, 기영화(2011)는 성인교육의 정의가 다양하듯 프로그램의 관점도 각양각색이지만 광의적 의미에서 프로그램은 “인간의 모든 학습활동을 지칭한다”라고 정의하였다. 김진화(2009)는 성인학습 프로그램은 “학습목표, 대상, 학습활동 및 과정, 학습방법, 시기, 장소, 학습조직자와 학습매체 등 학습요소들이 유기적인 네트워크를 형성하고 있는 하나의 시스템이다"라고 정의하면서, 프로그램은 사용자에 따라 다양한 의미를 함축하고 있어 활용 목적에 따라 적절히 사용되어야 한다고 주장하였다. 지금까지 살펴본 성인학습 프로그램에 대한 다양한 학자들의 정의를 살펴보면 **그림 6-2**와 같다(이기원 외, 2022).

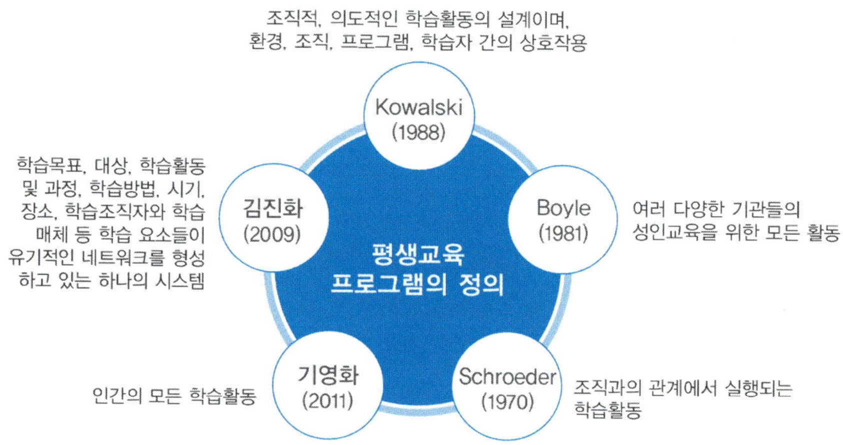

그림 6-2. 성인학습 프로그램의 정의

그리고 박경실 등(2011)은 현대사회에서 성인학습 프로그램이 내포해야 할 속성으로, 첫째, 여가와 학습이 구분되기보다는 하나로 통합된 여가와 학습이 동시에 달성되는 융합된 에듀테인먼트(edutainment)의 활동이 되어야 하며, 둘째, 새로운 정보를 지속적으로 습득하고 사회에 능동적으로 대처할 수 있는 유용한 정보를 포함해야 하고, 셋째, 학습자의 요구는 물론 지역사회가 직면한 문제를 해결할 수 있는 독창적인 내용을 다루어야 하고, 넷째, 저소득층 등 사회 소외계층의 접근성이 용이하도록 프로그램 내용을 다양하게 구성하여야 한다고 하였다.

2. 성인학습 프로그램의 유형

성인학습 프로그램의 유형은 학자들에 따라서 다양하게 분류되고 있다. 여기서는 프로그램의 개발주체, 목적, 용도, 구성범위에 따라서 분류하여 살펴보고자 한다(이복희, 유인숙, 2020; 이기원 외, 2022).

1) 개발주체에 따른 분류

프로그램 개발의 주체가 누구인가에 따라서 학습목표나 내용, 대상 등 프로그램의 성격이 달라진다. 프로그램 개발의 주체는 국가와 기관, 학습자 개인으로 구분할 수 있다. 프로그램 개발주체에 따른 분류는 표 6-2와 같다.

표 6-2. 프로그램 개발주체에 따른 분류

구분	내용
국가 프로그램	정부가 주체가 되어 국민들의 의식함양과 성인학습 활성화를 위하여 실행되는 것으로 정책적인 성격의 프로그램을 말한다. 국가사회 공동체의 단결이나 사회통합, 공민성의 계발 등, 집단의식화를 촉진시키는 프로그램 위주로 개발된다.
기관이나 조직 프로그램	평생교육기관이나 기업체 등이 주체가 되어 기관의 이념이나 목적을 달성하기 위하여 실행되는 것으로 기관의 특성에 따라 다양한 프로그램이 개발된다. 공공기관이나 직업훈련기관, 시민단체, 종교단체, 언론기관, 기업체 등에서 개발된 프로그램으로 대부분 내용중심으로 구성되어 있다.
학습자 개인이나 개인과 기관에 의해 공동으로 개발된 프로그램	학습자 위주의 문제해결 프로그램을 의미한다. 퇴직 후 노후문제를 해결하기 위한 퇴직준비교육이나 자녀문제를 해결하기 위한 부모교육 프로그램 등, 특정한 문제를 해결하기 위해서 개인과 기관이 협력하여 개발된 프로그램을 의미한다.

2) 개발목적에 따른 분류

보일은 프로그램의 유형을 개발목적에 따라 3가지로 구분하였다(Boyle, 1981). 프로그램의 개발 당시 목적에 따라 개발형 프로그램(Developmental Program), 기관형 프로그램(Institutional Program), 정보형 프로그램(Informational Program)으로 분류하였다. 프로그램 개발목적에 따른 분류는 표 6-3과 같다.

표 6-3. 프로그램 개발목적에 따른 분류

구분	내용
개발형 프로그램	개인이나 지역사회의 중요한 문제가 무엇인지를 파악하고 그것을 해결하는 데 도움을 주기 위하여 개발된 프로그램을 말한다. 개발형 프로그램은 그 목적이 개인이나 지역사회의 현안문제를 해결하기 위한 것이기 때문에, 특정문제가 프로그램의 목표로 전환되고 프로그램 개발 전 과정에 학습자의 참여가 중요시된다.
기관형 프로그램	평생교육기관에 의해서 제도적으로 만들어진 프로그램을 말한다. 학습자들의 교육참여를 제도화하는 데 목적이 있으며, 대부분 전일제로 운영되는 전문교육 프로그램으로 구성된다. 이 프로그램은 학습자들의 요구로부터 프로그램이 개발되는 것이 아니라 그 분야의 전문가나 기관에 의해서 제도적으로 만들어지기 때문에 학습자들의 역할은 수동적이고 그 내용도 지식전달에 초점을 두고 있다.
정보형 프로그램	특정한 사람들에게 정보를 제공하기 위해서 개발된 프로그램을 말한다. 정보형 프로그램은 새로운 연구결과나 법령 등에 대한 정보를 널리 파급시키기 위해서 개발된 프로그램으로, 개발된 내용은 즉시 사용되는 것이 특징이며, 단순한 정보전달이 목적이기 때문에 평가나 피드백이 없이 운영된다.

3) 개발용도에 따른 분류

개발된 프로그램의 쓰임새와 교육내용을 중심으로 직업교육 프로그램, 여가·취미 프로그램, 지역사회개발 프로그램 등으로 구분할 수도 있다. 프로그램 개발용도에 따른 분류는 표 6-4와 같다.

표 6-4. 프로그램 개발용도에 따른 분류

구분	내용
직업교육 프로그램	재직자를 대상으로 한 직업전환 교육이나 실직자를 대상으로 한 재취업교육 프로그램 등을 말한다. 프로그램을 이수한 후 직업전환이나 재취업을 목적으로 운영되기 때문에 실용적이고 실무중심 교육내용으로 개발되며, 자격증 취득과정으로 운영되는 경우가 많다. 대부분 고용보험이나 공공기관에서 지원을 받아서 운영된다.
여가 · 취미 프로그램	자격증 취득이나 취업을 목적으로 개발된 프로그램과는 달리 여가를 의미 있게 보내기 위해서 교육받는 자체에 목적을 두고 개발된 프로그램을 말한다. 주로 시간적이나 경제적으로 여유가 있는 학습자들을 대상으로 하고 있으며, 노인복지관의 노인대학 프로그램이나 가정주부들을 대상으로 한 문화센터 프로그램 등이 여기에 해당된다.
지역사회 개발 프로그램	농어촌지역이나 도시 저소득 지역의 소외계층을 대상으로 지역주민들의 삶의 질을 제고하기 위하여 개발된 프로그램을 말한다. 대도시 저소득 지역의 방과후 교육 프로그램이나 지역주민들의 건강 · 복지 · 보육 프로그램 등으로 지방자치단체나 민간단체가 협력하여 공동으로 개발하고 운영하는 경우가 많다.

4) 구성범위에 따른 분류

성인학습 프로그램을 구성범위에 따라 분류하면 단일 프로그램, 연속 프로그램, 통합 프로그램, 종합 프로그램 등으로 나눌 수 있다. 프로그램 구성범위에 따른 분류는 **표 6-5**와 같다.

표 6-5. 프로그램 구성범위에 따른 분류

구분	내용
단일 프로그램	하나의 학습목표를 달성하기 위하여 개발된 프로그램으로 비교적 짧은 시간에 단순한 교육활동으로 구성된다. 1회적인 용도로 개발되어 운영되는 봉사활동 프로그램, 견학 프로그램, 레크리에이션 활동 프로그램 등이 여기에 속한다.
연속 프로그램	큰 주제 하나를 여러 개의 내용으로 나누어서 여러 번 연속적으로 운영하도록 개발된 프로그램이다. 앞뒤의 프로그램이 서로 연관되어 있으며, 점차 심화되는 형태로 개발된다. 비교적 장기간에 걸쳐서 운영되며 전문적인 내용일 경우 적절하다고 볼 수 있다.

구분	내용
통합 프로그램	한 주제에서 세분화된 비슷한 성격의 여러 활동을 하나로 묶어서 개발한 프로그램을 말한다. 각 활동의 기본적인 성격은 그대로 유지하면서 관련된 내용만 통합하는 형태로 개발된다. 예를 들어, 환경오염과 관련된 프로그램을 개발할 경우, 수질오염, 대기오염, 토양오염 등 서로 비슷한 성격의 학습활동을 하나로 묶어서 프로그램을 개발하게 된다. 학습자들의 경험 속에서 비슷한 성격의 여러 활동이 함께 어우러져서 학습목표가 달성되도록 프로그램이 개발된다.
종합 프로그램	성격이 다른 여러 영역의 학습활동을 한데 모아서 종합적으로 전개되는 프로그램을 말한다. 성격이 다른 여러 악기가 함께 어우러진 교향악단의 협연과 같이 다양한 학습활동을 통해서 전인적인 인격형성이나 종합적인 기능발달을 목표로 한 프로그램을 개발할 때 적절하다고 볼 수 있다.

3. 성인학습 프로그램의 분류체계

다양한 형태의 평생교육기관 · 단체가 증가하는 만큼 그곳에서 운영하는 프로그램의 종류와 수도 증가하고, 성인학습 프로그램의 중요성도 강조되고 있다. 이화정 등(2003)은 성인학습 프로그램이란 '지역사회의 교육문제를 인식하고, 그것을 해결하기 위한 교육계획을 수립하여 그 계획의 목표를 효율적으로 달성하기 위해 실천하는 구체적이고도 총체적인 성인학습 활동'이라고 정의하였다.

프로그램의 종류와 수가 다양한 만큼 성인학습 프로그램은 기준이나 바라보는 관점에 따라 여러 가지로 분류할 수 있다. 파머(Farmer)와 블레니(Blaney)는 성인학습형태를 기초로 프로그램 개발주체를 세 가지 프로그램 형태로 구분하였다(Niemi & Nagle, 1977). 즉, 조직 및 기관에 의해 개발되는 내용중심 프로그램, 학습자 개인에 의해 개발되는 학습자중심의 프로그램, 그리고 개인과 조직이 협력하여 개발되는 문제중심의 프로그램이다.

그리고 보일(1981)은 프로그램을 개발목적에 따라 특정한 대상에게 새로운 정보를 제공할 목적으로 개발된 정보형 프로그램, 조직에 의해 교육 참여를 제도화하는 목적인 제도형 프로그램, 어떤 문제를 해결하기 위해 개발된 개발형 프로그램 등 세 가지 유형으로 구분하였다. 또한 프로그램이 활용되는 상황과 교육내용을 중심으로 직업교육, 문화교육, 지역사회교육 등으로 분류되기도 한다.

우리나라의 경우, 2007년에 전면 개정된 「평생교육법」 제2조에서 평생교육이란 학교의 정규교육과정을 제외한 학력보완교육, 성인기초 · 문자해득교육, 직업능력향상교육, 인문교양교육, 문화예술교육, 시민참여교육 등을 포함하는 모든 형태의 조직적인 교육활동으로 정의하였는데, 이것은 성인학습 프로그램의 영역 분류를 의미한다. 그러나 비록 「평생교육법」에서 성인학습을 6대 영역으로 규정하여 성인학습 프로그램의 영역을 거시적으로 규정할 수 있는 제도적 준거는 마련되어 있으나 그 영역에 대한 명확한 개념과 범위가 규정되어 있지 않아 여전히 많은 한계점을 가지고 있다.

성인학습의 6대 영역은 지역에서 다양한 프로그램으로 실행되어지는데, 프로그램은 성인학습의 하나의 영역이지만 그 전체로 보기도 하는 만큼 중요한 부분이다. 그러나 지역 내 여러 평생교육기관에서 운영되는 프로그램은 그 종류가 다양하지만, 명확한 체계가 없이 산발적으로 이루어지게 되어 중복되는 프로그램이 많아 재정적 측면에서 비효율적이고, 학습자들은 프로그램에 대한 빠르고 정확한 정보를 획득하는 데 어려움을 경험하고 있다. 이러한 시기에 국가적 차원에서 국민의 평생학습 이력을 관리하는 평생학습계좌제의 도입과 시행으로 프로그램의 분류화 및 체계화에 대한 필요가 절실해졌고, 이에 따른 국가적 차원의 연구가 이루어졌다.

국가평생교육진흥원(2009)이 발표한 성인학습 프로그램이란 '학습자, 교수자, 교육내용, 학습경험, 교육시간이 통합적으로 작용하는 목표지향적 교수 · 학습의 전개과정'을 의미한다. 또한 성인학습 프로그램의 분류란 '평생교육 프로그램 분류표'에 의거하여 성인학습 프로그램의 명칭, 목적, 내용, 주제, 형식 등이 일치하거나 유사한 것을 동일한 범주로 그룹화시켜 분류표에 명시된 분류번호를 찾아 배정하는 전문적인 행위로 정의하였다. 그리고 「평생교육법」에 명시된 6대 영역을 대분류의 기준으로 삼고, 각 영역별 3개의 중분류로 나누어 총 18개의 항목으로 프로그램 분류체계를 설계하여 한국 평생교육 프로그램 분류체계(KLPCS)를 정립하였다(김진화, 2009). 한국 평생교육 프로그램 분류체계에 따른 성인학습 프로그램 6대 영역과 내용은 **그림 6-3**과 같다(이기원 외, 2022).

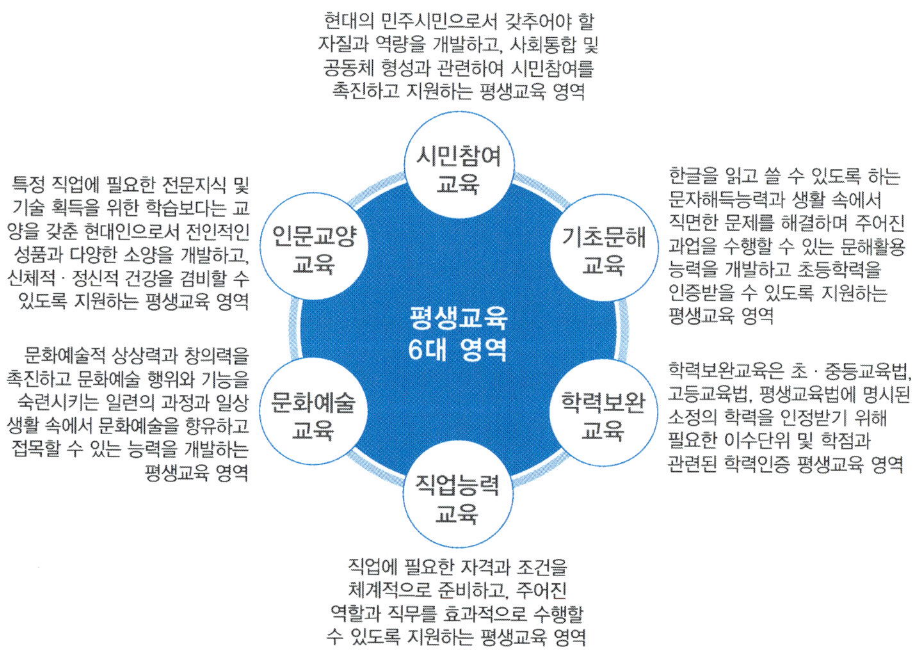

그림 6-3. 성인학습의 6대 영역

1) 기초문해교육

문해란 문자해독능력을 보유한 상태를 의미한다. 현대에는 문해의 개념이 단순한 문자의 해독능력이나 읽기 · 쓰기 · 셈하기 능력의 보유수준을 넘어서 일상적 사회생활을 하는 데 필수적으로 요청되는 기본생활 기능이나 사회적 의식의 수준까지를 포함하는 개념으로 확대되었다.

제2차 세계대전 후 신생국들의 문맹퇴치운동을 시도한 국제연합교육과학문화기구(UNESCO)는 일상생활에 관한 짧고 간단한 문장을 이해하며 읽고 쓸 수 있는 자를 문해자라고 하고, 1962년에는 문해자를 '집단이나 지역사회 안에서 효과적으로 참여하고 활용하는 데 필요한 기초적인 지식과 기술을 습득한 자이며, 2~3년간 초등학교 교육을 받은 수준에 해당하는 읽기 · 쓰기 · 셈하기의 기술을 가진 자'라고 정의하고 있다. 따라서 기초문해교육은 한글을 읽고 쓸 수 있도록 하는 문자해득능력과 생활 속에서 직면한 문제를 해결하며 주어진 과업을 수행할 수 있는 문해활용능력을 개발하고 초등학력을 인증받을 수 있도록 지원하는 성인학습 영역으로 정의하고 있다. 기초문해교육 분류체계의 정의 및 프로그램 예시는 **표 6-6**과 같다.

표 6-6. 기초문해교육 분류체계

대분류 영역	중분류 하위영역	정의	프로그램 예시
기초문해 교육 (언어적 기초와 활용)	내국인한글문해 프로그램	내국인 중 비문해자가 한글을 읽고, 쓸 수 있는 문자해득능력을 갖도록 체계적으로 지도하는 프로그램	• 어르신한글교실 • 한글교실(초급, 중급) • 학습계좌 미인정 한글강좌
	다문화한글문해 프로그램	다문화 외국인 중 비문해자가 한글을 읽고 쓸 수 있는 문자해득능력을 갖도록 체계적으로 지도하는 프로그램	• 외국인한글교실 • 다문화가족문해교실 • 귀화인한국어교육과정

대분류	중분류		프로그램 예시
영역	하위영역	정의	
	한글생활문해 프로그램	문자해득 후 한글을 응용하여 직면한 문제를 해결하고 주어진 과업을 수행할 수 있는 문해활용능력을 개발하도록 지원하는 프로그램	• 다문화교육 • 한글교실(고급) • 한글응용교육 • 기초영어교육 • 한글인증시험 준비교육과정

성인문해교육 활성화 사업은 문해학습자의 교육참여 촉진과 문해교육에 대한 사회적 인식 확산을 위해 실시하고 있다. 최소한의 학습여건 조성을 위해 성인문해교과서를 무상 보급하고, 교육기관이 없는 소외지역 학습자를 위한 EBS 성인문해교육방송을 제작 · 방영하고 있다. 아울러 문해학습자의 기초 생활역량 향상을 지원하기 위해 생활문해교육 교과서를 개발하는 등 다양한 사업을 추진하고 있다.

2) 학력보완교육

학력보완교육은 「초 · 중등교육법」, 「고등교육법」, 「평생교육법」에 명시된 소정의 학력을 인정받기 위해 필요한 이수단위 및 학점과 관련된 학력인증 평생교육 영역이다. 평생교육시설은 학력인정 평생교육시설과 학력미인정 평생교육시설로 구분할 수 있는데, 학력인정 평생교육시설으로는 학교 형태 평생교육시설과 사내대학 · 원격대학 형태 평생교육시설이 있다.

학교 형태 평생교육시설 중 일정 기준 이상의 요건을 갖춘 평생교육시설은 고등학교 졸업 이하의 학력이 인정되는 평생교육시설(학력인정 평생교육시설)로 지정될 수 있다(「평생교육법」 제31조 제2항). 이 중에서 사내대학 · 원격대학 형태 평생교육시설은 고등교육 수준의 학력(대학 학력)을 인정하는 기관이며, 학력 인정 학교 형태 평생교육시설은 초·중등교육 수준의 학력을 인정하는 기관이다. 학력보완교육 분류체계의 정의 및 프로그램 예시는 표 6-7과 같다.

표 6-7. 학력보완교육 분류체계

대분류	중분류		프로그램 예시
영역	하위영역	정의	
학력보완교육 (학력 조건과 인증)	초등학력보완 프로그램	초등학력의 보완 및 인증 규정에 의해 평생교육시설 및 기관에서 운영되는 소정의 프로그램	• 학습계좌문해교육프로그램 • 중입검정고시강좌 • 초등학력인증강좌 • 초등교과연계강좌 • 과학교실
	중등학력보완 프로그램	중·고등학교 학력의 보완 및 인증 규정에 의해 평생교육시설 및 기관에서 운영되는 소정의 프로그램	• 고입검정고시강좌 • 대입검정고시강좌 • 중고생교과연계강좌 • 진로강좌
	고등학력보완 프로그램	전문학사 및 학사 학력의 인증 규정에 의해 평생교육시설 및 기관에서 운영되는 소정의 프로그램	• 독학사강좌 • 학점은행제강좌 • 시간제등록강좌 • 대학비학점강좌

3) 직업능력교육

우리나라 직업능력개발제도는 1967년 「직업훈련법」의 제정을 시작으로 1974년에 일정 규모 이상의 사업주에게 매년 일정 비율의 인원을 의무적으로 양성하도록 하는 사업 내 직업훈련의무제를 규정한 「직업훈련에 관한 특별조치법」을 그 출발로 본다(고용노동부, 2020). 1976년에는 이 두 법령을 통합하여 사업주가 직접 훈련을 실시하거나 직업훈련분담금을 납부하도록 하는 「직업훈련기본법」을 제정함으로써 직업능력개발제도의 기본 틀을 갖추었다. 이 법은 1997년에는 「근로자직업훈련촉진법」, 2004년에는 「근로자직업능력개발법」으로 개정되면서 현재에 이르고 있다(고용노동부, 2020).

이러한 제도적 기반에서 직업능력개발제도의 목표는 1970년대에는 산업현장에서 필요로 하는 인력 양성, 즉 '공공 훈련기관을 통한 기능공 양성'으로부터 시작하여 1990년대에는 '근로자의 생애단계별 직업능력 향상'으로 발전하였다. 제도의 변천에 따라 명칭도 직업훈련, 근로자직업능력개발, 평생직업능력개발로 변화하였다(교육부, 국가평생교육진흥원, 2020).

다시 말해 직업능력교육은 직업에 필요한 자격과 조건을 체계적으로 준비하고, 주어진 역할과 직무를 효과적으로 수행할 수 있도록 지원하는 성인학습 영역이다. 직업능력교육 분류체계의 정의 및 프로그램 예시는 **표 6-8**과 같다.

표 6-8. 직업능력교육 분류체계

대분류	중분류		프로그램 예시
영역	하위영역	정의	
직업능력교육 (직업준비와 직무역량개발)	직업준비프로그램	특정 직업에 새롭게 취직하기를 희망하고 성공적인 창업에 필요한 지식, 정보, 기술, 기능을 획득하고 관련 조건을 체계적으로 준비할 수 있도록 지원하는 프로그램	• 인력양성과정 • 창업관련과정 • 취업준비과정 • 재취업정보교육
	자격인증프로그램	특정 직업의 직무수행에 필요한 전문적인 지식, 기술, 기능이 일정한 수준에 도달하여 소정의 자격을 제도적으로 인증받을 수 있도록 지원하는 프로그램	• 외국어자격인증 • 지도사양성과정 • 자격증취득과정 • 자격인증과정 • 토익 · 토플강좌
	현직직무역량 프로그램	현직 종사자에게 보다 발전적인 직무수행에 필요한 관련 지식과 정보를 획득하게 하고, 관련 기술과 기능을 습득하고 익힐 수 있도록 지원하는 프로그램	• 공통직무연수과정 • 전문직무연수과정 • 경력개발과정

4) 문화예술교육

문화예술교육은 「문화기본법」, 「문화예술교육지원법」에서 명시하는 모든 국민의 문화적 접근 기회를 보장하고자 수립된 문화예술교육 정책을 바탕으로 특정 계층, 특정 영역을 넘어선 전생애 평생학습 관점에서 정책이 수립되고 있다. 특히 2010년 문화예술교육발전방안을 통하여 '국민의 평생 문화예술교육 환경 구축'이 제안됨에 따라 과거 학교 및 취약계층 등에 한정되었던 문화예술교육정책이 전 국민을 대상으로 한 교육으로 전환되었다. 이후 문화예술교육 5개년 종합계획 등을 통하여 평생학습 맥락에서 시민의 문화적 권리를 강조하고 있다(양은아, 2019).

문화예술교육은 문화예술적 상상력과 창의력을 촉진하고 문화예술 행위와 기능을 숙련시키는 일련의 과정과 일상생활 속에서 문화예술을 향유하고 접목할 수 있는 능력을 개발하는 성인학습 영역이다. 문화예술교육 분류체계의 정의 및 프로그램 예시는 표 6-9와 같다.

표 6-9. 문화예술교육 분류체계

대분류	중분류		프로그램 예시
영역	하위영역	정의	
문화예술교육 (문화예술 향유와 활용)	레저생활스포츠 프로그램	체력증진 및 여가선용을 위하여 일상생활 속에서 지속적으로 행하는 체육활동 및 전문적 스포츠 관련 프로그램	• 레저활동강좌 • 생활스포츠강좌 • 스포츠예술활동
	생활문화예술 프로그램	문화예술을 일상생활에 접목하여 생활문화의 질을 향상시키고, 삶의 문화를 보다 풍성하게 향유할 수 있도록 지원하고 인증하는 프로그램	• 풍선아트강좌 • 사진예술강좌 • 천연염색강좌 • 천연화장품만들기 • 인테리어홈패션 • POP

대분류	중분류		프로그램 예시
영역	하위영역	정의	
	문화예술향상 프로그램	문화예술작품 및 행위를 의미 있게 체험하고 문화예술적 가치가 높은 작품을 완성할 수 있도록 체계적으로 지도하고 인증하는 프로그램	• 음악 · 무용 • 미술 · 서예지도 • 문화예술 체험 및 관람 • 도자기 · 공예 • 연극 · 영화

5) 인문교양교육

인문교양교육의 경우, 2000년대 이후부터 성인학습 차원에서 인문 아카데미, 소외계층을 위한 인문학 교육, 기업 지원 또는 지자체 지원 인문강좌 등의 형태로 등장하기 시작했으며, 2010년 이후 정부 주도의 인문학 대중화사업 등을 통하여 본격적으로 확산되었다(양은아 외, 2018). 2016년 제정된 「인문학 및 인문정신문화의 진흥에 관한 법률」과 이에 근거한 인문학 및 인문정신문화 진흥기본계획에 따라 정부는 다양한 인문교양교육 사업을 수행하고 있다.

인문교양교육은 특정 직업에 필요한 전문지식 및 기술 획득을 위한 학습보다는 교양을 갖춘 현대인으로서 전인적인 성품과 다양한 소양을 개발하고, 신체적 · 정신적 건강을 겸비할 수 있도록 지원하는 성인학습 영역이다. 인문교양교육 분류체계의 정의 및 프로그램 예시는 **표 6-10**과 같다.

표 6-10. 인문교양교육 분류체계

대분류	중분류		프로그램 예시
영역	하위영역	정의	
인문교양교육 (교양확장 및 소양개발)	건강심성 프로그램	현대사회에서 건강한 삶과 생활을 위한 심리적 안정을 촉진하고 신체 건강에 필요한 활동과 체험을	• 상담치료 • 종교교육 • 식생활교육

대분류	중분류		프로그램 예시
영역	하위영역	정의	
		체계적으로 지원하고 인증하는 프로그램	• 생활의료교육 • 웰빙 및 보건교육
	기능적 소양 프로그램	일상생활의 적절한 역할수행과 현대인이 갖추어야 할 다양한 소양과 관련된 기능적 자질과 능력을 개발하고 실천하도록 지원하고 인증하는 프로그램	• 역할수행교육 • 예절교육 • 정보인터넷활용 • 생활외국어 • 가정생활, 직장생활교육 • 생활한자
	인문학적 교양 프로그램	전인적 품성과 지혜를 갖춘 현대인으로서 인문학적 교양과 상식을 확장하고, 문학 · 역사 · 철학과 관련된 체험과 활동을 체계적으로 지원하고 인증하는 프로그램	• 일반문학강좌 • 과학일반강좌 • 역사전통강좌 • 철학 · 행복강좌 • 독서강좌

6) 시민참여교육

한 국가의 구성원이 자유권, 참정권, 사회권 등 시민권을 제대로 누리고 동시에 국가구성원으로서 책임을 다하려면, 정치적 차원에서 법과 제도를 개혁하고 각종 정책을 펴는 것 외에 사회적 차원에서 국가가 할 수 없거나 때론 해서는 안되는 부분을 시민사회가 떠맡아야 할 때가 있다. 그리고 정치적, 사회적 차원이 아닌 사적 차원에서 각 개개인이 수행해야 할 과제도 있다.

시민참여교육은 시민성 함양 방식에 따라 **표 6-11**과 같이 크게 세 가지로 분류할 수 있다.

표 6-11. 시민참여교육의 유형

구분	시민성 함양 방식	사례
범주 1	시민성 함양을 일차적 목표로 삼는 교육 프로그램	헌법교육, 인권교육, 환경교육 등
범주 2	사회참여 활동의 결과로서 시민성을 함양하기	동아리, 시민사회단체, 집회 및 시위, 마을공동체 만들기 등에 참여
범주 3	다른 교육활동의 연장선상에서 시민성을 함양하기	문해교육, 종교교육, 인문학강좌 등

첫째, 정당, 선거관리위원회, 지자체, 시민단체 그리고 평생교육기관 등이 지역 주민들을 대상으로 시민성 함양 프로그램을 직접 운영하는 경우이다. 이 프로그램에서는 민주주의, 선거, 대화와 타협, 소수자의 인권, 환경, 평화 등의 주제를 주로 다룬다. 둘째, 지역주민의 사회참여 활동이 일차적 목표이지만 이와 더불어 시민성을 자연스럽게 학습하는 경우이다. 지역주민들은 학습동아리나 시민사회단체 혹은 봉사활동 등에 참여하면서, 주민자치나 마을만들기, 협동조합운동이나 지역개발 반대운동 등에 참여하면서, 혹은 그 밖의 다양한 집회나 시위 등에 참여하면서 시민성을 무형식적으로 함양한다. 셋째, 학습자들이 어떤 교육 프로그램을 이수하면서 그 연장선상에서 시민성을 학습하는 경우도 있다. 문해교육, 인문교양교육, 문화예술교육, 직업능력개발, 종교교육 등의 성과로서 시민성 함양이 이루어진다.

따라서 시민참여교육은 현대의 민주시민으로서 갖추어야 할 자질과 역량을 개발하고, 사회통합 및 공동체 형성과 관련하여 시민참여를 촉진하고 지원하는 성인학습 영역이다. 시민참여교육 분류체계의 정의 및 프로그램 예시는 **표 6-12**와 같다.

표 6-12. 시민참여교육 분류체계

대분류	중분류		프로그램 예시
영역	하위영역	정의	
시민참여교육 (사회적 책무성과 공약적 활용)	시민책무성 프로그램	현대시민으로서 갖추어야 할 사회적 책무성을 개발하고 사회통합 및 공동체 형성을 촉진하고 지원하고 인증하는 프로그램	• 인권교육, 양성평등교육 • 다문화 이해 • 환경생태체험강좌 • 주민자치교육 • 재소자의식교육 • 지역이해교육 • 국가정책이해교육 • 민방위교육
	시민리더역량 프로그램	국가 및 지역사회의 공익적 사업을 효과적으로 추진할 수 있는 시민을 발굴·육성하고 그들의 자질과 역량을 개발하고 인증하는 프로그램	• 지역리더양성 • 평생학습리더양성 • 평생학습상담사양성과정 • NGO지도자과정 • 지역역사문화해설사과정
	시민참여활동 프로그램	현대사회의 구성원으로서 지역사회조직 및 공익적 사업에 대한 개인적·집단적인 참여를 촉진하고 평생학습 참여기회를 지원하고 인증하는 프로그램	• 학습동아리교육 • 평생교육자원봉사 • 환경실천교육 • 평생학습네트워크

지금까지 살펴본 성인학습 프로그램 분류에서 보는 바와 같이, 비교적 기준이 되는 예시 프로그램조차도 종류가 매우 다양하다. 성인학습 프로그램은 지역사회 안에서 이루어지기 때문에 환경의 영향을 받아 같은 프로그램이라고 할지라도 현장에서 실천되는 형태는 결코 같지 않다. 또한 비슷한 환경이라 할지라도 하나의 성인학습 프로그램이 운영되기까지 고려해야 할 많은 요소가 있기 때문에 이러한 요소들에 따라 프로그램은 전혀 다른 형태로 나타나기도 한다.

PART 2

성인학습상담

Chapter 07

상담의 기초

배울내용

1. 상담의 정의와 목표
2. 상담과 인접 개념과의 비교
3. 상담의 유형
4. 상담자의 올바른 태도

학습목표

1. 상담의 정의와 목표를 설명할 수 있다.
2. 생활지도와 상담 및 심리치료의 개념을 명확하게 구분하고 차이를 설명할 수 있다.
3. 상담방식과 상담형태에 따른 상담의 유형을 파악할 수 있다.
4. 상담자의 올바른 태도를 숙지한다.

Chapter 07

상담의 기초

1. 상담의 정의와 목표

1) 상담의 정의

현대 속에 살아가는 우리는 상담(相談)이라는 단어를 쉽게 접하면서 생활한다. 예로 '결혼상담', '법률상담', '보험상담' 등등, 이처럼 상담이라는 단어를 쉽게 접할 수는 있지만 '상담이 무엇인가?'라는 질문을 받을 때 그 의미를 정확히 표현하기 힘들다.

상담의 사전적인 용어는 "말로 상의하는 것"이다. 즉, 어떤 일정한 일에 관하여 묻고 의논하는 것이다. 이런 의미에서 본다면 위에서 기술한 결혼상담 등도 상담의 한 종류인 것은 사실이다. 문제는 '어떤 목적으로, 어떤 사람에게, 어떤 종류의 도움을 주느냐'에 따라 상담의 의미와 범위가 달라질 것이다.

상담이라는 용어는 50여 년 전부터 공식화되어 사용되기 시작하였는데, 오늘날 현대인의 문제는 매우 복잡하면서 다양해졌기 때문에 혼자서 또는 주위사람들과는 간단히 해결할 수 없는 일이 대부분이다. 따라서 오늘날의 상담은 여러 가지로 복잡한 생활과정상의 문제를 전문적으로 다루게 되었다.

전문적인 활동으로서 상담에 대한 정의를 살펴보면 이동렬, 박성희(2001)는 "상담이란 1:1의 개인적이고 전문적인 인간관계를 맺음으로써 내담자가 자신의 문제를 해결한다든지 환경에 보다 유능하게 대처할 수 있는 새로운 행동을 익히는 체계적인 활동"으로 정의하고 있고, 박성희(2001)는 "인격적인 만남을 통해 사람들의 바람직한 변화를 돕는 과정으로 바람직한 변화를 돕는 과정이 때로는 사람들의 갈등과 문제를 예방하고 치료하거나 때로는 인격의 성장을 조력하고 자아실현을 돕는 형태로 나타나면서 상담은 이 모든 상황에 개입하여 도움을 주는 과정임이 분명하다. 따라서 상담의 정체성을 확보하는 일은 바로 이러한 조력과정으로서 상담이 수행하는 역할과 기능에 초점을 맞추어야 한다"고 표현하고 있다.

정원식 등(1999)은 상담이란 "개인적인 문제를 해결하도록 할 뿐만 아니라 다른 문제가 제기될 때 이를 적극적으로 다루며 행복과 성공을 이루어 낼 수 있는 힘을 북돋아 주는 전문적인 봉사활동"으로 보았으며, 이장호(1994)는 상담이란 "도움이 필요한 사람이, 전문적인 훈련을 받은 사람과의 관계에서 자기의 생활과정상의 문제를 해결하고, 생각 · 감정 · 행동 측면의 인간적 성장을 위해 노력하는 학습(學習)과정이다"라고 하였다.

이상의 정의를 종합하면 상담이란 상담자와의 관계에서 촉진적인 의사소통을 통해 내담자의 문제를 해결하고, 내담자로 하여금 앞으로 발생할 수 있는 삶의 문제에 대한 조망과 해결능력을 갖게 하여 자기효능감과 자존감을 느끼도록 인도하는 일련의 학습과정으로 볼 수 있다.

그리고 상담을 구체적으로 정의하고 설명하는 데 있어 먼저 생각해야 할 문제는 상담을 하려는 상담자의 역할이라고 할 수 있다. 또한 내담자가 상담을 통해 무엇을 얻고자 하는지에 대한 것도 고려되어야 한다. 이런 의미에서 상담을 구체적으로 정의해 보면 **표 7-1**과 같다.

표 7-1. 상담의 정의

- 상담활동의 공동주체는 상담자와 내담자이다. 상담은 상담자가 내담자에게 일방적으로 전문적 기술을 적용하는 활동이 아니라 함께 노력하는 상호과정이다. 따라서 상담자와 내담자 모두 상담 활동의 주체라는 생각을 갖는 것이 중요하다. 상담자는 인간의 변화에 대한 믿음을 가지고 자신의 변화모델을 기본으로 내담자의 변화를 위해 실천하는 사람이다. 상담을 통해 내담자의 생각, 감정, 행동이 변화하도록 다양한 변화모델을 사용한다.
- 상담자는 전문적인 훈련을 받은 사람이다. 상담자는 내담자를 돕기 위해 전문적 훈련의 중요성을 인식하고 자신의 전문성을 향상시키기 위해 노력해야 한다. 상담자는 인간행동을 이해하기 위해 끊임없이 연구하는 과학자이자 연구를 통해 지식을 발견하여 인간변화를 위해 행동하는 실천가이다.
- 내담자는 도움을 필요로 하는 사람이다. 도움을 필요로 하지 않는 사람은 없다. 따라서 우리 모두가 잠재적 내담자라고 할 수 있다. 내담자 자신이 조력을 필요로 해서 자발적으로 상담에 참여하게 되는 경우는 많지는 않다. 내담자가 자발적이든 비자발적이든 그 내담자들은 도움을 필요로 하는 사람들이다.
- 상담은 내담자의 자각확장을 이루도록 도움을 주는 활동이다. 대부분의 내담자는 자신에 대한 이해부족, 자신이 가지고 있는 능력을 알아차리지 못해 고통을 받는다. 이런 경우 상담자는 내담자가 자기탐색과 자기이해를 통해 문제를 해결할 수 있도록 도움을 주어야 한다.
- 상담은 내담자의 문제예방과 발달 및 성장, 문제해결을 달성하는 것이자 포괄적으로 세 가지 영역으로 상담의 목적을 잘 설명하고 있다. 내담자는 분명히 나름대로의 목적을 가지고 상담을 받기를 원한다. 상담자는 주요한 역할인 치료적, 예방적, 교육적 역할을 수행하는 사람이다.
- 상담은 내담자의 삶의 질을 향상시키기 위해 노력하는 활동이다. 내담자의 상담을 통한 목적은 행복과 성공이라고 할 수 있다. 상담자는 상담을 통해 단순히 내담자의 부적절한 문제를 제거하는 이상으로 그가 최적의 기능을 수행하도록 도와주어야 한다. 삶의 질을 향상시키는 것이 상담의 정의에 포함된다.
- 상담은 조력과정이다. 상담은 과정을 강조하는 활동이다. 과정은 결과를 유도한다. 상담이란 진행되는 과정에 초점을 두고 상담자는 내담자에게 어떤 영향을 미치는지를 생각해야 한다.

상담의 주체는 상담자와 내담자이다. 효과적인 도움을 주기 위해 상담자는 어떠한 능력을 가져야 하는지 그리고 도움을 필요로 하는 내담자의 특성과 그 문제의 본질을 잘 알아야 한다.

2) 상담의 목표

상담이란 상담자와의 관계에서 촉진적인 의사소통을 통해 내담자의 문제를 해결하고, 내담자로 하여금 앞으로 발생할 수 있는 삶의 문제에 대한 조망과 해결능력을 갖게 하여 자기효능감과 자존감을 느끼도록 인도하는 일련의 학습과정으로 정의할 때 상담의 목표를 다음과 같이 설명할 수 있다.

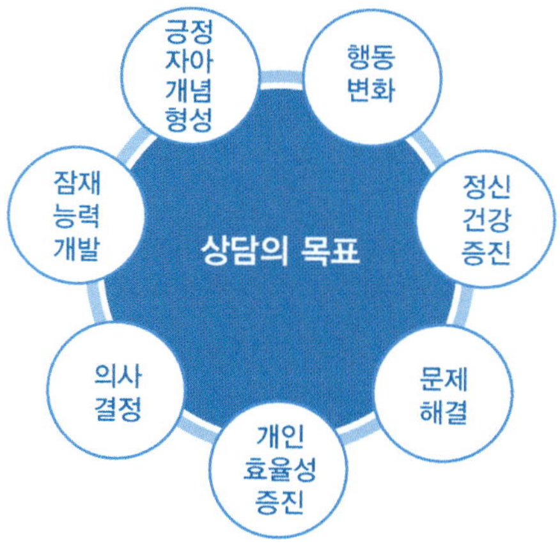

그림 7-1. 상담의 목표

첫째는 행동의 변화이다. 상담을 통해 개인의 부적응적인 행동의 빈도를 없애거나 감소시킴으로써 좀 더 생산적이고 행복한 생활을 할 수 있도록 하는 데 그 목표가 있다.

둘째는 정신건강의 증진이다. 상담의 목표는 단순히 부적응적인 행동의 수정이나 치료보다는 적극적으로 정신건강을 촉진하는 데 그 목표가 있다. 정신적으로 건강한 사람은 책임감이 있고, 독립적이며, 인격적으로 성숙한 사람이다. 따라서 상담에서는 정신병리의 원인이 되는 다양한 요소들을 예방하고자 노력한다.

셋째는 문제의 해결이다. 내담자들에게 상담이 필요한 것은 그들에게 스스로 해결하기 어려운 문제가 있기 때문이다. 상담자를 찾아오는 사람은 자신의 문제 해결에 상담자가 도움이 될 수 있다고 믿는 사람들이다. 그러므로 상담은 내담자의 문제를 해결하는 것을 목표로 하여야 한다. 그러나 상담자가 자신의 입장에서 내담자의 문제를 해결하거나 주위 환경에 수동적으로 적응하게 하는 것은 내담자의 성장·발달에 일치하는 방향으로 이끄는 것이 아니므로 상담의 목표가 될 수 없다. 효과적인 상담이란 내담자와 상담자 간의 협력관계에 의해서만 가능하기 때문에 상담이란 어디까지나 내담자의 자발적 요구에 의해 이루어지도록 하는 것이 매우 중요하다.

넷째는 개인의 효율성의 증진이다. 효율적인 인간은 경제적, 심리적, 신체적 모험을 계획하고 이를 위해 시간과 정열을 투자하기 위해 자신을 헌신하며 그러한 모험을 기꺼이 감수하고자 한다. 즉, 효율적인 인간은 문제를 인지하고 해결할 수 있는 능력을 지니고 있으며, 독창적으로 사고할 수 있고, 자신의 행동을 통제할 수 있으며, 좌절이나 적대적인 애매한 상황에서 적절하게 반응할 수 있다. 따라서 상담을 통해 생산적인 사고를 증진시키고 적응적인 인간관계를 형성하며, 다양한 문제상황에 효과적으로 대처할 수 있는 능력을 기르게 되면, 개인의 효율성은 증진될 수 있다.

다섯째는 현명한 의사결정이다. 상담에서는 개인이 선택하고 결정하도록 하기 위해 필요한 정보를 제공하고, 의사결정에 영향을 줄 수 있는 정서적인 문제나 심리적인 특성을 확인하고 분석하며, 장애가 되는 요소는 극복하도록 돕는다. 이러한 관점에서 상담이란 의사결정이 합리적이고 효율적으로 이루어질 수 있도록 원조하는 것을 목표로 한다.

여섯째는 잠재능력의 개발이다. 상담은 내담자의 타고난 잠재능력을 개발하여 저마다 자아를 실현하는 사람이 되도록 돕는 것이다. 인간은 무한한 잠재력이 있지만 극히 일부만 활용하고 있다. 따라서 상담은 내담자로 하여금 자기탐색의 기회를 갖도록 하며, 이러한 자기탐색의 과정을 통해 자신의 능력과 특성을 발견할 수 있도록 돕고자 한다.

일곱째는 긍정적 자아개념의 형성이다. 상담은 내담자로 하여금 긍정적 자아개념을 형성하도록 하는 것이다. 긍정적 자아개념을 갖게 되면 매사에 자신감을 갖고 행동할 수 있으며 타인과도 원만한 관계를 유지할 수 있다. 또한 긍정적 자아개념은 삶을 보다 긍정적으로 바라보게 만든다.

2. 상담과 인접 개념과의 비교

상담과 유사하게 사용하고 있는 개념으로는 생활지도와 심리치료 등이 있다. 이러한 개념들은 기본철학 및 학문적 기초가 서로 상이하기 때문에 접근방법도 서로 상이하다고 할 수 있다. 생활지도, 상담 및 심리치료 영역을 비교해서 살펴보면 **표 7-2, 그림 7-2**와 같다.

표 7-2. 생활지도, 상담 및 심리치료의 비교

영역 \ 분야		생활지도	상담	심리치료
1	기본철학	사회적응	자아발달	정신건강
2	학문적 기초	교육학	인간과학	정신의학
3	대상	소속 인원 전부	개인 내담자, 소집단	개인 환자, 소집단
4	기본목표	바람직한 생활방향 정립과 성장 발달의 지도	구체적 생활과제의 해결 : 감정, 사고, 행동양식의 변화	정서적 문제의 해소, 정신질병치료: 성격구조의 심층적 변화

영역	분야	생활지도	상담	심리치료
5	다루는 문제	현실적 능력의 평가 및 장래 계획 등 생활환경	장애적 긴장, 불안, 비능률적 행동습관, 비성취적 관념 등의 자아 세계	신경증, 성격장애, 우울증 등의 정신병리
6	전문가	일반교사, 지도교사, 연수담당자	상담교사, 상담심리전문가	정신과 의사, 임상심리전문가
7	장소	교육 장면 전체	상담실, 출장 장소	진료실, 환자 가정
8	지속 횟수	1~6회 과정	1~20회 정도	20~100회 정도
9	접근 방법	정보, 자료제공: 교양강좌, 집단토의, 배치활동	면접 중의 조언, 교육, 훈련, 분석: 관계를 통한 지도, 면접 외의 측정, 자문 지도	분석적 면접, 진단, 처방, 약물요법: 문제 환경으로부터의 격리 수용
10	기타	무료	유료(학교 및 봉사기관 제외)	유료

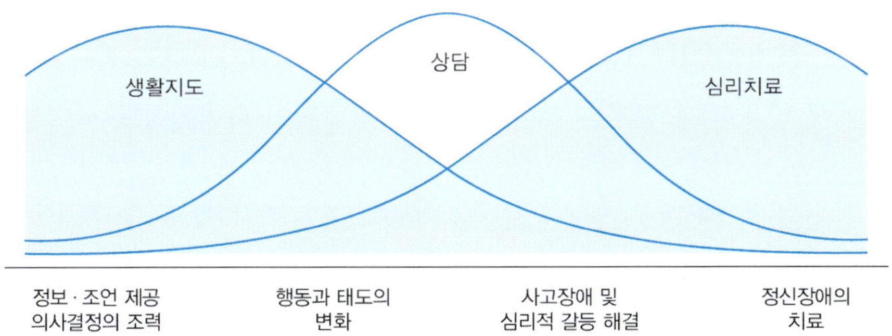

그림 7-2. 생활지도 · 상담 · 심리치료의 관계

출처: 이장호(1986). 상담심리학 입문. 박영사.

그림 7-2에서 보는 것과 같이 생활지도와 상담 및 심리치료는 어디에 중점을 두느냐에 따라서 의미가 구분된다. 먼저 생활지도는 주로 내담자들에게 필요한 정보와 조언을 제공하고 그들의 의사결정을 도와주는 활동이라고 할 수 있으며,

상담은 내담자들의 행동과 태도의 변화를 유도할 뿐 아니라 사고장애 및 심리적 갈등을 해결하는 활동으로 정의할 수 있다. 그리고 심리치료는 내담자의 정신장애를 치료하는 보다 전문적인 활동으로 정의된다. 하지만 이 세 영역은 완전히 구분될 수 있는 것이 아니고 상호 유기적인 관련성을 가지고 있다. 넓은 의미에서 볼 때 생활지도에는 상담과 심리치료의 개념이 포함된다.

1) 생활지도와 상담

생활지도[1)]가 주로 실시되는 장면은 학교인데, 이런 생활지도를 상담과 비교해 볼 때, 첫째, 학문적 기초가 다르다. 생활지도는 교육학적 배경에서 발달하였고, 상담은 인간에 대한 통합적 관점이라고 할 수 있다. 둘째, 현실적응에 목적을 둔 생활지도와 능력함양에 목적을 둔 상담과는 활동의 궁극적 목적에서 차이가 있으며, 셋째는 생활전반에 초점을 맞추는 것이 생활지도라고 한다면 인간의 내면세계에 더 초점을 맞추는 것이 상담으로 방법적인 측면에서도 서로 다르며,

1) 포괄적인 의미에서 생활지도는 인류의 역사와 함께 시작되었다고 할 수 있지만 체계적이고 조직적인 모습을 갖추기 시작한 것은 19세기 말경이다. 산업의 급진적 발달로 인하여 개인에게 직업의 기회를 주고 또 필요한 전문 기술원을 확보하기 위한 직업지도에서 출발하였다. 생활지도 운동의 초기에 강조되었던 직업지도는 해를 거듭할수록 그 활동의 넓이와 깊이를 더하게 되었다. 또한 교육계에서 중요시되고 강조되어 온 학생 개개인의 전인적(全人的) 성장과 이에 따르는 통합적 교육활동의 필요성은 직업지도뿐만 아니라 지적 성장, 정서적 적응, 건강생활, 원만한 인간관계의 수립, 도덕적 · 정신적 발달, 넓은 심미적 활동 등을 포함하려는 통합된 생활지도 활동에 노력을 기울이게 되었다. 생활지도의 중추적인 활동영역은 5가지로 구분된다. 첫째, 학생조사활동으로 인적 사항을 조사하여 개인의 개별성을 파악하고 과학적 · 객관적 정보로 학생지도의 기초자료로 사용된다. 학교에서 작성되는 생활기록부 · 가정환경조사서 · 교우관계조사 · IQ검사 · 인성검사 · 적성검사 등이 이 영역의 활동으로 진행된다. 둘째, 진로정보활동으로 각종 교육정보수집 및 작성, 직업정보, 개인적 · 사회적 정보의 수집 및 작성을 들 수 있다. 셋째, 생활지도의 핵심적인 영역으로서의 상담활동을 들 수 있다. 이는 상담자와 내담자와의 대면관계에서 학생들의 문제해결력을 향상시키고, 자율성 육성에 주력하여 학생들의 정신건강을 지켜주며 현명한 선택과 적응을 돕는 활동이다. 넷째, 상담 결과에 따라 학생들을 적재적소에 배치하는 정치활동으로서 취업지도 · 진학지도 · 진급지도 · 교과지도 · 적응지도 등 자신의 이해와 동시에 능력에 맞는 진로를 선택하는 데 조력하는 것이다. 다섯째, 추수활동을 들 수 있다. 이 활동은 정치활동의 결과로 학생 개개인의 생활 적응여부를 살펴보고 더 나은 적응을 위한 재배치 등을 위한 조직적 봉사활동이다.

넷째는 담당하는 사람이 생활지도는 학급담임, 지도교사 등으로 교육자라면 누구나 생활지도를 할 수 있지만 상담은 전문적인 교육과 훈련을 받은 고도의 전문가일수록 그 성과도 크다는 것이다.

2) 상담과 심리치료

심리치료 이론은 인간의 심리현상에 초점을 맞추고 이를 과학적으로 설명하는 심리학 이론에 속한다. 반면 상담이론은 심리현상을 포함하여 인간 존재의 모든 측면에서 일어나는 변화를 설명하려는 변화 전문학에 속한다. 이런 점에서 상담학은 변화와 관련하여 인류가 발견하고 구성한 모든 내용을 메타적 관점에서 종합하는 일종의 종합학문이라고 말할 수 있으며, 이를 세부적으로 구분해보면, 첫째, 상담은 건강한 사람, 정상적인 사람들을 대상으로 실시되는 경우가 흔하고, 이에 비해 심리치료는 의학에 근거를 둔 접근법이며, 둘째로는 상담은 이론적으로 개인과 환경의 자원, 장점, 성장 가능성에 더 많은 비중을 두고 있지만 심리치료는 인간의 병리이론에 더 역점을 두고 정신건강을 회복시키는 데 그 목적이 있다.

지금까지 살펴본 생활지도와 상담 및 심리치료와의 관계를 개입하는 문제를 중심으로 구분하여 살펴보면 **그림 7-3**과 같다.

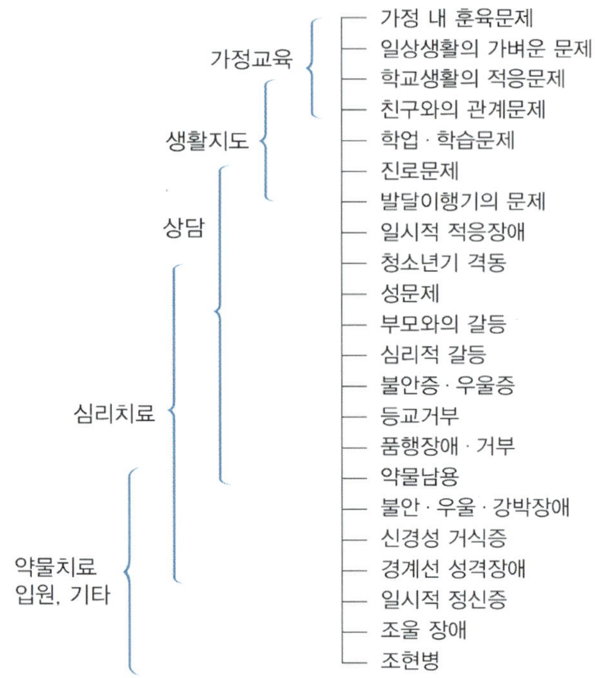

그림 7-3. **대상문제 중심의 생활지도와 상담 및 심리치료**

3. 상담의 유형

상담은 상담자와 내담자가 어떤 방식으로 만나느냐 그리고 형태가 어떠한가에 따라 유형이 달라질 수 있다. 즉, 상담방식에 따라서는 대면상담, 통신상담으로 구분할 수 있으며, 상담형태에 따라서는 개인상담, 집단상담, 가족상담, 미술치료, 음악치료, 원예치료 및 독서치료 등으로 나눌 수 있다(김이영 외, 2019; 정명희 외, 2024).

1) 상담방식에 따른 분류

(1) 대면상담

대면상담은 전통적으로 실시해 오는 방식으로 상담자와 내담자가 직접 대면하여 어떤 문제를 다루는 것으로 대인상담, 집단상담 그리고 가족상담 등을 예로 들 수 있다. 또한 놀이치료, 음악치료, 미술치료 등은 각각 놀이, 음악, 미술을 매개로 하는 기법들이며 대면상담방법으로 볼 수 있다.

(2) 통신상담

통신상담은 과학기술이 점차로 발전함에 따라 의사소통과정에 서신, 전화, 팩스 그리고 컴퓨터를 활용하게 됨으로써 발전하게 되었다. 최근 컴퓨터를 통한 사이버 상담도 가능하게 되었는데 사이버 상담은 컴퓨터 통신이 단순한 정보교환이나 의사소통의 수준을 넘어서서 인간의 내면세계까지 다루게 된 결과, 내담자의 문제를 해결하고 성장을 촉진하는 것을 돕는 과정까지 가능해졌다. 사이버 상담은 전화상담과 마찬가지로 편리성, 경제성, 신속성, 시공의 제약 극복 등의 특징을 지닌다. 그러나 실제적인 관계를 통한 상담이 아니라는 것과 일시적인 상담으로 흐르게 되는 점, 그리고 기계라는 한계 등 다양한 문제점을 갖고 있다.

2) 상담형태에 따른 분류

(1) 개인상담

개인상담이란 한 명의 상담자와 한 명의 내담자가 직접 대면을 통해 관계를 형성하고 내담자가 자기 자신과 환경에 대한 이해를 증진하도록 도움으로써, 내담자의 성장과 발전을 촉진하는 심리적인 조력의 과정을 의미한다. 이때 상담자는 내담자를 존중하고 수용하며, 자신의 감정에 솔직해야 한다. 이와 같은 상담의 촉진적인 관계 속에서 내담자는 스스로 효율적인 의사결정을 하고 여러 가지 심리적인 특성들을 긍정적인 방향으로 변화시키도록 도움을 받게 된다. 이런 절차들에 의해 결국 내담자의 성장과 발전을 촉진시키게 된다.

(2) 집단상담

집단상담이란 한 명 혹은 그 이상의 상담자와 여러 명의 집단구성원이 일정 기간 동안 정기적인 만남을 통해 일상생활에서 부딪치는 문제에 대한 그들의 태도와 행동을 점검하고 변화시키기 위한 목적으로 현실에 대한 방향, 점검, 감정 정화, 상호 신뢰, 이해, 수용, 지지, 허용 등과 같은 치료적 기능을 포함한 의식적 상황과 행동에 초점을 둔 역동적 인간 상호관계의 과정이다. 집단상담은 개인상담에 비해 몇 가지 장점들을 가진다. 첫째, 집단상담은 자신의 감정, 경험, 현재의 상황을 아무도 이해하지 못한다는 생각을 타인에게 노출시킴으로써 힘을 얻고, 자신의 관심사를 동료들과 나눔으로써 서로의 의견을 수용하고 이해하는 과정을 통해 자아강도를 높일 수 있다. 둘째, 집단상담은 개인상담에 비해 덜 강력하고 덜 위협적이다. 개인상담의 경우는 상담자의 권위에 별로 좋지 않은 감정을 느껴 내담자들이 상담자에게 불편함과 위협감을 느낄 수 있다. 그러나 집단상담의 경우는 집단구성원들 간의 동질성, 친근감 등을 통해 불신감과 두려움을 감소시켜 줄 수 있다. 셋째, 집단상담을 통해 점차 남의 이야기를 들으려는 태도를 가지게 되고 자신에 대한 지나친 관심 또는 자기의식에서 해방되는 경험을 하게 된다. 집단상담에서 자기에게만 주의가 집중되기 바라고 다른 사람과 공유하지 않고 독점하려는 동료에게 관심을 보이지 않음으로써, 상황을 차지하려는 내담자의 행동을 수정할 수 있다.

(3) 가족상담

가족상담[2)]은 한 명 혹은 그 이상의 상담자가 가족 전체를 하나의 단위(가족체계)로 하여 가족 간의 관계에 초점을 맞추고, 조화로운 관계를 유지하기 위해서 현재의 관계를 수정해 나가는 과정으로 정의된다. 즉, 가족을 일차적인 체계로 보고 그 체계 내의 어느 개인이 가족체계나 부부관계 또는 부모-자녀관계를 방해하는 상황을 치유하도록 한다.

가족상담과 개인상담의 차이점은 다음과 같다. 첫째, 병리적인 초점이 서로 다르다. 개인상담에서는 문제의 원인을 개인에게 두고 개인의 내적 심리과정에 보다 많은 관심을 기울인다. 그러나 가족상담에서는 개인을 둘러싼 가족이나 사회체계에 관심을 둔다. 왜냐하면 사회적 맥락 속에서 의미 있는 사람과의 역기능적 관계가 문제를 유발한다고 보기 때문이다. 둘째, 상담의 대상이 서로 다르다. 개인상담에서는 일반적으로 개인이 상담의 대상이다. 따라서 상담의 단위도

2) 가족상담은 정신분석의 한계에서부터 시작되었다. 정신분석은 내담자의 문제를 해결하기 위해서 개인의 역동성과 문제에 초점을 맞추었고, 내담자의 갈등과 문제, 증상을 오직 개인의 내면적 갈등과 감정에서 발생한 것으로 주장하였다. 즉, 인간의 정신과 신체를 분리한 이분법적인 사고체계는 정신분석 안에서 단선적인 사고로 반영된 것이다. 그러나 이런 이분법적 사고는 한계를 가지게 되었는데, 그 이유는 인간은 복잡한 환경 속에서 살아가고 있고 인간의 삶을 단순히 원인과 결과라는 도식만으로는 파악할 수 없는 원인들이 인간체계에 존재하기 때문이다. 따라서 임상현장 속에서 많은 상담사들은 내담자의 문제를 내담자에게서만 국한하여 찾는 치료 방법이 효과적이지 못하다는 것을 주장하게 되었다. 이런 이유로 인간심리의 문제를 개인의 감정과 갈등에서만 찾으려는 기존 심리치료의 한계를 극복하기 위한 새로운 시도로 가족상담이 등장하게 되었다. 가족상담은 1930년대 후반부터 1940년대 초반에 기초가 시작되었고, 1950년대에 탄생하여 1960년대에 성장하고 1970년대의 성숙기와 1980년대의 황금기, 그리고 1990년대에 다시 한번의 도약과 통합을 이루게 되었다.

개인이다. 그러나 가족상담에서는 가족체계가 상담의 대상이 되고 가족체계 내의 많은 구성원이 상담의 단위가 된다. 따라서 가족체계 안에 존재하는 대인관계의 양상을 변화시키려고 노력한다.

(4) 미술치료

미술치료는 미술이라는 매체를 활용하여 내담자의 심리적인 문제를 해결하는 기법이다. 미술치료는 유아부터 성인에 이르기까지 폭넓은 대상에게 활용되고 내담자의 문제유형에 따라 다양하게 활용된다. 미술치료는 미술과 치료라는 두 개념이 혼합되어 사용된다. 미술 자체만을 강조하는 것도 아니고 치료만을 강조하는 것도 아닌 미술과 치료가 동시에 강조되는 개념이다. 미술치료라는 이름이 붙여질 때에는 미술활동에 치료적인 목표가 있어야 하고 미술과 치료가 모두 충실히 수행될 때 가능하다. 미술치료는 정서문제뿐 아니라 장애를 가진 내담자의 감각 통합이나 의사소통 감정정화에 있어 치료적으로 효과가 매우 큰 것으로 보고되고 있다.

(5) 음악치료

음악치료는 음악과 치료가 복합된 개념으로, 넓게 정의하자면 내담자와 치료자의 관계 속에서 심리적 · 정신적 · 생리적 건강을 회복, 유지, 증진시키도록 치료적 도구로서 음악을 사용하는 것을 의미한다. 따라서 음악치료는 음악치료사라는 전문인이 정신적 · 신체적 장애를 가진 사람에게 음악을 체계적으로 사용함으로써 인간행동을 바람직한 방향으로 변화시키는 것을 말한다. 이러한 음악치료는 부적응 행동의 치료에 효과가 있다. 음악치료는 개인치료와 집단치료의 형태로 시행되며, 이때 적용되는 치료적 모델은 일반적으로 행동적 모델(behavioral model), 심리분석적 모델(psychoanalytical model)에 근거를 둔다.

음악은 가사가 있는 노래(lyrical music)와 가사가 없는 연주음악(instrumental music)으로 나눌 수 있다. 노래나 연주음악은 각기 리듬, 사용되는 악기, 멜로디, 그리고 해석에 따라서 록, 컨트리, 포크, 블루스, 랩 등 다양한 형태를 취할 수 있다. 연주음악은 일차적으로 듣는 사람들의 감정을 일깨우거나 가무의 반주로 사용될 뿐만 아니라 듣는 이들에게 특정의 메시지를 전달하여 특별한 감정을 불러일으키는 데도 사용된다. 노래의 주제는 임상적 진료를 돕기 위한 것이든 사회적 활동을 촉진하기 위해서이든 간에 심리치료에서 중요한 역할을 수행한다. 또한 임상실천의 보조로서의 역할도 중요하다. 즉, 임상실천에서 음악은 내담자들로 하여금 자신의 잠재성을 완전히 구현시키는 경험적 연구에 참여하도록 하는 데 활용된다. 그것은 발달장애, 정신장애와 같은 임상문제에서 그리고 치료과정을 촉진하기 위한 행위 프로그램에서 활용된다.

(6) 원예치료

원예치료라는 개념은 1900년대 초에 와서야 사용되기 시작하였으며 미국원예치료학회에서는 이를 "사람의 사회적 · 심리적 · 물리적 · 교육적 능력의 증진을 위해 식물과 원예활동을 이용하는 과정"이라고 정의하고 있으며, 오늘날 원예치료는 "식물과 원예활동을 통한 인간에 대한 치료적 행위로서 사회적응력, 즉 인지적, 정서적, 사회적, 교육적 및 신체적 기능을 강화시키고, 정신적 및 신체적 건강회복을 꾀하여 사회 참여를 도와주는 전반적 활동"으로서 원예로부터 시작해서 식물 그 자체까지 광범위하며 보고, 냄새 맡고, 만지고, 느끼고, 먹고, 듣고, 식물을 돌보며 몸을 움직이고, 치료 목적으로 이용하는 많은 측면들, 즉 다양한 원예학적 기술과 활동, 꽃치료, 향기요법, 꽃꽂이, 페인팅 플라워, 포푸리 만들기, 요리 등을 포함한다.

(7) 독서치료

독서치료는 책을 통해 사람의 정서적 · 사회적 · 정신적 부적응 문제를 치료하고자 하는 임상상담의 한 분야이다. 독서치료는 근본적으로 문학을 사용하여 정신건강을 증진시킨다는 것으로, "발달적 혹은 특정한 문제를 가지고 있는 참여자가 문학작품을 매개로 하여 자신의 적응과 성장 및 당면한 문제들을 해결하는 데 도움을 얻는 것"이라고 할 수 있다. 독서치료의 목표는 문제들에 관한 정보와 통찰을 제공하고, 토론을 자극하며, 새로운 가치들과 태도를 나누고, 비슷한 문제들을 경험한 다른 사람들이 있음을 자각하게 하며, 문제에 대한 해결책을 제시하는 것이라고 할 수 있다. 독서치료는 두려움, 죄책감, 혹은 수치심 때문에 거론되지 않을지도 모르는 문제에 대해 비교적 저항을 받지 않고 이야기할 수 있으며, 작품 속에서 자신과 비슷한 문제를 겪는 인물들에 대한 느낌을 언어로 표현하는 것을 통해 치료사와의 소통을 가능하게 한다. 또한 자신과 비슷한 문제를 성공적으로 극복한 인물을 통해 현존 문제를 해결하고 직면하는 방법을 배울 수도 있다.

이러한 독서치료는 세 가지 기본 원리를 근간으로 하고 있다. 첫째, 동일화의 원리이다. 일반적 치료과정에서 볼 때 내담자는 치료자와 일체감(동일화)이 이루어지지만, 독서치료의 경우에는 책 속의 등장인물 속에서 자기의 성격, 감정, 행동, 태도를 찾아내거나, 다른 사람의 그것을 자기 속에서 찾아내는 작업을 통해 자신의 감정을 증대시키게 된다. 둘째, 카타르시스(catharsis)를 경험한다. 카타르시스는 감정 정화로 치료적인 면에서 볼 때, 내면에 쌓여 있는 욕구의 불만이나 심리적 갈등을 언어나 행동으로 표출시켜 충동적 정서나 소극적 감정을 발산시키는 과정이며, 감상을 말이나 글로 표현(고백)하는 것을 통해 의식적 억압이 점차 약해지고, 간접적 표현이 아닌 자신의 문제에 대한 직접적 표현 형태로 바뀌어 나갈 수 있다. 마지막으로 통찰의 원리이다. 통찰은 자기 자신 혹은 자신의 문제에 대해 바르고 객관적인 인식을 체득하는 것으로, 계속적 치료과정을 통해 책 속 등장인물의 행동을 스스로 깨닫도록 함으로써 자기 자신의 동기 조성이나 욕구를 달성할 수 있는 카타르시스를 동반한 감정적 통찰력을 갖게 하는 것이다.

4. 상담자의 올바른 태도

상담을 하는 사람은 다른 사람을 도와주려는 동기가 강한 편이다. 그렇다고 높은 동기만으로 효과적인 상담을 할 수는 없다. 또한 어떤 이는 남의 이야기를 잘 듣고, 남의 마음을 잘 이해한다든지 하는 사람이 상담도 잘할 것으로 착각을 하고 있는 경우도 있다. 그리고 상담자가 되려는 이들은 대체로 인간의 행동이나 생활에 많은 관심을 가지고 있는 경우도 있다. 그러나 이런 자세만으로도 효과적인 상담이 되는 것은 아니다. 그렇다고 남을 도와주려는 동기, 남의 이야기를 잘 듣고, 잘 이해하는 것, 인간에 대해 많은 관심을 가지고 있는 것이 상담에 도움이 되지 않는다는 이야기를 하는 것이 아니다. 효과적인 상담이 되기 위해서는 이런 태도를 바탕으로 상담자로서 요구되는 태도들을 갖추어야 한다. 상담자로서 갖추어야 할 태도들에 대해 구체적으로 살펴보면 다음과 같다(김이영 외, 2019).

1) 수용, 이해 그리고 진실성

상담자의 태도에 있어 중요한 것은 수용(acceptance), 이해(understanding) 및 진실성(sincerity)이다. 수용이라는 특성은 인간 개인, 특히 상담실에 앉아 있는 내담자의 가치에 대한 기본적 존중과 관련되어 있다. 내담자를 수용하는 상담자는 내담자를 냉소와 경멸을 가지고 대하지 않는다. 만약 초기 면접이 끝나 갈 무렵 내담자에 관한 좋은 점을 발견하지 못했다면 그 상담은 관계를 형성하는 데 있어 성공적이지 못했다고 할 수 있다.

감정적으로 이해하는 능력(또는 공감)은 내담자가 전달하고자 하는 바의 의미를 명확하고 철저하게 파악하고자 하는 노력을 요구한다. 내담자에 대한 이해를 하고자 하는 시도는 상담자가 내담자의 입장이라고 가정하고 내담자가 느끼는 그대로의 상황을 보려고 노력하는 것이다.

진실성이라는 특성은 상담자가 말하고 있는 것과 실제로 느끼는 있는 것 사이에 존재해야만 하는 조화를 일컫는다. 당신이 누군가를 수용하거나 이해할 수 있다고 해서, 진실로 그 사람이 될 수는 없다. 상담자는 단지 자신이 진실할 수 있을 뿐이다. 이것은 상담자가 자신의 내면과 부합하는 타당하고 신뢰로운 심상을 어느 정도 전달할 수 있는가 하는 정도를 말한다(이영호, 2001).

2) 효과적인 경청

효과적인 경청은 상담자가 숙달하고 지속적으로 실습해야 하는 가장 어려운 기술 중의 하나이다. 일반적으로 내담자들은 자신들의 문제를 그들 자신의 말로 충분히 진술할 기회를 갖지 못한다. 상담자들은 그 다음 질문을 하기 앞서 내담자의 말을 끝까지 들어야 한다. 내담자의 말을 경청할 때 피해야 할 것은 주로 머리로 듣고, 감정을 부인하며, 내담자가 말한 것에 관한 이성적 평가에 주로 관심을 두는 태도이다(머리로 듣는 상담자). 이런 상담자는 자신의 말이 타인에게 미치는 영향에 대해 관심이 없으며, 내담자의 말이 자신에게 미치는 영향 역시 파악할 수가 없다. 또한 자신의 머리를 지나치게 적게 쓰고, 거의 전적으로 느낌만을 가지고 듣는 것도 옳지 않은 태도이다(감정으로 듣는 상담자). 이런 상담자는 타인이 말하고 있는 바를 자신이 듣거나 평가할 수 없다는 점에 불안감을 느낄 수 있다.

효과적인 경청은 자신의 믿음 중의 일부는 틀릴 수 있다는 사실에 직면하면서 다른 사람들의 생각, 가치 및 행동들에 마음을 여는 것을 말한다. 효과적인 경청을 하는 상담가의 특성은 다음과 같다(표 7-3).

표 7-3. 경청을 잘하는 상담자의 특성

- 반응하기에 앞서 내담자가 자신에 관해 말할 충분한 시간을 준다.
- 비록 대수롭지 않다고 생각될지라도 내담자가 심각하게 말하고 있는 것을 그렇게 받아들인다.
- 내담자에게 충분한 주의를 기울인다. 즉, 내담자가 이야기하고 있는 동안 간단한 사무처리를 한다든지 책상 위의 물건들을 재정리하지 않는다.
- 때로는 고개를 끄덕이고, 미소 짓고, '음~'이라고 하면서 주의를 기울이고 있다는 것을 보여 준다.
- 필요하고 관련된 질문을 한다.
- 내담자를 쳐다보고 자주 눈을 맞추면서, 시계를 보는 것을 삼간다.
- 내담자가 문제점을 피력할 때 가로막지 않고, 문제점에 관한 논쟁을 피하지 않는다.
- 주제를 바꿈으로써 내담자의 문제나 호소를 기피하지 않는다.
- 내담자가 할 말을 찾고, 고르고 있을 때 바로 받아 잇지 않을 만큼 충분히 인내한다.
- 말하기 전에 생각하고, '즉각적' 충고를 피한다.

3) 비밀보장

상담자를 찾아와 상담을 하는 내담자로서는 자신의 이야기가 비밀보장이 되는지에 관심을 가지고 있다. 그러므로 상담자는 내담자가 묻지 않더라도 상담

중에 이야기하는 내용은 철저하게 비밀보장이 된다는 사실을 알려 줄 필요가 있다. 내담자로서는 자신의 인격이 손상되는 내용, 혹은 선생님과 부모님, 친구에 관한 이야기 등 비밀보장에 대한 확신이 없으면 이야기를 하는 데 주저하게 된다. 따라서 상담자는 어떤 종류의 상담을 하던 상담 중에 나온 모든 이야기에 대해 비밀을 지켜야 한다. 일상생활에서의 상담이든 전문 상담이든 상담자의 비밀보장은 상담관계를 유지하는 데 생명선과 같은 것이다.

Chapter 08

상담의 이론적 배경

배울내용

1. 정신분석 상담이론
2. 행동주의 상담이론
3. 인간중심 상담이론
4. 인지주의 상담이론
5. 의사교류분석 상담이론

학습목표

1. 정신분석 상담이론의 구체적인 상담기법을 익힌다.
2. 행동주의 상담이론의 구체적인 상담기법을 익힌다.
3. 인간중심 상담이론의 구체적인 상담기법을 익힌다.
4. 인지주의 상담이론의 구체적인 상담기법을 익힌다.
5. 의사교류분석 상담이론의 구체적인 상담기법을 익힌다.

Chapter 08

상담의 이론적 배경

상담의 이론적 배경이 되어 온 정신분석 상담이론, 행동주의 상담이론, 인간 중심 상담이론, 인지주의 상담이론 및 의사교류분석 상담이론으로 구분하여, 각각의 상담목표, 상담과정, 상담관계 및 상담기법에 대해 살펴보면 다음과 같다 (김이영 외, 2019).

1. 정신분석 상담이론

프로이트(Sigmund Freud)

아들러(Adler)

정신분석 상담이론은 프로이트가 주장한 정신분석 이론에 그 기초를 두고 있다. 프로이트는 인간은 생물학적이고 반사회적이며 비합리적인 존재이기 때문에 그의 인간 본성에 대한 관점은 결정론적 관점을 가지고 있다. 성격의 구조는 쾌락원리에 의해 작동되는 원초아(id), 현실원리에 의해 작동되는 자아(ego), 도덕 혹은 양심에 의해 작동되는 초자아(superego)로 구성되어 있으며, 이러한 체제는 서로 밀접한 관계가 있고 행동은 이들 간의 상호작용의 결과로 본다. 정신분석 이론에서는 결정론적 관점을 가졌기 때문에 생의 초기 5년의 발달이 매우 중요하다고 보았다. 생의 초기 5년은 역동이 안정되어 가는 잠재기 이전까지의 발달을 의미한다. 청소년기가 시작되면서 역동은 다시 활성화된다. 따라서 앞의 세 단계인 구강기, 항문기 및 남근기를 전생식기라고 하고 청소년기에 일어나는 성숙의 마지막 단계를 생식기라고 명명하였다.

1) 상담목표

정신분석 이론에서는 무의식으로 잠재된 갈등이 해소되지 않아 심리적 긴장 상태로 남아 있거나 여러 가지 부정적인 증상으로 나타난다고 본다. 따라서 정신분석 상담의 목표는 무의식적 갈등을 의식화시켜서 개인의 성격구조를 재구성하는 데 있다. 즉, 억압을 약화시킴으로써 무의식적 내면세계의 의식화 작업을 통해 의식적 기능인 자아의 힘을 강화시키는 것이 정신분석의 상담목표이다.

2) 상담과정

정신분석 상담에서 상담자는 내담자에게 과거의 경험과 매 순간 느끼는 감정을 거리낌 없이 자유롭게 털어 놓도록 격려한다. 아무리 사소하더라도 내담자의 마음속에 떠오르는 것은 무엇이든지 말하도록 하는 것이 중요하다. 이렇게 하는 것을 자유연상이라고 한다. 이 과정에서 상담자는 내담자의 증상과 관련된다고 여겨지는 무의식적 자료들을 하나씩 이끌어 내어 그 의미를 해석하게 된다. 이러한 해석을 통해 내담자는 이제까지는 몰랐던 무의식의 내용들을 이해하게 되며 이렇게 얻은 통찰은 증상을 극복하는 원동력으로 작용한다. 내담자가 무의식에 대한 완전한 통찰을 이루기까지의 과정은 오랜 시간을 필요로 한다.

(1) 시작단계(opening)

상담자와 내담자의 만남이 있게 된다. 여기서 내담자의 문제를 파악하고 정신분석의 여부를 결정하게 되며 최초의 면담도 시작단계에 포함이 된다. 이 시기에는 내담자의 문제를 파악하고, 정신분석을 필요로 하는지 결정하게 되는데 일대일 면접의 상황에서 내담자는 안락의자에 누워 마음속에 떠오르는 것을 무엇이든 말하고 상담자는 그 내용 분석을 시작한다. 상담자는 내담자에게 편안함을 제공하기 위해 안락의자의 옆이나 뒤에 앉게 된다. 그리고 내담자가 쉽게 의식화할 수 있는 것들에만 한정하고 근본적인 갈등에 너무 가까이 접근하지 않도록 유의한다.

(2) 전이의 발달단계(development of transference)

잦은 만남을 통해서 내담자와 상담자 사이에 친숙한 관계가 형성된다. 여기서 내담자는 자신의 무의식적인 갈등의 문제를 표출하게 된다. 갈등과 관련 있는 중요한 인물에 대한 내담자의 정서적 반응이 상담자를 향하여 나타나게 되는데, 이 현상을 전이라고 한다. 상담자는 전이를 분석하여 내담자가 겪고 있는 갈등의 본질에 대한 통찰을 할 수 있다. 상담자의 편에서 나타나는 전이를 역전이라

하는데 이것은 내담자에 대한 상담자의 싫은 감정이나 지나친 애착이나 관여 때문에 나타나게 된다.

(3) 작업단계(working through)

꾸준한 만남 속에서 전이분석이 지속적으로 이루어지고 내담자의 문제에 대한 통찰을 심화한다. 철저한 지속적 활동은 반복과 정교화 그리고 확충하는 활동들로 이루어지는데, 이 과정을 통해서 내담자는 자신의 억압된 감정이나 충동을 이해하고 이해하는 바를 느끼게 되고 현실을 부정하기보다는 직면할 수 있게 되며 보다 성숙되고 효과적인 방법으로 반응하는 것을 배우게 된다. 그래서 정신분석 상담이론을 정서적 재교육이라고도 한다.

(4) 해결단계(resolution of transference)

전이의 분석이 종결되는 단계로서 전이가 해결이 되는데, 이는 상담자에 대한 내담자의 무의식적이고 신경증적 애착을 해결하는 것이라고 할 수 있다. 전이의 해결단계에는 내담자가 상담을 요청하게 된 원인이었던 증상들이 약화되는 현상을 보여 주고 억압되어 있던 기억들이 나타나 상담의 초기에 이루어졌던 해석이나 재구성을 확고히 하고 정교화시켜 더 이상 분석의 필요성을 느끼지 않게 된다.

3) 상담관계

상담자가 자신을 노출시키지 않을 때, 내담자가 상담자에게 투사한다. 이는 전이라는 개념으로 설명이 되는데 정신분석에서 상담자와 내담자와의 관계를 설명한다. 상담이 진행됨에 따라 내담자의 어린 시절의 경험과 갈등들은 무의식 속에서 의식의 표면으로 떠오르기 시작한다. 따라서 내담자는 신뢰와 불신, 독립과 의존, 사랑과 증오 등 여러 가지 상반되는 감정에 대한 과거의 갈등을 회상하게 된다. 그리고 그때의 감정들을 상담자를 대상으로 해서 다시 체험하게 되는데, 이때 전이가 발생한다. 예를 들어, 어렸을 때 엄격하고 권위적인 아버지, 혹은 매정했던 어머니에게 맺혔던 감정이 상담자에게 옮겨져 내담자의 눈에는 상담자도 똑같은 인물로 여겨진다. 이러한 전이현상은 내담자의 무의식이 의식의 표면으로 올라오고 있음을 나타내는 매우 중요한 현상이다. 현재의 인물(즉, 상담자)을 자신에게 중요했던 과거의 인물과 심리적으로 혼동하는 것은 그만큼 과거의 인물에 대한 미해결된 갈등이 내담자에게 중요하게 남아 있다는 것을 의미한다. 전이를 치료할 때 생기는 저항을 감소시키고, 합리적 통제를 할 수 있도록 하며 내담자는 장기간의 분석을 받고, 갈등을 알아내기 위해 자유연상을 하며, 대화를 통해 통찰을 얻는다. 상담자는 분석가로서 현재 행동의 의미가 과거와 연관이 있다는 사실을 가르치기 위해 해석을 한다.

4) 상담기법

정신분석의 중심기법은 해석, 꿈의 분석, 자유연상, 저항의 분석, 전이의 분석이다. 모든 것은 내담자가 자신의 무의식적 갈등에 접근할 수 있도록 짜여져 있고, 무의식에의 접근은 자아가 통찰과 새로운 것을 동화할 수 있도록 해 준다.

(1) 해석

해석은 자유연상이나 꿈, 저항, 전이 등을 분석하고, 그 속에 담긴 의미를 내담자에게 지적, 설명해 주는 절차로, 내담자가 자신의 무의식적 욕구나 행동을 이해하는 과정을 가속화시킨다. 이러한 상담자의 해석을 통해 내담자는 이전에 몰랐던 무의식적 내용들을 차츰 의식적으로 이해하고 받아들이게 된다. 즉, 해석의 원칙은 해석하려는 무의식적 내용이 내담자의 의식에 가까이 왔다고 판단될 때, 그가 받아들일 수 있는 내용을 해석해 주어야 하며, 해석 전에 저항이나 방어를 먼저 지적해 주어야 한다. 또한 해석과 관련하여 한 가지 주의할 점은 아무 때나 해석을 해서는 안 된다는 것이다. 아무리 타당한 해석이라도 내담자가 그것을 받아들일 수 있는 마음의 준비가 되어 있지 못한다면 소용이 없다. 따라서 상담자는 내담자의 무의식에 대한 해석을 하기 전에 우선 내담자가 그것을 받아들일 수 있는 상태에 있는지를 먼저 점검해야 한다. 해석의 주요 대상은 자유연상 자료, 꿈, 전이 및 저항현상 등이다.

(2) 꿈의 분석

프로이트는 꿈이야말로 "마음의 무의식적 영역에 이르는 지름길이며, 인간 무의식으로 통하는 왕도다"라고 표현하였는데, 정상적인 정신생활의 어떤 다른 현상도 꿈만큼 무의식적 과정을 명백하게 나타내지 못한다고 보았다. 따라서 꿈의 분석을 통해 자아의 방어적 활동에 의해 억압되어 있거나 의식에서 제외된 정신 내용에 대한 이해를 할 수 있다고 보았다. 이처럼 꿈이란 무의식적 동기를 이해하는 데 중요한 수단이 되기 때문에 꿈을 중요시한다. 자신에게 낯선 무의식을 의식에 소화하고 통합하여 자기의 삶으로 받아들이게 되면 겉마음과 속마음이 가까워져서 자신에게 좀 더 정직해지고 자유로운 삶을 살 수 있게 된다고 보았기 때문에 단 하나의 꿈이라도 자신의 삶과 연결시켜 무엇을 의미하는지 이해하는 것이 필요하다고 제안하고 있다.

(3) 자유연상

상담자는 내담자에게 마음을 비우게 하고 내담자의 마음속에 떠오르는 것이면 무엇이든지 말로 표현하게 한다. "지금 당신 머리에 떠오르는 생각은 무엇입니까?" 혹은 "그것과 관련되어 머리에 떠오르는 생각은 무엇입니까?" 등으로 질문 한다. 내담자가 연상하는 내용에서 상담자는 내담자의 증상과 관계되는 무의식적 자료들을 끌어내고 그 의미를 해석해 주며 내담자로 하여금 자신의 문제증상과 관련된 무의식적 내용들을 이해하게 하는 통찰을 얻도록 한다.

(4) 저항분석

저항은 무의식을 의식화하는 것을 방해하는 내담자의 모든 태도, 행동 및 언어를 총칭하는 용어이다. 예를 들어, 정해진 시간에 상담에 참석하지 않거나, 상담과정에서 아무런 의미도 없는 말만 되풀이하거나, 중요한 내용을 빠뜨리고 사소한 이야기만 하는 등의 행위이다. 정신분석에서는 이러한 저항이 큰 의미를 지니고 있다고 보는데, 이는 저항하는 데에는 그럴 만한 이유가 있다고 보기 때문이다. 저항은 부딪히기 어렵고 받아들이기 어려운 상상이나 경험 또는 경험에 대한 자신의 무의식적 해석 등에 대한 방어이다. 상담과정에서 저항 현상을 다루지 않으면 내담자를 깊이 만나는 것은 어렵게 된다. 그렇기 때문에 내담자의 갈등을 근본적으로 해결하기 위해서 상담자는 내담자의 저항의 이유를 지적하여 내담자로 하여금 직면하게 하여야 한다.

(5) 전이분석

전이(transference)란 과거에 의미가 있던 대상과의 관계에서 일어났던 무의식적 소망과 기대 혹은 좌절 등이 현재 여기의 대상(예컨대 상담자)과의 관계에서 활성화되면서 반복되는 현상을 말한다. 현재 상담가와의 관계에서 나타나는 전이현상에는 과거와 현재가 시간적으로 밀집되어 있고, 여러 사건들이 응축되어 있을 수 있다. 이러한 전이에는 긍정적 전이와 부정적 전이가 있다. 긍정적 전이는 상담자를 특별히 좋아하고 이상적인 인물로 보게 되는 것을 말하고, 반면 부정적 전이는 내담자가 상담자를 이유 없이 두려워하거나 미워하게 되는 것을 말한다. 두 전이 모두 해결되지 않는 유아기의 갈등이 재현되고 있는 것으로 본다. 상담자의 역할은 내담자가 과거의 어린 시절 중요 타인에 대해 가지고 있는 감정과 태도를 현재의 상담자에게 느끼고 있으므로 그 감정과 태도는 시대착오적이고 왜곡된 것임을 해석해 주는 것이다. 따라서 내담자가 전이에 대한 바른 통찰력을 갖게 되면 비합리적이고 유아기적 욕구를 벗어나서 성숙하고 현실적인 관계에서 만족을 얻게 된다.

2. 행동주의 상담이론

파블로프(Pavlov)

스키너(Skinner)

반두라(Bandura)

행동주의적 상담은 기본적으로 학습이론(파블로프의 고전적 조건형성, 스키너의 조작적 조건형성, 반두라의 사회학습)에 근거한다. 즉, 행동은 학습의 산물로 본다. 환경이 우리를 만들기도 하고, 우리가 환경을 만들기도 한다고 주장하면서 인간과 환경과의 상호작용을 강조한다. 그리고 개인의 인지적 차원을 강조하고 행동의 변화를 가져오고 구체적이고 체계적인 단계를 밟아 갈 수 있도록 돕는 여러 가지 행동지향적인 방법을 제공하게 된다.

1) 상담목표

행동주의 상담이 지향하는 상담목표는 학습의 새로운 조건을 조성하는 것이다. 왜냐하면 부적응적 행동을 포함한 인간의 모든 행동은 학습으로 인해 형성된 것이기 때문이다. 따라서 행동주의 상담은 부적절한 학습을 제거하고 적절한 행동의 학습경험을 제공하는 과정이다. 내담자가 상담목표를 선택하며 선택되어진 목표를 상담초기에 구체적으로 정의한다. 상담의 목표는 분명하고, 구체적이고, 이해할 수 있고, 내담자와 상담자가 동의할 때까지 수정 및 재수정되어야 한다. 행동주의 상담에서 상담목표를 세울 때 주의해야 할 사항은 표 8-1과 같다.

표 8-1. 상담의 목표 설정 시 주의사항

- 상담자는 목표를 세우는 이유를 설명한다.
- 내담자는 상담의 결과로 얻고 싶은 긍정적 변화를 구체화한다.
- 내담자와 상담자는 진술된 목표들이 내담자 자신의 변화인지를 결정한다.
- 목표들이 현실적인지에 대해 함께 탐색한다.
- 목표들이 성취되었을 때 있을 수 있는 이점들을 토론한다.
- 목표들이 성취되었을 때 있을 수 있는 불이익을 토론한다.
- 내담자가 진술한 목표를 기초로 상담을 계속할 것인지, 내담자의 목표들을 변경할 것인지, 혹은 다른 상담자를 찾을 것인지를 결정한다.

2) 상담관계

내담자는 능동적이고 직접적이며, 상담자는 내담자에게 효과적인 행동을 가르치는 교사나 훈련자이다. 따라서 내담자는 치료과정이나 새로운 행동의 실험에 적극적으로 참여해야 한다. 상담자와 내담자의 인간적 관계는 중시하지 않지만 좋은 상담관계는 행동절차를 시행하는 데 필요하다. 행동주의 상담자들은 내담자의 환경에서 나타나는 강화에 주의를 집중한다. 예를 들어, 어떤 아이가 가정에서 잘못된 행동을 한다면 행동주의 상담자는 부모에게 보다 적절한 행동을 위해 그 아이에게 보상하는 방법에 대해 가르칠 것이다.

(1) 상담자의 기능과 역할

행동주의 상담에서의 상담자의 기능은 크게 두 가지이다. 하나는 문제증상에 대한 정보를 체계적으로 수집하고 분석하는 것이며, 또 하나는 내담자에게 본보기가 되는 것이다. 행동주의 상담에서의 상담자는 다른 상담이론과는 달리 문제의 원인을 파악하는 것이 아니라 구체적인 것에 초점을 맞추어 체계적인 지침에 따라 노력하면서 상담의 목표달성 정도를 평가하는 것이다. 반두라(1986)는 직접적인 경험을 통해 일어나는 대부분의 학습은 타인의 행동을 관찰함으로써도 습득되어질 수 있다고 주장하고 상담자는 내담자와 합의된 상담목표를 달성하기 위해서 대안을 준비하는 것이 중요하다고 주장한다. 또한 상담자의 주 기능은 모델로서의 역할이다. 내담자가 상담자의 행동을 모방함으로써 학습할 수 있게 되는 것이다.

(2) 상담에서의 내담자의 경험

다른 상담과의 달리 행동주의 상담에서는 내담자가 달성하고자 하는 목표를 위해서 상담자는 구체적이고 체계적인 대안을 준비하기 때문에 내담자는 상담자가 준비한 목표달성 계획에 따라야 한다는 것이다. 그래서 다른 상담이론과 달리 내담자의 존중이 충분히 고려되지 않고 무시되는 경향이 강하다. 그러나 행동주의 상담에서는 상담관계의 중요성을 나름대로 강조한다. 이는 상담의 목표를 내담자가 결정하도록 하는 것을 통해서도 이해가 가능할 것이다. 다시 말해 행동주의 상담을 위해서는 고도의 기술이나 민감성 그리고 내담자와 좋은 상담관계를 형성하는 능력이 있어야 한다. 행동주의 상담자는 능동적이고 직접적이며 조언자나 문제해결자의 기능을 하려는 경향이 강하다. 하지만 행동주의 상담은 내담자가 자연환경 속에서 행동변화를 일으키도록 하기 위한 해결 모형을 사용하기 때문에 행동주의 상담자들은 내담자에 대한 인간적인 지지가 필요하다(Corey, 1998).

3) 상담기법

행동주의 상담에서 사용하는 기법으로는 이완훈련, 체계적 둔감법, 토큰경제법, 자기표현훈련, 혐오치료, 홍수법 및 타임아웃 등의 다양한 기법들을 사용하고 있다.

(1) 이완훈련

이완훈련은 이완상태와 불안은 서로 양립할 수 없다는 이론에 근거를 두고 있다. 근육의 긴장상태를 이완반응으로 해소하게 되면, 그 이완된 상태는 불안과 양립할 수 없기 때문에 불안반응은 제지된다고 보는 입장에서 출발한다. 그러므로 이 방법은 먼저 내담자를 이완하게끔 하는 방법을 훈련시키고, 이 이완상태에서 그에게 위협적 경험이 되며 불안을 조성하는 경험을 그 강도에 따라 위계를 설정해서 강도가 낮은 경험으로부터 점차적으로 하나씩 상상하게 함으로써 둔감시키는 방법이다. 이완훈련은 사람들이 일상생활에서 유발되는 스트레스에 대처할 수 있도록 가르치는 방법이다. 이는 근육과 정신의 이완을 목표로 하고 있으며 쉽게 배울 수 있다. 최대의 효과를 얻기 위해서는 내담자가 이완훈련의 기초를 배우고 나서도 날마다 연습해야 한다.

(2) 체계적 둔감법

체계적 둔감법은 볼프(1958, 1969, 1973)에 의해 개발된 것으로, 특히 부적응적 불안을 경감시키기 위한 기법이다. 이 기법은 내담자가 불안을 느끼는 상황을 묘사하는 상상적 장면과 이완을 짝짓는 것을 포함한다. 체계적 둔감법은 역조건형성(counter conditioning)의 원리에 근거를 두고 있다. 역조건형성은 단순히 한 유형의 반응을 다른 유형의 반응으로 대치하는 학습원리를 의미하고, 둔감법은 불안을 이완으로 대치하는 절차를 의미한다. 존스(1924)는 체계적 둔감법을 이용하여 토끼에 대해 공포를 가지고 있는 소년을 성공적으로 치료하였다. 그녀의 피험자는 3세 된 피터로서 토끼에 대한 공포증을 가진 소년이었다. 존스는 토끼의 모습을 피터가 좋아하는 아이스크림을 먹는 것과 같은 유쾌한 경험과 짝지어 주었다. 즉, 피터가 방안에서 혼자 앉아 놀고 있는 동안 우리에 들어 있는 토끼를 가져다가 그가 무서워하지 않을 만큼 충분한 거리에 두었고, 그녀는 이 시점에서 피터에게 충분한 양의 아이스크림을 먹게 하였다. 이렇게 아이스크림과 짝을 지어 매일 토끼 우리를 좀 더 가까이 가도록 하였는데, 결국 피터는 토끼를 무서워하지 않게 되었다.

여러 연구 문헌들에서 체계적 둔감법의 효과가 검증되어 왔는데, 이 치료기법은 고소 공포증, 운전 공포증, 다양한 동물 및 곤충 공포증, 시험 공포증, 비행기 공포증, 학교 공포증, 다른 사람 및 권위적 인물의 거절에 대한 공포증, 주사 공포증, 상해 공포증, 죽음에 대한 공포증 등 공포증과 언어장애, 성적 이상, 노출

충동, 동성애, 천식발작, 불면증, 알코올 중독, 분노발작, 몽유병, 악몽 등의 여러 장애에도 이 기법이 효과가 있음이 밝혀졌다.

(3) 행동조성법

행동조성(behavior shaping)이란 강화를 사용해 형성하고자 하는 목표행동에 점진적으로 접근하는 방법을 의미한다. 조성에는 두 가지 요소가 있는데, 그것은 차별강화(differential reinforcement)와 계속적 접근(successive approximation)이다. 차별강화는 어떤 반응은 강화를 받고 어떤 반응은 강화를 받지 못하는 것이고, 계속적 접근은 내담자가 원하는 행동을 했을 때만 강화를 주는 것이다. 행동조성은 내담자가 특정 행동을 할 수 있는 기능이 있으면서도 그 행동을 능률적으로 사용할 수 없을 때 효과적으로 사용될 수 있는 기법이다. 예를 들어, 아이가 숟가락을 쥘 수 있는 능력이 있으면서도 혼자서 밥을 먹지 못하는 경우 숟가락을 쥐고 밥을 먹는 단계를 여러 가지 소단계로 나누어 각 소단계의 행동을 단계적으로 강화시켜 나가면서 궁극적으로 혼자서 숟가락을 가지고 밥을 먹을 수 있도록 하는 것이다.

(4) 토큰경제법

강화원리를 이용하여 행동변화를 위해 널리 사용되는 것이 토큰경제법(token economy)이다. 이 기법은 스키너의 강화원리를 포함하여 조작적 조건형성의 원리를 적용시킨 것으로, 직접적인 강화인자를 사용하는 대신, 후에 내담자가 원하는 다양한 물건과 교환할 수 있는 상표를 보상으로 제공하는 것이다. 즉, 적절한 행동을 할 때마다 직접 확인될 수 있는 상표가 주어지는 체계적인 기법이다. 다시 말해 내담자가 바람직한 행동을 했을 때 토큰을 나누어 주고 나중에 음료수, 사탕, 입장권 등 내담자가 원하는 물건이나 권리와 바꿀 수 있도록 하는 것이다. 교사들이 유아교육기관에서 유아들에게 바람직한 행동을 하면 스티커를 주는 방법은 토큰경제법을 적용한 것이다. 이 방법은 어린이나 지적장애의 행동 수정에 유용하다.

(5) 자기표현훈련

사회기술훈련(socil skill training)의 한 형태로서 화나 짜증을 표현하지 못하는 사람, 거절을 못하는 사람, 겉으로 보기에 지나치게 공손하거나 다른 사람에게 이용당하기만 하는 사람, 정서와 다른 긍정적인 반응들을 표현하지 못하는 사람, 자신의 사고, 감정, 신념들을 표현할 권리가 없다고 느끼는 사람들에게 효과적이다. 자기표현훈련은 앞서와 같이 어려운 상황을 다루는 기술이나 기법을 가르쳐 주는 것 이상의 기능을 한다. 이 계획들은 표현적 결핍을 가져오는 신념에 도전하고, 건설적인 자기 진술을 하거나 표현적 행동을 낳은 새로운 신념들을 채택하도록 가르친다. 즉, 불안을 야기하는 사회장면에 초점을 두어 안전한 환경에서 어려움을 직면하고 도전하도록 실제적인 기회를 제공하는 것이다.

상담자는 내담자가 자기표현적인 사람이 되도록 하기 위해 먼저 표 8-2와 같이 세 가지의 의사소통의 차이를 명확하게 구별하도록 하는 것이 필요하다.

표 8-2. 세 가지 의사소통 유형의 차이점

구분	내용
소극적 의사소통	소극적인 사람의 행동 특징을 살펴보면, 그는 자신의 욕구나 권리를 표현하지 못한다. 직접적으로 자기를 표현하지 못하기 때문에 정서적으로 정직하지 못하고 간접적으로 표현한다. 소극적인 사람은 자기 부정적이며, 타인에게 인간적 권리를 침해하도록 허용한다. 소극적인 사람은 자신의 소극적 행동에 대하여 불안해하며, 자기에 대한 실망과 뒤늦게 분노하게 된다. 소극적인 사람은 대부분 자신의 목표를 성취하지 못한다.
자기표현적 의사소통	자기표현적인 사람은 자신의 욕구와 권리를 정서적으로 정직하고 직접적으로 표현한다. 자기표현적인 사람은 자기 향상과 인간적 권리를 유지하나 타인의 권리를 침해하지 않는다. 따라서 자신에 대해 좋은 감정과 자신감을 가지며, 타인들도 그에 대해 존경심을 갖게 되며, 결과적으로 바라는 목표를 성취한다.

구분	내용
공격적 의사소통	공격적인 사람의 행동 특징을 보면, 그는 타인을 희생하여 자신의 욕구와 권리를 표현한다. 그는 정서적으로 정직하기는 하나 누군가를 희생하도록 표현한다. 그 순간에는 자기 향상을 느낄 수 있으나 부적절한 적의의 과잉반응 및 타인을 멸시하거나 창피를 주게 된다. 공격적인 사람은 당당한 우월감과 분노를 느끼지만 나중에는 대부분 죄의식을 느낀다. 타인이 그를 보고 느끼는 감정은 분노, 원한, 복수심이다. 어떻든 그는 타인을 희생하여 목표를 성취한다.

(6) 용암법

용암법(fading)이란 내담자들이 특정한 행동을 할 수 있지만 행하지 않는 경우에 바람직한 행동형성을 위해 사용하는 기법 중의 하나이다. 즉, 초기 학습과정에서는 단서, 조언과 같은 보조수단을 여러 번 자주 제시하고 후기 학습과정에서는 서서히 단서나 조언과 같은 보조수단의 횟수를 줄여 감으로써 나중에는 보조수단 없이도 올바른 행동을 하도록 하는 점진적 접근방법이다. 용암법은 내담자들에게 물건의 이름을 가르치거나 동그라미 그리기, 줄긋기, 삼각형 및 영어, 한글 가르치기에 이용될 수 있다. 한글을 가르칠 경우 먼저 자음을 쓰는 순서를 제시하여, 순서대로 아이들이 자음을 써 보도록 한다. 우선 내담자에게 연필을 주고 순서대로 자음을 쓰게 하고 동시에 연필을 쥔 손을 같이 붙잡고 내담자가 한글 자음을 쓰도록 도와준다. 이렇게 자음을 순서대로 맞게 작성하도록 한 뒤 강화를 준다. 여러 차례 이와 같이 한 뒤 내담자가 스스로 한글 자음을 쓸 때 손을 잡아 주던 손의 힘을 점차 약하게 하여 마침내는 내담자 스스로 한글 자음을 쓸 수 있도록 하는 것이다.

(7) 교사나 양육자의 모범

사회학습이론가들은 인간이나 동물의 학습에 영향을 주는 요인이 관찰이라고 주장한다. 즉, 옳고 그른 것에 대한 판단력이 부족한 내담자들은 타인의 행동을 관찰하고 어떤 행동을 한 후에 칭찬을 받게 되면 그 행동을 따라 할 가능성이 높으며, 어떤 행동 후에 야단을 맞는 것을 보게 되면 그 행동을 하지 않을 가능성이 높다는 것이다. 그래서 내담자의 곁에 항상 가까이 있는 부모와 가족 및 교사의 행동이 중요하다. 예를 들어, 영유아의 행동을 관찰해 보면, 초기에는 부모를 중심으로 한 성인의 행동을 모방함으로써 더 많은 행동을 배우게 되고, 유아교육기관에 들어갈 무렵이 되면 또래 아이들의 행동을 모방하기 시작한다. 모방을 통해 아이는 바람직한 행동은 물론 바람직하지 못한 행동을 배우게 되는 것이다. 반두라의 이론에 의하면 영유아는 부모 또는 자신에 대해 권위를 가진 사람 등을 모델로 선택하게 되며, 영유아 자신의 특성도 어떤 모델을 선택하느냐에 영향을 미친다고 한다.

(8) 혐오치료

혐오치료(aversion therapy)는 행동치료 기법으로 널리 알려진 것은 사실이지만 논쟁의 여지도 많다. 왜냐하면 행동치료에서는 기본적으로 처벌이나 부정적 결과보다 보상을 적용한 기법이 선호되기 때문이다. 혐오치료는 바람직하지 않은 행동을 부정적 경험과 연합시켜 행동변화가 일어나게 하는 방법이다. 이 치료방법은 바람직하지 못한 습관에 대하여 혐오조건화를 형성시키는 것이다. 즉, 상담자는 내담자가 바람직하지 못한 행동을 하면 유해자극을 주기도 하고, 또 그와 같은 행동을 일으키는 단서와 유해자극을 연합시키기도 한다. 조건화 불안반응은 다시 바람직하지 못한 행동과 연합시켜 양립할 수 없는, 즉 상반되는 반응을 일으키게 하므로 혐오기법은 일종의 양립할 수 없는 반응의 조건화라고 할 수 있다. 혐오자극으로는 구토제, 전기쇼크 등이 사용된다.

(9) 홍수법

상담자가 내담자를 강력하고도 지속적으로 문제상황에 노출시키는 방법이 홍수법이다. 즉, 상담에 참여한 내담자는 관련된 문제에 마치 퍼붓는 홍수를 맞는 것과 같은 경험을 한꺼번에 받게 된다. 홍수법은 체계적 둔감화와는 대조를 이루는 불안치료법이다. 여기에는 강한 반응을 야기시킨다는 특징이 있다. 예를 들어, 자동차를 무서워하는 사람이 있다고 하면, 치료자가 그를 차에 태우고 하루에도 몇 시간씩 차를 몰고 다니게 된다. 처음에는 매우 심한 불안감을 호소하지만 점차 자동차에 대한 공포는 사라지고 오히려 자동차 타는 것에 흥미를 느끼게 된다. 후에는 자동차에 대한 공포가 완전히 소실되는데, 이것이 홍수법에 의한 불안치료의 기본원리다.

(10) 타임아웃

타임아웃(time out)은 체벌에 대한 인도적 대안으로 고집 센 아이를 다루는 데 효과적인 방법 중의 하나이다. 타임아웃이란 아이에게 정해진 시간 동안 아무것도 하지 못하도록 하며 격리되고 조용한 장소에 일정 시간 동안 있도록 하는 일종의 벌이다. 움직임이 많은 아이들로서는 무거운 벌에 해당한다. 이에 대해서 전문가들은 타임아웃을 남용해서는 안 되며 타임아웃이 끝나면 항상 아이의 잘못된 행동이 왜 나쁜 행동인지를 설명해야 하고 아이가 미워서가 아니라 나쁜 버릇을 고치기 위한 것이라고 꼭 말해 주어야 한다고 주장한다. 타임아웃의 시간은 5분에서 10분 정도가 적절하며, 타임아웃의 시간이 너무 길게 되면 아이는 심한 불안이나 좌절감을 느끼게 되어 전반적인 심리적 안정을 해치게 될 우려가 높다.

타임아웃을 사용할 때 고려해야 할 조건으로는, 첫째, 문제행동이 발생하는 상황이나 장소에서 그 문제행동을 강화하고 있는 요소가 있다는 확증이 있어야 한다. 다시 말해 아이가 그 장소를 떠나기 싫어할 만큼 그 장소가 아동에게 재미있는 곳일 때 타임아웃의 효과가 나타나게 된다. 둘째, 아동이 일시 격리되어 있을 장소에는 정적 강화 자극들이 없어야 한다. 즉, 아동이 보내지는 상황이나 장소는 흥미를 끌 만하거나 위험스러운 물건, 주의를 산만하게 하는 물건이 없어야 한다는 것이다. 만일 타임아웃 장소에서 재미있는 만화를 볼 수 있다든가 장난감을 가지고 놀 수 있다면 아이는 그곳으로 격리된 것이 오히려 더 재미를 느끼게 될 것이다. 셋째, 타임아웃을 실시하는 교사나 양육자의 태도로서 아이를 타임아웃 장소로 보낼 때나 다시 원래의 장소로 데리고 올 때, 말을 적게 하고 감정적인 교류를 억제하면서 담담한 태도로 임하는 것이 좋다.

3. 인간중심 상담이론

로저스(Rogers)

로저스(Rogers)에 의해 1940년대 초에 창시된 인간중심 상담이론은 처음에는 비지시적 상담 혹은 민주적 상담이라고 불렀다. 그 후 1970년대에 이르기까지 내담자중심 상담으로 불리다가 최근에 와서 인간중심 상담이라는 말을 더 많이 사용하게 되었다. 이 상담은 현상적 접근 혹은 자아개념을 중시하는 현상학적 심리학에 기초를 두고 있기 때문에 자아이론 접근이라고도 한다.

인간중심 상담에서는 모든 인간은 지속적인 성장에 궁극적 관심을 갖고 있으며, 인간은 누구나 이와 같은 지속적인 성장의 잠재능력을 가지고 태어났다는 관점을 갖고 있다. 따라서 상담자의 역할은 개인 속에 이미 존재하고 있는 잠재능력이 제약되고 왜곡된 상태로부터 해방시킴으로써 충분히 역할을 수행할 수 있는 성숙한 인간으로의 성장을 조력하는 것으로 보고 구체적인 문제해결기법보다는 내담자에 대한 상담자의 태도를 더 중요시한다. 즉, 인간의 잠재능력과 가능성에 대한 이와 같은 믿음은 인간중심적 상담이론의 핵심을 이룬다. 즉, 상담자가 솔직한 태도, 인간적 존중 및 공감적 이해의 태도를 내담자에게 전달하여 신뢰롭고 허용적인 분위기를 조성하는 인간관계를 통해 내담자의 변화와 성장이 실현된다는 것이다.

1) 상담목표

인간중심 상담에서 문제시되는 부적응 행동이란 개인의 자아가 왜곡된 결과라고 할 수 있다. 그러나 개인은 심리적인 부적응 요인들을 자각하는 능력과 부적응의 상태에서 벗어나 심리적 적응으로 향하는 경향성을 가지고 있으므로 상담자가 개인에게 성장할 수 있는 합리적인 조건들을 제공한다면 타고난 잠재능력을 건설적으로 발달시킬 것이라고 본다. 따라서 상담자는 상호신뢰적인 분위기를 조성하여 내담자가 거리낌 없이 자기를 표현하도록 함으로써 자신의 내면세계를 이해하고 자신의 문제를 파악하여 자기를 실현하도록 돕는 데 목적이 있다. 이런 점에서 상담의 목표는 인간의 문제가 아니라 인간 그 자체에 초점을 맞춘다. 다시 말해 단순히 내담자의 문제를 해결하는 데 그치지 않고 내담자가 현재 직면하고 있는 문제들과 앞으로의 문제들을 극복할 수 있도록 그들의 성장과정을 촉진하는 것이다.

2) 상담관계

인간중심 상담은 기본적으로, 만일 상담관계 내에서 상담자의 중요한 태도인 일치성, 긍정적인 존중 및 공감적인 이해 등이 유지된다면 그로 인해 내담자에게 성장적인 변화가 일어날 것이라고 가정한다. 따라서 기본적 성격변화에 대한 자유를 내담자가 경험할 수 있도록 하는 적절한 심리적 분위기를 만들어 가는 것이 중요하다. 인간중심 상담이론에서의 상담관계의 특징은 **표 8-3**과 같다.

표 8-3. 상담관계의 조건

- 상담자와 내담자의 심리적 접촉이 있어야 한다.
- 내담자는 부조화 상태에 있다.
- 상담자와 내담자와의 관계에서 조화롭고 통합적이며 일관성이 있어야 한다.
- 상담자는 내담자에게 무조건적인 긍정적 관심과 진정한 양육적 태도를 가진다.
- 상담자는 내담자의 내적 준거 틀을 공감적으로 이해하고 이 경험을 내담자에게 전달하도록 노력한다.
- 상담자의 공감적 이해와 무조건적 긍정적 관심이 어느 정도는 전달되어야 한다.

인간중심 상담에서 상담자는 특별한 상담기법을 가지고 있을 필요는 없으며 정확한 심리진단도 불필요하다. 왜냐하면 치료가 상담자에 의해 행해지는 것이 아니기 때문이다. 로저스는 긍정적 성격변화를 이루는 필요충분조건으로 다음과 같이 상담자의 세 가지 태도를 강조하였다.

(1) 진솔성과 일치성

진솔성 혹은 일치성이란 상담자가 내담자를 대할 때에 겉과 속이 일치하고 진솔한 것을 의미한다. 진솔성에는 다음의 두 가지 측면이 있다.

첫째, 내담자를 대함에 있어 상담자가 무엇을 경험하는가이다. 내용이 어떻든간에 상담자는 내담자를 대하면서 드는 생각이나 느낌에 솔직하고 충실해야 한다. 그것을 더하거나 빼지 않고 있는 그대로 느끼고 경험하는 것이 중요하다.

둘째, 내담자에게 무엇을 표현하는가이다. 이는 내담자와의 관계에서 느낀 것을 표현하는 문제인데, 이때 내담자에게 느낀 것을 진솔하게 그대로 표현하는 것을 포함한다. 그 예로 내담자에 대해 느낀 것 중 긍정적인 내용만 표현하고 부정적인 내용은 숨겨 버리는 것은 진솔한 태도가 아니다. 물론 부정적 감정의 표현이 내담자의 문제해결과 성장보다도 내담자와의 관계를 단절시키고 아픔과 상처만 가중시키는 것으로 작용해서는 곤란하다. 그렇다고 해서 긍정적 내용만 표현하는 것은 진솔한 태도가 아니기 때문에 진솔성의 양면성이 바로 여기에 있다. 진솔성의 의미를 올바르게 이해하지 못하면 진솔성은 자칫 상담관계를 위태롭게 하는 결과를 낳을 수도 있다.

따라서 상담자가 내담자를 진실하고 솔직하게 대하는 태도를 일관되게 유지하게 되면 내담자도 그것을 거울삼아 자신의 경험에 대해서도 진솔하게 접촉해 나갈 수 있게 된다. 따라서 상담자의 진솔성은 내담자 자신의 경험에의 개방과 접촉을 촉진하도록 하여 내담자의 진솔성을 위한 기폭제 역할을 한다는 의미가 있다.

(2) 무조건적 긍정적 존중

상담자가 내담자에게 전달해야 하는 두 번째 태도는 한 인간으로서 깊고 순수한 관심으로 대하는 것이다. 관심이 내담자의 감정, 사고, 행동에 대해 좋다거나 혹은 나쁘다는 평가나 판단에 의해 오염되지 않았다는 점에서 무조건적이다. 상담자는 내담자를 존중하며 조건을 달지 않고 있는 그대로의 모습을 따뜻하게 수용한다. 내담자를 상담자의 가치 조건에 비추어 판단하거나 평가하지 않고 그가 무엇을 말하고 느끼든 어떠한 행동을 하건 간에 내담자라는 인간은 가치 있고 존중받을 만하다는 태도를 일관되게 유지해야 한다. 그렇다고 모든 행동을 인정하라는 말은 아니며 모든 외현적 행동들에 대해 동의하거나 수용해야 한다는 것은 아니다. 예를 들어, 누가 봐도 바람직하지 못한 행동을 내담자가 하고 있다면, 상담자는 그 행동을 승인하거나 옹호하지 않아도 된다. 여기에서 중요한 것은 행동, 감정 그리고 생각 그 자체가 아니라, 그런 행동을 하고 그런 감정을 느끼고 그런 생각을 하는 내담자의 인간으로서 가치를 인정해 주는 것이다.

(3) 공감적 이해

상담자의 주요 과제 중의 하나는, 상담과정 매 순간의 상호작용에서 나타나는 내담자의 경험과 감정들을 민감하고 정확하게 이해하는 것이다. 상담자는 내담자의 주관적인 경험, 특히 지금-여기의 경험을 감지하려고 노력하는 것이 중요하다.

공감적 이해란 상담자가 내담자의 감정에 빠져들지 않으면서 내담자의 감정을 자신의 감정인 것처럼 느끼는 것을 의미한다. 내담자의 경험세계로 자유롭게 여행함으로써 상담자는 이미 내담자들도 인식하고 있는 것에 대해 자신이 이해한 것을 내담자들에게 전달할 뿐만 아니라 그들이 거의 인식하지 못하고 있는 경험의 의미들을 말해 줄 수도 있다. 높은 수준의 정확한 공감이란 내담자들이 덜 분명하고 덜 명확하게 경험한 감정들에 대해서 분명한 느낌을 인식하도록 하는 것 이상의 의미를 가진다는 사실을 이해하는 것이 중요하다.

공감은 단순히 외부에서 하는 내담자에 대한 평가적 이해인 객관적인 지식이 아니라 "내담자의 내담자에 대한" 깊고 주관적인 이해이다. 그것은 내담자에 대한 인간적인 동일시이다. 상담자는 내담자의 감정과 비슷하게 느낌으로써 내담자의 주관적인 세계를 공유할 수 있게 된다. 로저스는 상담자가 자신의 주체성을 잃지 않고 내담자가 보고 느끼는 사적 세계에서 현재 함께 경험할 수 있을 때 건설적인 변화가 일어날 것이라고 믿고 있다.

3) 상담기법

인간중심 상담에서는 상담자의 말이나 행동보다 상담관계가 중요한 변인이다. 인간중심적 체계에서의 기법들은 경청, 수용, 존중, 이해, 진솔한 표현 등으로 이루어져 있어 특정 기법을 강조하거나 내세우지 않는다. 왜냐하면 상담자가 기법을 사용하는 데 집중하다 보면 관계를 비인간적으로 만들게 될 것이라고 보기 때문이다. 따라서 인간중심 상담에서 강조하는 것은 단지 상담자의 정직한 표현이다. 그렇다고 하여 이를 의식적으로 사용하려 하는 것도 상담자의 진솔성에 위배될 수 있다. 인간중심 상담이론은 그 특성상 상담과정이 명확히 구분되어지지 않고 단지 편의상 구분지어 이해하는 것이다. 상담과정은 **표 8-4**와 같이 7단계로 나누어 볼 수 있다.

표 8-4. 상담과정의 7단계

구분	내용
1단계	내담자는 친밀한 의사소통을 원하지 않으며 대화가 피상적이고 자신의 감정과 그에 대한 개인적인 의미는 거의 인식되지 않고 있으며 인정하려 들지도 않는다. 이 단계에서 개인은 자발적으로 치료받으려는 의지가 부족하다.
2단계	첫 번째 단계에서 내담자가 충분히 수용되고 있음을 경험하게 되면 내담자는 자신에 관하여 말하고 표현하기를 시작한다. 자신이 어떤 문제나 갈등을 갖고 있다는 인식을 보이기는 하지만 그 문제나 갈등이 하나의 객관적인 다른 사람의 문제처럼 지각되고 있다.
3단계	자기에 대해, 대상으로써 자기에 관련된 경험에 대해 그리고 타인에 주로 존재하는 반영된 대상물로서 자아에 관해 자유롭게 표현함으로써 마음이 풀린다. 과거 감정과 특히 부정적인 감정이 수용되지 않은 채 표현된다. 대부분의 내담자는 이 단계에서 문제가 개인의 내부에 있다는 사실을 점점 인정하며 치료를 시작한다.
4단계	자신이 지속적으로 이해받고 수용되고 있음을 느낄 때 내담자는 현재의 느낌이나 경험과 함께 보다 강한 감정들이 표현된다. 감정분화가 증가하면서 모순에 관심을 갖게 되고 자기책임을 느끼기 시작하며 치료자와의 관계가 시작되지만 아직까지 극렬한 감정들은 드러나지는 않는다.

구분	내용
5단계	수용적인 분위기 속에서 감정들이 지금 여기서의 느낌으로 표현된다. 전에 부인되었던 감정들이 두려움을 가지면서 의식 속으로 흘러나온다. 자신이 갖고 있는 문제들에 대하여 자신에게 분명한 책임이 있음을 인정하고 내담자는 자기의 유기체적 존재에 가까워지면서 자기의 감정을 쉽게 나타내게 되며 경험은 분화되어진다.
6단계	전에는 부인되었던 감정들이 현재의 경험들로 수용되며 대상으로서의 자기는 사라진다. 모순은 조화를 이루며 내담자는 주관적으로 자기문제를 직면하며 살아간다.
7단계	이 단계는 상담시간 이외에 이루어질 수 있으며 상담과정에서 보고될 수 있다. 내담자는 새로운 감정을 직접적으로 경험하고 자기가 누구이고 자기가 무엇을 원하며 자기의 태도가 무엇인지를 알기 위한 참조물로서 새로운 경험을 이용한다.

4. 인지주의 상담이론

엘리스(Albert Ellis)

벡(Aron Beck)

인지주의 상담에서는 개인이 느끼고 행동하는 방식과 자신에 대해서, 그리고 자신의 미래세계에 대한 예견을 하는 방식 사이에는 하나의 본질적인 상호작용 관계가 존재한다고 보기 때문에 상담자는 내담자의 인지에 초점을 두고 내담자의 행동변화를 돕고 현실에 보다 기능적으로 적응하고 좋은 감정을 느끼도록 돕는 것이다. 즉, 상담자는 내담자가 겪는 정서적 고통이나 부적절한 행동에 영향을 미치는 그가 인식하지 못하는 생각인 부정적 자동적 사고나 비합리적 신념체계를 찾아서 변화시키는 데 관심을 둔다.

인간은 합리적으로 사고할 잠재력뿐만 아니라 왜곡된 사고를 할 잠재력도 함께 가지고 태어난다. 인간은 비합리적 신념의 희생물이 될 가능성도 있으나, 이 신념은 스스로 학습하기도 한다. 이로 인해 개인의 성격은 개인이 학습해서 형성한 가치와 지각에 의해 형성된다고 본다. 개인의 인지를 포함하고 도식으로 조직화되어 있는 가치와 지각은 자신, 타인, 세계에 대한 견해를 구성한다. 이러한 가치와 지각은 개인이 갖는 심리적 장애에 대한 유전적 취약성에 의해 영향을 받기도 하지만 잘못된 전제와 가정에 근거할 수도 있다. 잘못된 가정에 기초한 인지는 역기능적 도식발달을 초래한다. 만약 개인이 미래에 대한 부정적 견해를 갖는 도식을 가지면 그에게 진행되는 경험에 대한 지각은 부정적일 것이다. 따라서 상담은 인지, 행동, 활동을 중요시하고, 사고 · 판단 · 분석 · 행동 · 재결정 등을 강조한다. 심리적 고통에 의해 그릇된 가정 및 잘못된 개념화로 이끄는 인지적 왜곡은 **표 8-5**와 같다.

표 8-5. 인지적 왜곡

구분	내용
양분논리적 사고	한 가지 사건에 대해서 단지 두 가지 방향의 평가만이 허용되는 것으로 선과 악, 진실과 거짓 등의 흑백논리를 전개하기 때문에 다른 적절한 평가를 하지 못하는 경우이다.
과잉일반화	한 가지 단순한 사건이나 경험을 가지고 부당하게 일반적 법칙을 세우려고 하는 경우이다.
독단적 추리	비논리적인 사고라고도 말하는데, 결론을 내리기에는 부족하거나 전혀 반대되는 근거를 가지고 결론을 내리는 경우를 말한다. 즉, 사실에 의해서 정당화되지 않거나 그 사실과는 모순되는 비논리적이고 부정적인 결론으로 비약되는 일과 관련이 있다.
정서적 추론	정서적 경험에 의해서 자신이나 세계 또는 미래를 추리하는 경우를 말한다. 이는 자기 자신의 정서적 경험을 근거로 실제로 그렇다고 생각하는 것에 연관이 있다.

구분	내용
선택적 축약	사람들이 사건을 해석할 때는 중요한 것을 배제하고 선택적으로 인지하는 경우가 있다. 이런 경우에는 생활 관련 경험적 지식에 주의집중이 되기 때문에 제대로 종합하고 이용하지 못하게 된다. 결국에는 어떤 상황에서 부정적인 측면들을 꼬집어 내어서 그것들을 배타적으로 강조하여 상황 전체를 부정적으로 결론짓게 되는 것이다.
긍정적 격하	긍정적인 측면들을 능동적으로 무력화시키는 것으로 선택적 축약과는 반대가 된다.
완곡한 진술	완곡한 표현에는 죄의식, 압박감, 원망감 등을 야기하게 되는 잠재력을 가지고 있다. 완곡한 진술은 부정적인 정서나 행동적 반응을 유발하고 종종 분노를 야기하며 문제 자체를 수용하지 않음으로써 문제를 해결하려는 노력을 차단하기 때문에 부적응적이 된다.
극대화 및 극소화	이는 어떤 사건에 대한 의미를 과장하는 경향을 보이는 경우로서 극대화와 극소화는 개인이 걸맞지 않게 사실을 과장하거나 아니면 축소시키는 일로서 쌍안의 왜곡이라고 불린다. 사람들은 자신의 실수나 결점 또는 타인의 재능을 바라볼 때에는 실제보다 좀 더 큰 것으로 보게 되는 경향이 있는 반면에, 자신의 장점이나 다른 사람의 문제를 대할 때에는 축소하여 사건들을 작고 멀게만 본다. 이처럼 불완전한 점들을 극대화하고 좋은 점들을 극소화하기 때문에, 결국 자신이 부적절하며 타인들보다 열등하다고 생각하고 우울하게 느끼게 된다.
파국화	자신을 계속 파국화시키는 사람은 광명천지에서도 먹구름만 바라보거나 그것을 창조해 낸다. 사회적으로 불안한 사람은 사람들이 그에게서 멀어지도록 만드는 어떤 것을 말하거나 행할지도 모른다는 이유 때문에 사회적 접촉에 대한 두려움 속에서 살아간다.
인격화	인격화는 사람이 사건이나 상황을 자신에 관한 어떤 일에 대한 부정적인 신호로서 받아들일 때 발생한다. 이것은 사건을 자기로서는 어떻게 해 볼 수 없는 것으로 보는 것이 하나의 예이다.
진단적 명명	개인이 자신의 오류나 불완전함에 근거해서 하나의 부정적 아이덴티티를 창조하여 마치 진실한 자기인 것처럼 단정을 짓는 일에 연관이 있다. 명명은 과일반화의 극단적인 형태의 한 가지로 그 기저의 신념은 '개인이 범하는 실수가 곧 그의 척도이다'라는 것이다. 어떤 사람이 자신에 대해서 '나는 ......이다'라는 식으로 기술할 때는 항상 자기명명에 연루될 기회를 갖는다. 명명에서는 한 사람의 행동이나 상황의 특징을 갖고서 그 사람이나 상황을 부정확하고 정서적으로 부담되는 용어로써 명확하게 기술한다. 이 같은 명명은 부정적인 감정을 야기하고 문제해결을 방해한다.

1) 상담목표

인지주의 상담이론의 기본적 목표는 내담자가 보다 효과적으로 기능하도록 사고와 편견이나 인지적 왜곡을 제거하는 것이다. 따라서 상담자의 관심은 부적응 행동이나 감정을 유지시키는 내담자의 정보처리 방식이다. 또한 상담자는 내담자가 자신의 정보처리의 오류를 확인하여 수정하도록 조력한다. 즉, 상담자는 내담자의 인지 왜곡을 도전하고, 검증하고, 논의해서 보다 긍정적인 감정, 행동, 사고를 갖도록 한다.

2) 상담관계

상담자와 내담자는 치료적 동맹관계의 발달을 증진하고, 현실적 희망과 낙관주의를 격려하면서 신뢰와 협동적 태도를 형성한다. 상담자와 내담자는 사제지간과 같다. 인간적 관계는 중요하지 않다. 상담적 관계는 협동적이다. 상담자는 고통과 역기능의 근원을 평가하고 내담자가 목표를 명료화하도록 돕는다. 협동의 일부로서, 내담자는 사고에 수반되는 정서와 행동뿐 아니라 다양한 상황에서 일어나는 사고, 심상 및 신념을 제공한다. 상담자는 내담자가 어떻게 신념과 태도가 정서와 행동에 영향을 주는지 이해하도록 돕는 안내자로서 기능한다. 상담자는 또한 인지적 변화와 기술습득을 유도하는 교정적 경험을 증진시키는 촉매자이다. 상담자는 신념과 행동을 검토하고 수정하는 데 있어서 전문적 위상을 지니지만, 수동적인 전문가의 역할을 채택하지는 않는다.

3) 상담기법

인지이론가들은 다양한 인지적, 정서적, 행동적 기법을 사용하며, 각각의 내담자에게 맞추어 기법을 만든다. 인지적 방법에는 비합리적 신념에 대한 반박, 인지적 숙제, 언어양식이나 사고방식을 바꾸는 것 등이 있다. 정서적 기법에는 역할놀이, 심상화, 수줍음 타파 연습 등이 있다. 내담자가 상담에 필요한 힘든 과제에 참여할 수 있도록 하기 위해, 적극적, 실제적, 행동기법을 사용한다. 구체적인 인지상담 기법은 **표 8-6**과 같다.

표 8-6. 인지주의 상담기법

구분	내용
인지적 기법	• REPT(Rational Emotive Behavior Therapy)의 자조양식을 사용한다. • 기회가 있을 때마다 합리적인 자기 진술을 읽게 한다. • REPT와 관련된 서적을 읽게 한다. • 재정의 기법을 활용하여 부정적 언어의 의미를 변화시킨다.
정서적 기법	• 유머를 사용하여 내담자의 불안을 감소시킨다. • 상담자 자신이 비슷한 문제로 고통을 당한 경험을 솔직하게 표현한다. • 비유나 우스꽝스러운 노래를 사용한다. • 수치심을 극복하는 어떤 행동을 시도해 보도록 한다.
행동적 기법	• 행동과제를 부여한다. • 새로운 경험을 통해 비능률적인 습관을 버리도록 한다. • 합리적인 인간이 된 것처럼 연출하여 매사에 합리적으로 생각하고 행동하도록 지시한다.

(1) 내담자에게 이론적 근거를 설명하기

상담자는 처음에 내담자가 자신의 심리적인 문제를 규정하고 풀어 나가려는 시도를 살펴보고, 문제영역에 관련된 역기능적이거나 왜곡된 관념을 바꾸기 위해서 상담자는 내담자 문제의 인지모형을 간단하게 설명한다. 설명에는 내담자 자신, 환경, 미래에 대한 사고방식과 감정, 동기, 행동 간의 밀접한 관계를 포함한다. 인지상담에서 요구되는 핵심정보는 자신의 삶에서 일어나는 일들에 대해서 내담자의 이해 혹은 오해와 해석이다. 따라서 결정적인 단계는 내담자가 그의 인지를 관찰하고 기록하는 훈련을 하는 것이다. 인지적 관찰과 기록훈련은 내담자로 하여금 심상과 자기 말을 인식하게 함으로 왜곡되고 역기능적인 인지를 확인할 수 있도록 훈련시키는 것이다. 이 훈련을 통해서 내담자는 자신의 생각과 실제 사건들을 변별하는 학습이 필요할 수 있고 그의 인지, 정서, 행동 그리고 환경적인 사건들 간의 관계를 이해할 필요가 있다.

(2) 재귀인 기법

재귀인 기법은 내담자가 혐오적인 사건을 비현실적으로 자신의 능력이나 노력 부족과 같은 개인적인 부족함에 귀인 할 때 사용된다. 자신을 비난함으로써 내담자는 많은 죄의식을 느끼거나 심한 우울을 느낄 수 있다. 상담자와 내담자는 사용가능한 정보에 논리적인 법칙을 적용하여 내담자가 가져야 할 책임을 지도록 사건들을 검토한다. 이러한 검토과정을 통해서 내담자는 객관성을 얻음으로써 부적절한 귀인으로 인해 받고 있는 고통에서 벗어날 뿐만 아니라 열악한 상황을 이겨 내는 방법을 찾을 수 있고 재발을 방지할 수도 있다. 이와 같은 재귀인은 자기 비난이 지나친 사람이나 어떠한 부정적인 사건에 대해서도 자기책임으로 돌리는 사람에게 유용하다.

(3) 역기능적 사고들의 기록

인지와 반응을 횡선에 평행하게 기록하는 것은 인지의 검토 및 평가와 수정하기를 시작하는 한 방법이다. 내담자에게 한 칸에 그의 인지를 쓰고 그 옆의 칸에 합리적인 반응을 적도록 가르친다. 나머지 칸에는 내담자의 감정과 행동 그리고 인지에 선행하는 상황이나 사건의 구체적인 내용을 적도록 하는 과제를 줄 수도 있다. 이로 인해 내담자가 역기능적인 사고와 심상을 인식하는 데 도움이 될 수 있다. 상담자의 주요 과제는 내담자가 그의 부정적 인지에 대한 합리적인 반응을 생각하도록 돕는 것이다. 상담자의 목표는 내담자의 인지에 대한 객관성을 증가시키는 것과 부정적 인지와 불쾌한 감정 그리고 비생산적인 행동 간의 관계를 설명하는 것, 그리고 무엇보다도 중요한 것은 사건에 대한 현실적인 설명과 독자적인 개인적 의미에 의한 왜곡된 설명을 구분하도록 하는 것이다.

4) 상담전략

(1) 질문하기

인지상담에서 내담자의 사고변화를 위해서 가장 많이 다루는 것이 질문하기이다. 왜냐하면 질문은 내담자로 하여금 스스로 자신의 사고를 검토해서 설득이나 설명보다 더 지속적인 상담의 효과를 지니게 되기 때문이다. 구체적인 상황에 대한 논의는 추상적 논의보다 좀 더 실감 있게 와닿으며, 최소한의 실감 있는 경험은 상담작업을 위해서 필요하다.

(2) 과제부과하기

과제부과는 내담자가 상담 중에 경험하게 되는 통찰과 자각을 현실생활에서 인지적, 행동적 변화를 돕기 위한 것으로 사례공식화의 중심적인 역할을 담당한다. 퍼슨스(Persons, 1989)는 인지상담에서 과제를 부과하는 몇 가지 이유로, 첫째, 과제부과는 내담자에 대한 상담작업을 상담회기 밖에서도 지속적으로 진행시킴으로써 상담장면에서 가져오기 어려운 변화를 증진시키기 위한 기회의 제공이다. 둘째, 과제부과는 내담자에게 변화의 주체가 상담자의 노력보다는 내담자의 노력에 의한 산물이라는 것을 이해시키게 되며, 상담회기의 단축을 가져올 수 있다. 셋째, 과제부과는 내담자가 상담회기에 학습한 기능을 회기 밖에서 연습할 수 있는 하나의 틀을 제공함으로써 문제가 재발될 가능성을 줄인다. 넷째, 인지상담에서는 내담자의 협조가 중요한데, 협조의 중요한 부분은 가정과 사회에서 자조적인 일을 행하는 것이기 때문이다.

5. 의사교류분석 상담이론

의사교류분석 상담(Transactional Analysis: TA)은 다른 치료와는 다르게 의사결정적으로 상담목표와 상담방향을 분명히 기술한 계약을 하며, 이 계약은 내담자가 제안하고 개인의 초기결정에 초점을 두며 새로운 결정을 할 수 있는 능력을 강조한다. 이 접근법은 인지적, 합리적, 행동적 면을 모두 강조하며 내담자가 새로운 결정을 하여 삶의 과정을 변경시킬 수 있도록 하기 위해 자각을 증대시켜 나간다. 실제로 변화하기 위해서는 내담자들이 적극적으로 행동을 변화시켜야 하는데, 계약 등과 같은 의사교류분석의 조작적 성질은 내담자의 변화를 객관적으로 평가할 수 있게 해준다. 그리고 세 가지 자아상태(부모자아, 성인자아, 아동자아)의 분석을 체계화한 것으로 핵심적인 용어들(결정, 재결정, 게임, 생활각본, 라켓, 스트로크, 경품권 등)을 사용하여 쉽게 이해하고 배울 수 있는 체계를 제공한다.

1) 상담목표

의사교류분석 상담은 1950년대 미국의 정신의학자인 번(Berne)에 의해 발전된 이론이다. 그에 의하면 의사교류분석 상담의 주된 목적은 개인이 자신의 삶에 대해 책임지고 스스로 지도할 수 있는 자율성을 갖도록 하는 것이다. 또한 자율성을 갖기 위해서는 각성, 자발성, 친밀성을 대단히 중요한 개념으로 보았다(**표 8-7**).

번(Eric Berne)

표 8-7. 자율성을 갖기 위한 개념들

구분	내용
각성	각성이란 어떤 가르쳐진 양식이 아니고 자기 자신의 양식으로 보고 들을 수 있는 능력을 말한다. 따라서 각성적인 사람은 성인자아가 혼합에서 벗어나 독립적으로 보고, 듣고, 접촉하고, 맛보고, 평가할 수 있다.
자발성	자발성이란 선택의 자유, 즉 선택이 가능한 여러 유형(부모자아, 성인자아, 아동자아)으로부터 자신의 감정을 선택하고 표현할 수 있는 자유를 말한다. 이는 게임으로부터 해방되어서 어릴 때 배운 감정에 집착하는 강박관념으로부터의 해방을 말한다.
친밀성	친밀성은 순수한 직관적 지각을 지니고 지금–여기에 살고 있는 오염되지 않은 아동자아의 자유를 의미한다. 다시 말해 숨김없이 남과 사랑을 나누고, 친숙한 관계를 맺을 수 있는 수용능력을 말한다.

이상의 목적, 즉 각성, 자발성, 친밀성을 유지하여 결국 자율적인 각본을 갖도록 하는 의사교류분석 상담의 구체적인 목적은 **표 8-8**과 같다.

표 8-8. 의사교류분석 상담의 목적

- 혼합이 없이 성인자아가 정상적으로 기능할 수 있도록 한다.
- 배타가 없는 상황에 따라 부모자아, 성인자아, 아동자아가 적절히 기능할 수 있도록 한다.
- 부모의 금지령에 따라 내린 초기 결단을 각성시켜 게임에서 벗어나게 한다.
- 초기 결단 및 이에 근거한 생활각본을 새로운 결단에 근거한 자기긍정–타인긍정의 생활 각본으로 바꾸게 한다.

2) 상담과정

상담과정의 핵심은 자아상태를 분석하는 구조분석, 의사교류의 유형을 분석하는 의사교류분석 그리고 각본분석이다.

(1) 계약(상담관계의 구조화)

의사교류분석은 내담자의 의도와 개인적인 목표를 진술하도록 요구하는 상담의 계약을 이해하고 설계하는 데 있어서 내담자의 능력과 자발성에 기초를 둔다. 계약은 모든 의사교류분석 상담의 열쇠가 된다. 계약은 내담자가 획득하려고 의도하는 목적을 구체적으로 진술하는 것을 포함하며, 개별적이고 측정 가능한 것이어야 한다. 계약은 내담자들이 변화를 어떻게, 무엇을, 언제 원하는지를 명백하게 정의하기 위해 내담자의 책임감을 요구하게 된다. 그래서 처음부터 내담자는 상담이 책임을 서로 나누는 것이며, 상담자가 지시하는 것을 가만히 수동적으로 기다릴 수 없다는 사실을 배운다. 다시 말해 내담자의 계약은 상담활동의 출발점을 확립하는 활동이다.

(2) 구조분석

구조분석은 자아상태의 인지구조와 특성을 개인이 이해하는 데 도움을 주도록 설계되어 있다. 즉, 자신의 부모자아, 성인자아, 아동자아의 내용이나 기능을 이해하는 방법이라고 할 수 있다. 내담자들은 자신의 자아상태를 인식하는 방법을 학습한다. 구조분석은 내담자가 난처하다고 느끼는 것을 해결할 수 있도록 한다. 또한 내담자가 자기 행동의 기초가 되는 자아상태를 파악하도록 한다. 따라서 구조분석의 핵심적인 내용은 내담자의 행동특징, 갈등과 관련된 내적 대화 또는 자아 기능 그래프 등을 기초로 내담자의 자아상태에 혼합이나 배타현상이 있는지 등을 분석하고 확인하는 것이다.

(3) 의사교류분석

내담자가 다른 사람과의 의사교류 과정에서 어떤 형태의 의사교류를 하고 있는지를 분석함으로써 의사소통이나 인간관계의 과정에서 문제점이 무엇인지를 확인하여 문제해결을 돕고자 하는 것이다.

① 의사소통유형 분석

의사소통유형을 상보적 상호교류(complementary transaction), 교차적 상호교류(crossed transaction), 암시적 상호교류(ulterior transaction) 3가지로 나누어진다고 주장하고 있다(김현주 외, 2014).

가. 상보적 상호교류

상보적 의사교류는 자극과 반응이 평행을 이루는 의사교류이다(그림 8-1). 예를 들어, 자녀가 "아빠, 저는 아빠가 좋아요" 하면 아빠도 "그래, 나도 네가 좋고 사랑스럽단다"라고 대답하는 경우 부모자아와 아동자아 간의 상호교류인 것이다.

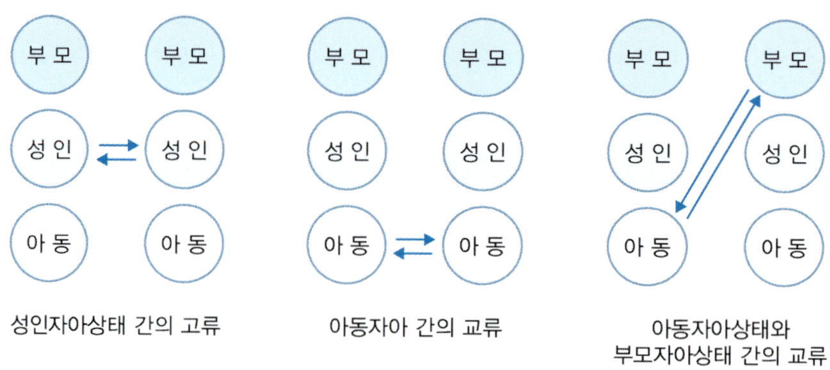

그림 8-1. 상보적 상호교류의 형태

나. 교차적 상호교류

교차적 상호교류(crossed transaction)는 상보적 상호교류와 달리 서로 다른 자아상태로 자극과 반응의 화살표는 교차된 의사소통을 주고받는 것으로 갈등을 유발한다(**그림 8-2**). 예를 들어, 아내가 "여보, 리모콘 어디에 있어요?"라고 물었을 때 남편이 "소파 위에 있어요"라고 대답하지 않고 "왜 그런 것을 나한테 물어보고 그래, 정신을 어디 두고 다니는 거야"라고 한다면 성인자아상태로 상호작용하기를 원하는 아내에게 통제적 부모자아상태에서 아동자아상태를 향해 꾸짖는 방식의 반응을 하는 것이다. 이런 경우 갈등을 경험하게 된다.

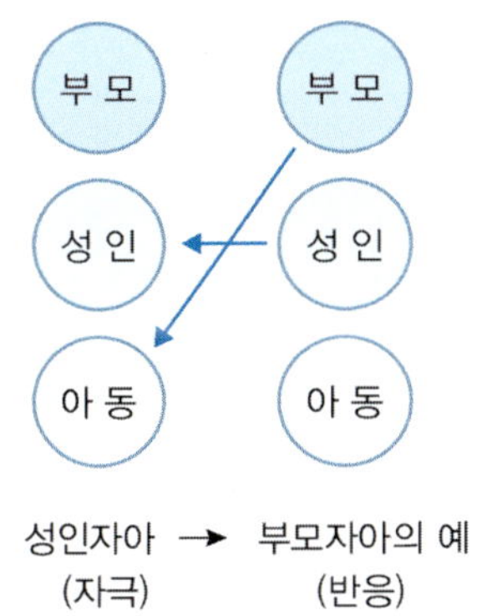

그림 8-2. 교차적 상호교류 형태

다. 암시적 상호교류

암시적 상호교류(ulterior transaction)는 이면적 교류라고도 하는데 겉으로 보기에는 상보적 교류나 교차적 교류처럼 보이지만 속마음을 감추고 겉으로 드러난 메시지와 심리적 메시지가 서로 다른 의사소통을 말한다. 암시적 상호교류는 각이 진 상호교류(angular ulterior transaction)와 이중적 상호교류(duplex ulterior transaction)로 구분된다(**그림 8-3**). 전자는 주로 성인들이 사용하는 심리적 방법으로 두 사람 간의 교류하는 자아상태에서 세 가지 다른 자아상태가 참여하는 형태이다. 예를 들어, "이 옷은 저 옷보다 좋지만, 손님의 사정으로는 좀 어려울 것 같네요"라고 했을 때 "이 옷을 사겠어요"라고 하는 경우이다. 후자는 두 사람 사이에 네 가지의 자아상태가 관여하여 발생하는 것이다. 예를 들어, "저 옷 좀 보세요. 참 예쁘지요?"라고 하면서 손님에게 주인이 아기 옷을 보여 줄 때 "어렸을 때 저도 저런 옷을 가지고 싶었어요"라고 말하는 경우이다. 이는 아동 옷에 대한 객관적인 정보를 나누고 있지만 심리적으로는 아동자아 대 아동자아로 교류하고 있는 것으로서 외현적인 것과 내면적인 느낌과 요구는 달라 상호작용이 단절될 수 있다. 따라서 이러한 심리적 교차에서 나온 단절예방을 위해 외현적인 언어나 태도보다 내면적 메시지를 이해하고 반응해야 한다.

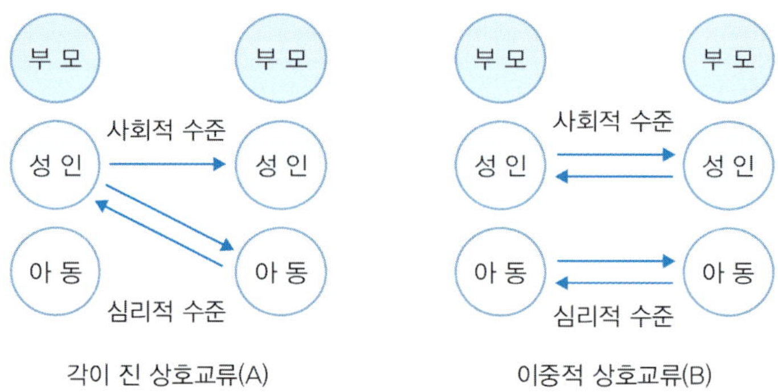

그림 8-3. 암시적 상호교류의 형태

의사교류분석은 내담자가 타인과 실제로 맺고 있는 상호교류작용 상태를 파악하도록 한다. 즉, 어떤 유형의 의사교류를 하고 있는가를 이해하고 이러한 의사교류가 의사소통이 인간관계에서 일으키고 있는 문제점이 무엇인지를 분석하고 확인하여 문제를 해결하도록 한다. 구체적인 절차를 살펴보면 **표 8-9**와 같다.

표 8-9. 의사교류분석의 절차

- 의사교류의 의미와 유형을 내담자에게 파악하도록 한다.
- 내담자의 부모, 형제자매 등 내담자와 의미 있는 타인과의 관계를 가진 사람과의 의사교류를 분석한다.
- 의미 있는 사람과의 의사교류에서 어떠한 인정자극을 받고 있는지를 이해한다.
- 내담자의 문제행동과 관련된 의사교류, 즉 내담자의 자아구조 중 혼합과 배타에 의한 의사교류와 암시적 의사교류에 초점을 두어 분석한다.
- 내담자의 문제행동과 관련된 의사교류에서 성인자아의 기능을 검토하여 내담자의 혼합을 해결하도록 한다.
- 내담자의 자아상태(부모자아, 성인자아, 아동자아)가 적절히 기능해야 할 장면을 설정하여 각 상황에서 내담자가 최대한 기능하는 의사교류를 함으로써 배타를 해제한다.

② 스트로크

상호교류분석 이론에서 인간은 누구나 인정을 받고자 하는 욕구를 갖고 있으며, 이러한 욕구를 충족시키기 위해 스트로크를 주고받는다고 주장한다. '스트로크(stroke)'란 쓰다듬기라는 뜻으로 교류분석에서는 자극을 주고받는 교류의 기본 단위로 보았다. 인간은 다른 사람의 존재를 인식하게 되면 스트로크를 보낸다. 쓰다듬기는 긍정적 쓰다듬기와 부정적 쓰다듬기로 나눌 수 있다. 긍정적 쓰다듬기를 받은 사람은 유쾌하고 활기차며 자신이 중요하다는 느낌을 갖는다. 안정감이 증진되고 활동이 촉진되며 기뻐할 때가 많다. 내면의 느낌은 선의의 감정이고 "나는 OK이고 당신도 OK이다"라는 느낌을 전달한다. 만일 그 쓰다듬기가 진솔하고 정직하며 사실에 근거해서 이루어진다면, 또 지나치지 않는다면 이는 한 개인에게 영향을 주어 인생에서 성공할 가능성을 증진시킨다. 부정적 쓰다듬기란 "너는 안 좋아(You are not OK)"라는 메시지를 보내는 것으로, 무시하고 조롱하며 차별하거나 웃음거리로 만들고, 비난하며 신체적으로 못살게 군다든가 별명을 부르며 놀리는 등의 행동을 말한다. 즉, 자신의 실제 가치보다 상대방을 '깎아내리는' 것이다. 깎아내리기는 항상 잠재적 비난을 수반한다. 상호교류분석이론에서는 긍정적 쓰다듬기를 통하여 삶의 자세를 변화시키는 것이다.

쓰다듬기는 각본 이론에서 진행될 수 있다.

③ 시간의 구조화

인간의 행동은 타인으로부터 자극과 인정을 받고 싶은 의도에서 비롯된다. 인간은 타인과의 상호작용에서 받은 스트로크를 극대화하기 위해 시간을 구조화하려는 욕구를 가지고 있으며, 시간을 구조화하는 데에는 **표 8-10**과 같이 여섯 가지 방법이 있다(Harris, 1991).

표 8-10. 시간의 구조화 방법

구분	내용
철회	철회(withdrawal)는 스트로크를 교환하는 것에 대해 불안감을 가지고 있는 경우 상대방과의 상호교류를 중단하고 자신만의 생각에 잠기는 방법이다. 이는 대부분의 시간을 공상이나 상상으로 지내며 자기 스스로 스트로크를 주려고 하는 자기애적인 특성이 강하다.
관습	관습(ritual)은 타인을 만나면 의례적인 이야기를 하는 것과 같이 누구에게나 통용되는 안전한 시간구조화 방법이다. 철회와의 차이점은 외부 대상이나 관습적 행동을 통해 스트로크를 한다는 점이다. 전통이나 관습에 따르기 때문에 비교적 안전한 시간의 구조화 방법이다.
활동	활동(activity)은 자기 스스로 외부의 대상에 접근하여 구체적인 형태로 스트로크를 교환하는 생산적이고 창조적인 시간구조화 방법이다. 활동을 통해 얻을 수 있는 자극의 수준은 중간수준으로서 비교적 안전한 시간의 구조화방법이라고 할 수 있다.
잡담	잡담(pastime)은 큰 부담이 없는 주제에 대한 정보를 상호교환하며 스트로크를 추구하는 시간구조화 방법이다. 이는 취미생활이나 스포츠 등과 같이 일상적인 주제를 중심으로 스트로크를 추구하기 때문에 상당히 안정적인 형태의 스트로크를 구하게 된다.
게임	게임(game)은 타인이 자신의 욕구를 알아차리지 못하도록 이중적인 교류로 시간을 구조화하는 방법이다. 이는 일상생활에서 잡담 이상의 스트로크를 추구하기를 원할 때 사용하는 것으로 일종의 필요악이라고 볼 수 있다.
친교	친교(intimacy)는 상호 간에 신뢰하며 배려하는 관계에서 이루어지는 스트로크를 극대화시킬 수 있는 방법이다. 이는 상호교류분석에서 추구하는 가장 이상적인 방법으로 상호 간의 감정교환이 자유롭게 이루어지며 상호 간에 방어적 자세가 아니라 수용적 자세를 가지게 된다.

출처: 정옥분, 정순화(2016). 부모교육. 학지사.

이상과 같은 시간구조화 방법 가운데 철회는 스트로크를 가장 적게 얻는 반면 친교로 갈수록 스트로크를 많이 얻게 된다.

(4) 각본분석

인간은 스트로크를 극대화하기 위해 시간을 구조화하고자 하는 욕구를 가지고 있으며, 부모로부터 어떠한 스트로크를 받았는가에 따라 특정한 인생태도를 형성하게 되고 여러 다양한 인생각본을 형성하게 된다.

상호교류분석에서 말하는 각본이론이란 인간의 삶을 진행시키는 프로그램이라고 말할 수 있다. 인간의 성격은 각본을 분석함으로써 가능해진다. 인간은 의식적으로든 아니면 무의식적으로든 각본된 프로그램대로 행동하게 되어 있다. 번(1970)은 **그림 8-4**와 같이 각본 법칙을 소개하고 있다.

그림 8-4. 각본 법칙

어린 시절 부모의 부재 혹은 사랑을 받지 못하고 성장하여 결국 고독한 최후를 맞게 된 사람의 각본 법칙을 살펴보면 다음과 같다. 첫째, 초기 부모 영향(EPI)으로 부모가 일찍 돌아가시거나 양육자로부터 차가운 대우를 받아 애정 결핍 등 외상체험을 한다. 둘째, 프로그램(Pr)으로 쓸 데 없는 역할을 연출하거나 돈을 몽땅 잃고 마는 등 패자 각본의 연출을 한다. 셋째, 순응(C)으로 주어진 각본 줄거리를 연출할 것을 승인하는 것을 말한다. 아무리 부모의 영향하에 인생 프로그램이 작성되어도 그것에 따르겠다는 결심이 서지 않으면 각본으로 되지 않는다. 넷째, 중요한 행동(IB)으로 인생의 중요한 상황에서 행하는 행동의 중재 방식을 말한다. 구체적으로 결혼, 직업, 육아, 죽는 방식 등에서 곧 잘 나타난다.

다섯째, 결말(P)로 결과적으로 빈 털털이가 되어 자기 멸시를 하면서 재기 불능 상태에 빠지고 건강까지 해쳐 복지시설에서 고독한 최후를 맞게 되는 등과 같다.

그리고 교류분석에서 인간은 모두 어린 시절에 자기 자신의 인생 이야기를 쓴다고 가정한다. 이에 번은 상호교류와 생애 각본을 바탕으로 표 8-11과 같이 네 가지의 삶의 자세를 발달시킨다고 보았다.

표 8-11. 기본적 인생태도

구분	내용
자기긍정-타인긍정 (I'm OK-You're OK)	이 형태는 아동에게 있어 쉽게 볼 수 있는 삶의 자세이다. 자신과 타인에 대해 만족하며 평안감을 느끼는 건전한 상태를 말한다. 아무런 거리낌 없이 느끼고 표현하며 수용하기 때문에 건강하게 성장할 수 있으며 활동 동기 또한 높다.
자기부정-타인긍정 (I'm not OK-You're OK)	이 형태의 삶의 자세는 부모에게 애정적인 양육을 충분히 받지 못한 아동들에게 주로 나타난다. 이 형태는 자신 스스로를 타인에 비해 열등하다고 느끼거나 부적절하다고 느낀다. 이러한 사람의 자신에 대한 느낌은 타인이 OK 해 줄 때에만 긍정적이어서 좌절감과 함께 무가치감을 느끼게 된다.
자기부정-타인부정 (I'm not OK-You're not OK)	부모에게서 자신의 가치에 대해 부정적인 자극을 받았기 때문에, 자신도 부모의 가치에 대해 부정적인 반응을 보이는 것이다. 이 형태는 자신에 비해 타인을 부적절하고 가치 없는 사람으로 본다. 이러한 사람은 스스로 두려움을 느껴 불안정하며 타인을 신뢰하지 못하면서도 타인 위에 군림하려고 한다. 이러한 형태의 사람은 분노를 쉽게 나타내며, 타인을 무시하는 태도를 보인다.
자기긍정-타인부정 (I'm OK-You're not OK)	이 형태는 인간관계에 대해 근본적으로 부정적이며 자신을 포함하여 어느 누구도 믿지 않는다. 이 자세를 가진 성인은 자신을 희생자라고 생각한다. 흔히 잔인하고 호전적이며, 독선적인 태도를 보이기 때문에 문제행동을 보이는 경우가 많다. 자기주장만을 내세우기 때문에 원만한 사회적 관계를 형성하기 힘들며, 심각한 경우에는 범죄를 저지르거나, 정신병리적 성격을 갖기도 한다.

위의 네 가지 삶의 자세를 살펴보면 건강한 사람들이 갖는 삶의 자세로 자신의 가치와 타인의 가치를 모두 인정하는 것이 바람직한 태도이다. 이는 '승리자'의 자세(자기긍정－타인긍정)로, 현실적인 기대를 갖고, 타인과 좋은 유대 관계

를 맺으며, 문제가 생기면 건설적으로 해결책을 모색한다. 삶의 태도는 어린 시절의 부모 태도에 크게 영향을 받는다. 즉, 어린 시절 부모가 아동이 보이는 자율성, 자발성, 호기심, 탐색 등에 긍정적인 태도로 신뢰와 사랑을 보여 주면 자아가치를 높게 갖게 된다. 또한 승자적 자세는 개인적으로 그리고 사회의 구성원으로 믿을 만하고 신의가 있으며 쉽게 감응하고 성실한 사람이 가지는 자세이다. 즉, 승자적 자세란 자율적이며 기본적으로 자신감을 지니고 있어 자신의 인생에 대한 책임감을 확신하며 살아가는 사람의 자세이다. 이것이 어머니의 자아개념과 대인관계 능력에도 긍정적 영향을 미치게 되는 것이다.

(5) 재결단

내담자가 생활각본을 변화시키는 것을 재결단이라고 한다. 내담자는 어린 시절에 부모의 각종 금지령에 기초하여 생활각본을 형성하여 부정적인 생활자세, 게임, 만성 부정 감정, 혼합과 배타와 같은 부적응적인 현상을 나타낸다고 할 수 있다. 그러나 재결단을 통해 내담자는 새로운 생활각본을 형성하고 자율적인 인간으로 변화할 수 있다. 즉, 내담자의 현재의 생활이 어린 시절의 초기 결단에 의해 이루어지듯이 내담자는 재결단을 통해 새로운 삶을 살아갈 수 있다. 구체적으로 내담자는 자아상태가 강화됨으로써 정상적인 자아를 회복하고 긍정적인 생활자세(자기긍정－타인긍정)를 취하게 된다.

3) 상담기법

(1) 상담분위기 조성 기법

의사교류분석 상담이론에서 상담분위기 조성 기법으로 허용, 보호 및 잠재력을 강조하고 있는데, 구제적인 내용은 **표 8-12**와 같다.

표 8-12. 상담분위기 조성 기법

구분	내용
허용	대부분의 내담자들은 부모의 많은 금지령에 의해 행동하고 있는 것이다. 상담자는 내담자로 하여금 부모가 지금까지 하지 말라고 했던 일들을 허용해야 한다. 내담자는 허용을 받을수록 긍정적인 생활자세와 생활각본을 선택할 수 있다. 또한 상담자는 내담자로 하여금 자신의 모든 자아상태를 경험할 수 있는 분위기를 허용해야 한다.
보호	내담자가 부모의 금지령을 버리고 성인자아를 활용하도록 허용을 받게 되면 자신 속에 있는 아동자아가 놀라는 경험을 할 수 있다. 그동안 부모의 금지령에 억눌려 있던 내담자의 아동자아가 자유롭게 기능을 함으로써 스스로 당황하게 될 수 있는 것이다. 상담자가 내담자의 그런 반응에 대해 안심을 시켜 주고 지지함으로써 바람직하게 이들을 변화시킬 수 있는 상담기술을 소지하고 있어야 한다.
잠재력	잠재력은 적당한 시기에 적절한 상담기법을 사용할 수 있는 상담자의 능력이다. 상담자는 자아상태, 의사교류, 각본 등과 관련된 내용을 분석하고 바람직하게 이들을 변화시킬 수 있는 상담기술을 소지하고 있어야 한다.

(2) 조작기법

조작기법이란 구체적인 상담자의 행동, 즉 상담기법을 말하는데 모두 여덟 가지가 있다. 이를 구체적으로 살펴보면 **표 8-13**과 같다.

표 8-13. 조작기법

구분	내용
질문	많은 내담자들은 성인자아를 사용하는 데 어려움을 갖는다. 상담자는 내담자가 성인자아로 반응할 때까지 질문을 한다. 질문은 강압적인 측면이 있으므로 심한 질문 공세는 피하는 것이 바람직하다.
특별 세부반응	내담자가 자신의 특별한 행동의 원인에 대해서 어떤 반응을 했을 때, 그 반응에 대해 상담자가 동의함으로써 내담자로 하여금 그 반응을 보다 분명하게 해 주기 위해 사용하는 기법이다. 이는 특히 내담자로 하여금 세 가지 자아상태의 기능을 완전히 이해할 수 있도록 돕는 데 활용된다.
직면	내담자의 행동이나 진술 가운데서 일관성이 없거나 모순을 발견할 때 상담자가 지적해 주는 기법이다. 이런 과정에서 상담자는 내담자의 아동자아, 부모자아, 혼합된 성인자아를 자유롭게 해 준다. 또한 부정적인 생활자세, 생활각본에 대해 각성하고 이들로부터 벗어날 수 있게 한다.
설명	상담자가 성인자아 대 성인자아의 입장에서 내담자에게 가르치는 기법이다. 설명은 특별히 내담자가 현실을 잘 직면하지 못할 때 효과적이다.

구분	내용
예시	상담자가 내담자에게 긴장을 풀고 무언가를 가르쳐 주는 방법이다. 주로 직면 다음에 사용되는 기법으로서 일화 또는 비교 등의 방법을 많이 사용한다. 이 기법은 유머를 담고 있기 때문에 내담자의 아동자아를 즐겁게 해 주는 반면에 성인자아는 새로운 통찰을 얻도록 해 준다.
확립	직면으로 사라졌던 내담자의 행동이 원래의 행동으로 재발할 때 상담자가 내담자에게 과거 행동을 아직도 완전히 버리지 못했으니 더욱 열심히 노력하라고 지적해 주는 기법이다.
해석	상담자가 내담자의 행동 이면에 숨어 있는 원인을 각성할 수 있도록 도와주는 것이다. 해석은 정신분석의 해석 과정과 유사하다.
구체적 종결	상담자가 내담자의 생활자세를 성인자아 대 성인자아의 입장에서 명료화할 때 사용되는데 내담자가 인정자극을 얻기 위하여 게임을 더 이상 하지 않고 정상적으로 행동할 수 있음을 설명해 주는 것이다.

Chapter 09

성인학습상담

배울내용

1. 성인학습상담의 개념 및 관점
2. 성인학습상담의 이론
3. 성인학습상담의 원리
4. 성인학습상담의 방법

학습목표

1. 성인학습상담의 개념을 이해하고 관점의 변화를 파악한다.
2. 성인학습상담에 적용할 수 있는 이론들의 장단점을 설명할 수 있다.
3. 성인학습상담의 원리를 설명할 수 있다.
4. 성인학습상담의 방법인 조언, 지시, 전략개방을 익힌다.

Chapter 09

성인학습상담

1. 성인학습상담의 개념 및 관점

1) 성인학습상담의 개념

일반적으로 학습상담은 학습자 자신이 학습목표를 계획하고 결정하며 그 목표를 통해 자신의 학습과정을 반성하고 조절하는 것을 배우도록 지도하는 활동이다(민춘기, 2008). 즉, 학습상담은 내담자가 학습을 수행하거나 수행하기 전, 효과적인 학습을 위해 내담자와 내담자의 주위환경을 이해시키고 학습으로 능력향상을 지속적으로 조력하는 역할이라고 할 수 있다. 따라서 학습상담은 주로 아동 · 청소년의 학업성취에 필요한 학습계획이나 학습내용 등을 보완하기 위해 이루어진다. 이에 비해 성인학습상담은 성인학습자가 자기주도적으로 발전하도록 도와주고 학습조직을 통해 타인과 함께 성장하도록 지원해 주는 교육적 행위로, 평생교육사, 교수자, 평생교육기관에서 광범위하게 제공되고 있는 활동이다(권두승, 조아미, 2017). 즉, '성인학습자가 학습 또는 일상생활의 어려움을 극복하고 학습활동을 지속할 수 있도록 안내, 지원, 촉진하여 자신의 잠재력을 개발하도록 전문적으로 도와주는 과정'이라 할 수 있다(조성연 외, 2010).

이처럼 평생교육의 활성화로 개인의 전생애에 걸친 학습과 연계되면서 성인학습상담의 중요성은 더욱 주목받고 있다. 성인학습상담은 성인학습자의 학습과정 컨설팅뿐 아니라 학습자의 생애설계를 지원한다는 특성을 가진다. 다시 말해 학습자에게 적합한 학습기회를 제공해 주고 학습방법을 안내하여 학습자 스스로 학습에 참여할 수 있도록 도와주며, 학습과정에서의 어려움과 두려움을 지원하고 조력하는 것이다(조은산, 2016). 따라서 성인이 독립적으로 행동하고, 변화를 경험하는 과정에서의 다양한 학습은 개인의 경쟁력을 높이고 자아실현을 가능하게 한다.

성인학습상담의 대상은 당면한 문제를 해결하기 원하는 사람이지만, 자아성장을 원하는 사람이라면 누구나 성인학습을 통해 개인의 지식과 능력을 개발하도록 상담의 대상이 될 수 있다. 이처럼 성인학습상담은 평생학습에 참여하는 성인학습자를 이해하고 현안 과제와 고민 등의 학습상황을 고려하여 소통과 학습지원으로 학습목표를 달성하도록 조력하는 상호작용의 과정이라고 볼 수 있다(김윤아, 2019).

2) 관점의 변화에 따른 성인학습상담

성인학습상담은 시기에 따라 관점의 변화를 보여 왔는데, 즉 성인학습자들에게 일반적인 정보의 제공에서 다양한 환경을 고려하고 개인의 특성을 고려하는 방식으로 성인학습상담의 필요성과 중요성이 제기되어 왔다. 다시 말해 성인학습상담은 성인학습자의 개인적 특성과 상황에 따라 다양한 형태로 나타나기 때문에 학습자의 상담이 진행되는 상황이나 대상, 문제의 유형이나 성질 등에 따라 전문적 · 기관중심적 관점, 개방적 상담기능의 관점, 상황중심적 관점의 세 가지 개념적 측면으로 변화되어 왔다(권두승, 조아미, 2017).

표 9-1. 성인학습상담의 세 가지 관점에서의 개념적 변화

관점	내용
전문적 · 기관중심적 관점	**1950년대 후반** • 성인학습자에게 전문적인 상담을 해 주는 것에 대한 중요성 강조 • 상담은 전형적인 사전적 의미로 정의됨 • 상담자를 경청을 도와주고 정보를 제공해 주는 충고자 **1969년 랭던(Langdon)의 연구** • 상담자가 갖추어야 할 전문적인 자질의 중요성 강조 • 성인학습프로그램의 전문상담자는 정규대학의 대학원에서 상담과 지도에 관한 학위를 받아야 함 • 향후 지속적으로 상담자 수요가 증가할 것이라 강조 **1970년대** • 성인학습상담에 대한 관심이 개방된 상담기능으로 변화됨에 따라 정보제공과 비공식적인 형태의 상담에 대한 중요성이 강조되기 시작
개방적 상담기능의 관점	**1970년대** • 성인교육, 자기주도적 학습, 평생학습에 대한 개방적인 상담기능의 입장이 등장 • 성인학습상담에 대한 관점변화의 등장배경 – 전문적 · 기관중심적 상담은 내담자를 도와주기보다 기관을 도와주는 것이며, 전문적 상담은 자기주도적인 성인학습자의 요구와 맞지 않는다는 인식 – 전통적인 형태의 상담은 성인의 요구와 부합하지 않으며, 비전통적인 형태의 학습에 참여하기를 원하는 성인학습자에게는 더욱 적합하지 않음 – 전문적 상담에서 상담과 정보서비스를 강조 – 성인학습상담은 비전문가에 의해 교육기관 이외의 장소에서도 가능(성인학습상담은 교육기관, 도서실, 지역사회의 상담, 정보센터, 직장, 집에서도 다양한 정보제공으로 가능함)
상황중심적 관점	1970년대 후반과 1980년대 초반에 전문적 · 기관중심적 관점과 개방적 관점에 대한 문제제기가 일어남 • 성인학습상담은 성인이 자신을 발견하게 하고, 자신이 적응해야 하는 어렵고 비정상적인 상황에 초점을 맞추어야 함 • 성인학습에서의 상담은 성인학습자들이 처해 있는 일상생활의 맥락에 초점을 맞추어, 그들이 자신의 삶에 적응할 수 있도록 도와주는 것이 중요함

출처: 조외현(2011). 평생교육사의 평생학습상담 역량모형 개발에 관한 연구. 동의대학교 대학원 박사학위논문.

첫째, 전문적 · 기관중심 관점에서의 성인학습상담은 성인학습을 제공하는 다양한 기관에 고용된 전문적인 지식을 갖춘 상담자가 수행하는 활동이다. 랭던은 성인학습상담자의 전문적인 자질을 중요시하여, 성인학습상담자가 상담과 지도에 관한 석사학위를 받아야 하며, 성인교육에 관한 학문적 배경을 가져야 한다고 강조하였다. 또한 성인학습상담에 대한 관심이 개방된 상담기능으로 변화됨에 따라 정보제공과 비공식적인 형태의 상담에 대한 중요성을 강조하기 시작하였다.

둘째, 개방적 상담기능의 관점에서의 성인학습상담은 성인에게 현재와 미래의 학습을 제공하는 상담서비스나 기능에 초점을 두었다. 이와 같은 기능과 서비스는 전문적으로 훈련되고 성인학습기관에 소속된 상담자들에 의해서 이루어지지 않을 수도 있다. 즉, 성인학습상담은 전문적으로 훈련된 상담자뿐 아니라 프로그램 전문가, 교사, 행정가, 자원봉사자 등과 같은 사람들에 의해서도 효율적으로 이루어질 수 있다.

셋째, 상황중심적 관점에서의 성인학습상담은 성인이 자아를 찾고자 하거나 환경에 적응하는 것을 돕는 것으로 볼 수 있다. 따라서 전문적으로 훈련받은 사람과 그렇지 못한 사람 모두 성인학습자들이 자신을 발견하고 상황에 적응할 수 있도록 도울 수 있다.

지금까지 살펴본 세 가지 관점에서의 성인학습상담은 학습과정에 참여하기까지의 상담, 학습과정상의 상담, 그리고 학습과 관련한 문제중심의 상담으로 구분할 수 있다고 보았다. 이를 평생교육현장에서 성인학습상담의 개념을 구분하여 살펴보면, **표 9-2**와 같다(권두승, 조아미, 2017; 김현숙, 2021).

표 9-2. 성인학습현장에 있어서의 상담의 개념

구분	평생교육상담 (학습참여 이전단계)	학습과정상담 (학습과정 단계)	학습문제상담 (학습문제 치료단계)
상담주체	학습자가 선택해야 할 교육과정 선택	학습과정에서 학습자들이 겪는 문제 등	학습자들의 정체성
내담자의 동기	적합한 성인교육 강좌의 선택에 대한 불안감을 해소하기 위함	학습과정의 최적화, 학습과정상의 어려움을 해결하고자 하는 내담자의 요구에 따라 진행	삶의 실제적인 문제, 잃어버린 행위가능성에서의 높은 상실감 혹은 압박감
상담가의 전문영역	교육기관, 지역사회에서의 교육프로그램이 전개되는 구조, 상황	학습과정상에 제기되는 문제나 어려움(교실 내 · 외에서의 상담)	생애위기, 정체성문제, 학습장애 해결
상담가의 과제	학습자에게 적합한 교육프로그램을 안내	교육과정에 참여하면서 나타나는 질문에 대한 답과 어려움을 지원해 주는 것	내담자가 직면한 생애위기에서 필요한 도움 제공
목표	내담자의 관심과 수준에 적합한 교육과정의 가능성에 대한 정보제공 및 학습설계 제공	내담자의 학습과정의 최적화를 도모하게 하고, 학습상의 어려움을 극복하는 것과 관련한 자신의 가능성 파악 지원	내담자의 삶에서 자율적이고 건강한 행위가 가능하도록 지원

출처: 김현숙(2021). 평생교육현장의 성인학습상담에 관한 연구: 평생학습도시 평생교육기관을 중심으로. 서강대학교 교육대학원 석사학위논문.

현대사회에서 평생교육의 대상자인 성인에 대한 학습상담은 성인학습자들이 놓여 있는 상황의 맥락에 초점을 맞추어 인간의 자아실현을 목표로 사회적 환경 변화에 성공적으로 적응하고 자신을 성장 · 발전시키기 위해 자신이 접한 환경으로부터 새로운 정보나 지식을 획득하고 형식적 학습(formal learning), 비형식적 학습(nonformal learning), 무형식적 학습(informal learning)을 통해 자신의 과제해결을 위해 새롭게 조작하거나 새로운 정보상태로 전환하여 개조(reformatting)시키고 조작, 변형 등 쓰임새에 대한 타당성과 유효성을 확인하는 일련의 과정인 성인학습이 효과적인 결과로 이어질 수 있도록 방향을 제시하고 문제점을 찾아 제거하는 과정이라고 할 수 있다.

2. 성인학습상담의 이론[1)]

성인학습자에 대한 독자적인 상담이론은 존재하지 않지만 기존의 이론들 중에서 적용가능한 이론은 윌리엄슨(Williamson)의 지시적 상담이론, 로저스의 비지시적 상담이론, 코미어와 해크니(Cormier & Hackney)의 상담모델이 대표적이다. 구체적으로 윌리엄슨의 지시적 상담이론은 정보제공이나 충고 등 성인학습상담에 적절하고, 로저스의 비지시적 상담이론은 성인학습자의 특성을 이해하는 데 적합하며, 코미어와 해크니의 상담이론은 전환기 성인을 대상으로 하는 상담에 유용한 것으로 알려지고 있다(김진화, 2003; 조외현, 2011). 그리고 최근에는 성인학습상담에 해결중심 상담이론이 많이 적용되고 있는데, 이를 구체적으로 살펴보면 다음과 같다.

1) 지시적 상담이론

윌리엄슨의 지시적 상담이론은 상담자가 내담자의 문제를 진단 · 분석하여 행동 지침을 규정하거나 문제에 대한 해답을 결정하여 지침을 주는 방법이다. 따

1) 성인학습자상담에서 8장에서 다룬 상담의 이론적 배경이 그 바탕이 되어야 효과적인 상담이 이루어질 수 있다. 예를 들어, 정신분석 상담이론을 통해 어려서의 경험과 개인의 무의식적인 갈등, 성격구조 및 방어기제의 사용 등에 대한 것을 파악하여 내담자에게 도움을 제공할 수 있으며, 행동주의 상담이론을 통해 성인학습자들의 행동변화를 위한 강화의 사용, 부적절한 행동을 소거하거나 교육과정에서의 상담자 및 교육자의 모델링을 통한 행동교정 등을 실시할 수 있으며, 인간중심 상담이론을 통한 상담과정에서의 상담자와 내담자의 관계 등에 적용할 수 있으며, 인지주의 상담이론을 통해 비합리적이고 부정적인 사고(인지적 왜곡)를 가진 성인학습자들을 대상으로 합리적이고 긍정적인 사고를 가질 수 있도록 유도할 수 있으며, 의사교류분석 상담이론을 통해 성인학습자 개인이 자신의 삶에 대해 책임지고 스스로 지도할 수 있는 자율성을 갖도록 할 수 있다. 따라서 성인학습상담을 위해서는 8장에서 제시한 다양한 상담이론을 습득하는 것이 무엇보다도 중요하다고 할 수 있다.

라서 윌리엄슨은 상담의 정의를 "문제를 가진 사람이 전문인에 의해서 해결을 받는 면접상황(face to face situation)"이라고 하였는데, 여기에는 전문인에 의한 지시적 내용이 포함되어 있다. 즉, 지시적 상담이론은 내담자를 스스로의 문제를 해결하지 못하는 나약한 존재로 가정하여 내담자의 능동적 참여는 상담자의 적극적인 역할에 따라 이루어지기 때문에 상담자는 내담자에게 발견된 문제점에 대하여 명확한 지침을 제공해야 하는 것과 하지 말 것에 대한 지시가 따르게 된다. 이에 지시적 상담이론에서 의사결정은 내담자의 자율성보다는 상담자중심의 의사결정이라고 볼 수 있다.

지시적 상담이론의 상담단계는 자료수집, 종합, 진단, 예측, 상담, 추수지도의 과정을 거치는데 먼저 개인의 특성에 관한 자료수집과 표준화 검사를 실시하여 객관적인 정보 및 자료를 수집한다. 이렇게 내담자의 자질과 경향성, 적응과 부적응 등이 드러난 자료를 개인의 장·단점과 개인의 욕구문제 등에 따라 분류하고 요약 및 정리가 이루어진 후 내담자의 두드러진 특징과 문제를 기술하며 자료의 일관성을 찾는 진단활동이 이루어진다. 이러한 진단을 통해 내담자에게 적용이 가능한 대안을 탐색하고 각 대안의 성공가능성을 예측한 후 개인의 특성을 바탕으로 최적의 적응상황을 도출하기 위한 상담이 이루어지게 된다. 상담 이후에는 내담자의 실행계획이 잘 되도록 도와주고 결과과정의 적합성을 점검한 뒤 필요한 부분의 보충을 위해 추후지도가 이루어지게 된다.

지시적 상담이론은 경험과 정보가 상대적으로 풍부한 상담자가 적극적인 역할을 하기 때문에 일반적인 상황에 대한 충고나 내담자가 인지하지 못한 정보의 제공측면에서 중요한 고려요소가 되어야 한다. 하지만 지나치게 객관적인 자료에 의존하는 경향이 있으며, 인간이 지니는 우연적이고 모호한 특성을 간과할 가능성이 높다. 또한 지시를 하는 자와 지시를 받는 자로 명확히 구분되기 때문에 내담자의 주관적이고 정서적인 경험을 소홀히 다루며 상담자와 내담자의 인격적 관계형성을 위한 상호작용은 무시될 수 있다는 단점을 가지고 있다.

2) 비지시적 상담이론

윌리엄슨의 지시적 상담이론은 내담자가 스스로의 문제를 해결하지 못하는 나약한 존재로 가정하는 데 반해, 로저스의 비지시적 상담이론은 인간의 가능성을 인정하여 인간의 행동은 기본적으로 목적지향적이며 인간은 자기를 인도하고 조절하며 통제하는 능력을 가지고 있다고 가정한다. 이 때문에 비지시적 상담이론은 중요한 문제의 해결에 있어서 내담자의 능력을 가장 우선적으로 고려하게 된다.

따라서 비지시적 상담이론은 인간중심 상담이론으로 표현할 수 있는데, 인간중심 상담으로서 성공적인 상담은 내담자와 상담자의 관계가 철저하게 인간적이고 주관적인 관계로 몰입되는 것을 전제로 한다. 이러한 상담자와 내담자의 관계에서 내담자는 과학자의 연구대상처럼 취급되어서는 안되고, 의사의 진료와 치료를 필요로 하는 환자처럼 취급되어서도 안된다. 상담자와 내담자의 관계는 하나의 인간 대 하나의 인간의 관계(a person to a person)가 되어야 한다.

비지시적 상담이론은 상담의 과정에서 내담자 개인의 방어적 행동을 해체시키고 개방성을 증대하도록 도와야 하기 때문에 상담의 과정에서 내담자의 개인적 문제에 대한 감정표현을 자유롭게 표현하도록 격려하고 받아들이며 정리해주어야 한다. 이런 경우 부정적 감정이 완전히 표현된 이후에는 긍정적 감정과 충동이 나타나게 되어 긍정적 감정을 인정하고 받아들이게 된다는 것이다. 결국 부정적인 감정을 교차적으로 경험하면서 자기통찰력이 나타나 감정으로 인해 올바르게 판단하지 못한 현실 내지 진실을 볼 수 있게 되어 의사결정을 할 수 있는 길을 발견하게 된다는 것이다.

이와 같이 비지시적 상담이론에서 상담자는 지시적 상담이론과 다르게 내담자의 의견을 경청하고 수용하기 위해 대부분의 상담은 내담자가 주도하며 상담자는 내담자가 이를 이야기하도록 장려하는 역할을 수행한다. 그리고 상담자는 피상담자가 스스로 문제를 해결할 수 있게 하는 조력자의 역할을 수행한다. 하지만 비지시적 상담이론은 지나치게 감정적이며 주관적인 측면을 강조함으로써 지적인 측면이나 객관적인 자료의 중요성을 간과하는 경향이 있다. 또한 급변하는 경쟁적인 현대사회에서 내담자의 적응의 문제가 발생할 수도 있으며 구체적이고 현실적인 교육과정의 도출이 어렵다는 한계점도 지니고 있다.

3) 코미어와 해크니의 상담이론

지금까지 살펴본 윌리엄슨의 지시적 상담이론과 로저스의 비지시적 상담이론을 비교 분석해 보면 표 9-3과 같다.

표 9-3. 지시적 상담이론과 비지시적 상담이론

구분	윌리엄슨 지시적 상담이론	로저스의 비지시적 상담이론
기본가정	내담자는 스스로의 문제를 해결하지 못하는 나약한 존재	인간의 행동은 기본적으로 목적 지향적이며 인간은 자기를 인도하고 조절하며 통제가 가능
상담의 주요관점	문제를 가진 사람에 대한 해결	내담자의 자율적 능력고취
상담방법	객관적 자료수집, 종합, 진단, 예측, 상담, 추수지도의 과정	내담자와 상담자의 관계가 철저하게 인간적이고 주관적인 관계로 몰입, 내담자 스스로 문제점을 인지할 수 있을 때까지 상담지속, 내담자 주도적 문제해결
장점	신속하고 적극적인 상담	인간의 능력을 궁극적으로 도출 가능
단점	개인의 특성이 무시되며 상담자와 내담자의 관계가 주·종적	효율적 결과도출에 많은 인력과 시간이 요구되며, 현실적 결과도출이 어려움

출처: 조외현(2011). 평생교육사의 평생학습상담 역량모형 개발에 관한 연구. 동의대학교 대학원 박사학위논문.

지시적 상담이론과 비지시적 상담이론은 내담자를 보는 입장이 서로 상반된다. 이에 비해 코미어와 해크니의 상담이론은 상담관계가 근원적으로 발달적이라는 가정을 기초로 한다. 또한 내담자의 주관적 상황을 인식하는 것이 중요하다는 점에서 비록 로저스의 비지시적 상담이론을 찬성하지 않더라도 이를 준용하고 있다. 따라서 코미어와 해크니의 상담이론은 윌리엄슨의 지시적 상담이론에서 객관적인 자료수집이 우선하는 것에 반해, 내담자와의 관계형성을 중요하게 여겨 관계형성을 우선으로 한다.

이처럼 긍정적으로 연결된 관계형성을 바탕으로 내담자로부터 정보를 추출하는데 이때 일반적이지 않은 사항, 예를 들어 개인적 이력 등에 관한 폐쇄형 질문은 관계형성을 바탕으로 도출하게 된다. 이는 내담자의 문제점을 최대한 도출하기 위한 과정이라고 할 수 있다. 이렇게 도출된 문제점을 해결하기 위해 구체적인 목표가 설정되는데, 이는 상담 중에 바뀔 수 있다는 유연한 입장을 취하며, 변화의 가능성을 명백하게 만들기 위함이다.

상담은 교육으로 이루어지는데, 교육은 내담자의 감정에 초점을 맞추는 정서적 교육, 신념체계를 바꾸는 인지적 교육, 부적응적 행동을 보다 바람직한 것으로 대처하는 행동적 교육, 개인이 자신을 발견하는 체계를 변화하게 하는 체계적 교육의 네 가지 이론을 바탕으로 한다. 마지막으로 상담자는 상담의 성과를 측정하고 상담의 지속여부, 다른 상담자에게 내담자를 의뢰 및 상담의 종결 등을 결정하게 된다.

4) 해결중심 상담이론

해결중심 상담이론은 비교적 단기간(약 10회 또는 25회 이내)에 상담목표를 달성하는데 초점을 두고 개발된 이론으로 내담자가 호소하는 한 두 가지 핵심문제를 중심으로 빠른 시간 내에 변화할 수 있도록 돕는 상담이다. 다시 말해 문제의 원인을 규명하기보다는 내담자가 가진 자원(강점, 성공경험, 예외 상황)을 활용하면서 해결방법에 중점을 두어 단기간 내에 상담목적을 성취하는 상담모델이라고 할 수 있다. 즉, 문제를 정의하고 원인을 파악하여 해결방법을 계획하는 기존 상담이론이 지닌 문제중심의 패러다임에서 벗어나, 내담자와 함께 해결책을 발견하고 내담자의 성공 경험을 통하여 강점을 발견·확대하는 해결중심적 패러다임 상담모델이다. 해결중심 상담이론의 기본원리를 살펴보면 **표 9-4**와 같다.

표 9-4. 해결중심 상담이론의 기본원리

- 문제의 원인을 분석하기보다 문제의 해결에 초점을 둔다. 즉, '왜?'라는 질문 대신 행동의 변화시키기 위해 '무엇을 할 것인가?'에 관심을 둔다.
- 특정 상담이론에 내담자를 맞추기보다 내담자의 문제에 따라 여러 가지 상담방법을 적용하며, 효과가 있으면 계속하고 효과가 없으면 다른 방법을 시도한다.
- 과거보다는 현재와 미래에 초점을 둔다.
- 작은 변화가 큰 변화를 일으키고, 성공에 초점을 둘 때 해결방법이 보이며, 문제를 가진 모든 내담자는 해결책 또한 가지고 있다. 따라서 내담자가 표현하는 것을 최대한 활용한다.
- 모든 문제상황에는 '예외'가 있고 그것이 해결책으로 가는 실마리가 된다.

해결중심 상담이론은 내담자들이 가장 절실하게 느끼는 불편함을 없애고, 합리적이고 적절한 수준에서 돕는 것이 주된 목표이다. 더하여 내담자들이 미래의 문제들을 잘 다루고 또 가능하면 미리 예방할 수 있도록 대처기술들을 개발하게 하는 것도 단기상담의 주요 목표가 된다. 이러한 목표를 달성하기 위한 해결중심 상담이론의 상담기법을 구체적으로 살펴보면 **표 9-5**와 같다.

표 9-5. 해결중심 상담이론의 상담기법

구분	내용
목표세우기	내담자에게 중요한 것을 목표로 정한다. 교사 혹은 상담자가 아니라 내담자 자신에게 중요한 것일수록 목표를 성취하기 위해 훨씬 더 노력하게 된다. 작고 현실적인 것을 목표로 설정하면 변화되고자 하는 동기를 높여주고 변화에 집중하게 된다. 그리고 구체적이고 명확하며, 직접 관찰가능하고, 인정할 수 있으며 행동적인 것을 목표로 정한다. 목표는 긍정적인 표현으로 기술하는데, 그 이유는 부정적인 진술은 비활동적으로 만들기 때문이다. 또한 목표의 완성보다는 시작단계로 간주하기, 목표수행이 힘든 일이라는 것을 인식시켜야 한다.
상담 전 변화에 관한 질문	상담 약속 후 지금까지 발생한 변화에 대하여 질문하고 변화를 발견하기 위한 접근방법이다. 상담 전 변화가 있는 경우 내담자의 해결능력을 인정하고, 그러한 사실을 강화하고 확대할 수 있도록 격려하는 것이 중요하다. 예를 들어, "처음 상담을 약속했을 때는 문제에 대해 심각하게 고민하셨는데, 지금은 어떻습니까?"
척도 질문	숫자의 마력을 이용하여 내담자의 문제의 심각성, 목표의 성공 가능성, 성취 정도, 자신감 등을 수치로 표현하는 것이다. 예를 들어, "1부터 10까지의 척도에서 1은 문제가 가장 심각한 때이고, 10은 문제가 해결된 경우(기적이 일어난 경우)라고 한다면 지금의 상태는 어디에 있을까요?","시험불안에서 가장 불안한 때를 10점, 전혀 불안하지 않을 때를 0점이라고 한다면, 지금은 몇 점 정도 돼나요?"
예외 질문	문제가 발생하지 않은 예외적 상황을 찾아내어 성공의 확신을 심어주는 것이다. 예를 들어, "최근 문제가 발생하지 않았을 때는 언제였나요?","시험을 볼 때마다 불안하다고 했는데, 혹시 불안하지 않은 적은 없었나요?"
기적 질문	문제가 해결된 상태를 상상해 보도록 하는 방법으로 바뀐 현실을 꿈꾸고 희망을 갖게 하는 역할을 한다. 문제에 대한 집착에서 벗어나서 문제중심에서 해결중심 영역으로 전환하게 만드는데 효과적이다. 예를 들어, "만약 오늘 밤 기적이 일어난다면 내일 아침 무슨 일이 일어나 있을 것 같습니까?","만약 네가 원하는 대로 이루어진다면 당신에게 어떤 일이 일어날 것 같습니까?"
대처 질문	어려운 상황에서도 어떻게 견디며 대처해 왔는지 질문하는 것으로, 대처 질문을 통해 내담자에게 문제를 해결할 수 있는 힘이 있음을 깨닫게 한다. 대처 질문은 자신의 미래를 절망적으로 봄으로써 낙담하는 내담자에게 주로 사용한다. 예를 들어, "문제가 심각한데 그 어려운 상황에서도 어떻게 견딜 수 있었나요?","어떻게 해서 상황이 더 나빠지지 않았나요?"

3. 성인학습상담의 원리

정민승 등(2010)은 평생학습상담을 “소외되거나 분산되어 있는 잠재적 학습자를 발굴하여 학습자 개인의 생애주기 및 상황에 적합한 학습이 가능하도록 돕고, 학습자 개개인이 미래비전을 가지고 평생학습적 관점 속에서 생애설계를 할 수 있도록 컨설팅을 하는 일”이라고 정의하면서 평생학습상담의 주요 업무를 표 9-6과 같이 학습자 및 자원분석, 학습자 촉진, 설계 및 관리로 제시하였다.

표 9-6. 평생학습자의 진단 및 컨설팅 능력

구분		세부 내용
학습상담 업무영역	학습자 및 자원분석	• 학습 집단별 특성 및 상황분석 • 학습자 요구 면담조사 및 분석 • 학습장애 및 수준 진단 · 처방 • 구축된 평생학습 자원 및 정보 재가공 • 평생학습상담사례 정리 및 분석
	학습자 촉진	• 학습자 학습동기화 촉진 • 학습코스 안내 • 동아리 유지 및 발전을 위한 상담 • 평생학습자원 활용 • 학습자 개인비전 코칭 • 평생학습 ON/OFF LINE 정보제공 • 개인/집단별 취창업 지원
	설계 및 관리	• 생애 주기별 캐리어 설계 • 지역사회활동 촉진 • 개인학습결과 관리 • 평행학습 상담실 운영
학습상담 핵심역량	생애학습 이해력	• 생애 주기별 커리어 설계능력 • 개인/집단별 취창업 지원
	관계형성력	• 학습자 개인비전 코칭 • 지역사회 활동촉진 • 학습자 학습동기화 촉진

구분		세부 내용
	진단 및 컨설팅 능력	• 학습집단별 특성 및 상황분석 • 학습장애 및 수준 진단, 처방 • 학습자 요구 면담조사 및 분석

출처: 조외현(2011). 평생교육사의 평생학습상담 역량모형 개발에 관한 연구. 동의대학교 대학원 박사학위논문.

또한 전문가집단을 통한 연구결과, 평생학습상담 및 컨설팅의 주요역량으로서 학습자의 생애주기적·발달단계적 특성에 대한 파악을 기초로 교육의 수직적·수평적 통합원리에 따라 학습자가 지속적으로 스스로의 잠재력을 발현할 수 있도록 이끄는 생애학습 이해력, 평생교육 및 학습자 집단에 대한 지식과 경험을 토대로 학습자들과의 교육적 관계를 형성하고 학습자들이 상호적으로 학습관계를 맺을 수 있도록 성찰력을 제공하는 관계형성력, 학습자의 학습상황 및 학습장애 정도를 진단하고 그에 적합한 학습대안을 마련해 주며 학습결과를 평가하는 진단 및 컨설팅 능력을 제시하였다.

현대사회에서 성인들은 생애를 통해 요구되는 능력을 끊임없이 습득하고 개발해야 하는 위치에 놓여 있다. 이러한 사회의 요구와 기존에 습득된 학습의 내용이 일치하지 않거나 새로운 기술의 등장 및 보다 향상된 능력요인의 필요성은 성인학습으로 연결된다. 따라서 지금까지 사용되어 온 상담이론들의 장점을 현대사회에서 요구되는 성인학습의 필요성과 연계하여 실천적 성과를 만들 수 있게 수정될 필요성이 있다. 즉, 성인의 기존 경험과 능력을 고려하고, 교육의 필요성을 지각하게 하며, 이것이 교육으로 연결될 수 있게 적용되어야 한다. 이러한 측면에서 성인학습자에 대한 성인학습상담의 원리는 **표 9-7**과 같이, 상담관계 형성의 원리, 동기유발의 원리, 지도의 원리로 구분할 수 있다.

표 9-7. 성인학습상담의 원리

구분	핵심사항
상담관계형성의 원리	공감적 이해, 무조건적 수용, 일치, 신뢰성
동기유발의 원리	학습목표 부여, 목표수준 정립
지도의 원리	가능성 발견, 자기주도학습

성인학습상담은 사회복지의 측면과 인간의 지속적인 능력 개발측면에서 교육전문가와 상담전문가 및 평생교육기관의 평생교육사에 의해 전문적으로 수행되는 활동으로서 성인학습자의 개별적 특성과 능력을 파악하여 피교육자에게 가장 도움이 될 수 있는 교육분야를 도출하며 원활한 교육이 가능하도록 동기를 부여하고, 학습욕구가 지속되도록 지원하는 역할과 현대사회의 직업 및 요구 등의 사회현상을 적극적으로 파악하여 내담자가 적절한 선택을 하여 그에 합당한 교육을 자발적으로 할 수 있게 하는 조력자의 역할을 수행한다고 할 수 있다.

또한 평생교육의 수혜자인 성인의 평생학습목적은 학교교육의 학습대상자와는 달리 사회생활을 영위하는 데 필요한 구체적 능력을 배양하는 데 있기 때문에 내담자가 오랫동안 경험한 분야 혹은 지속적으로 관심을 가진 분야에 대해서는 충분한 높은 지식을 보유하고 있을 가능성이 크며 학습에 대한 구체적 목적을 가지고 있을 확률도 높다. 이 때문에 상담자가 일방적으로 내담자의 문제점을 파악하여 지시적으로 상담하는 윌리엄슨의 지시적 상담이론은 올바른 성과를 도출하기 어렵다고 할 수 있다. 반면 내담자의 목소리에 전적으로 귀를 기울이고 이를 수용하는 로저스의 비지시적 상담이론은 객관적인 사회현상의 전달과 내담자의 어긋나거나 시대착오적인 접근을 바로 잡는 데 어려움이 크다고 할 수 있다. 따라서 지극히 전문화되고 다양한 가치관이 존재하는 현대사회에서 성인학습상담이 내담자에게 구체적인 성과를 효율적으로 제공하기 위해서는 상담자는 내담자의 요구과 문제점을 적극 수용하여 분석하고 내담자는 상담자가 제시하는 사회현상과 사회적 요구를 분석한 객관적 자료를 충분히 받아들일 수 있어야 한다. 이를 위해서는 상담자와 내담자 사이에 충분한 신뢰관계가 형성이 되어야 성인학습의 최적화된 시작이 가능하다. 또한 내담자의 다양한 경험과 성향은 개별적으로 취급되어 내담자의 수준과 능력에 따른 학습내용과 방법이 제시되어야 할 필요성이 있다.

성인학습상담은 신뢰감 형성의 원리와 내담자 개별화의 원리에 의해 이루어져야 한다. 또한 성인학습상담은 평생학습의 구체적 행위인 평생교육 교수영역으로 원활하게 이전이 이루어져야 한다. 자기주도적 학습을 수행하는 개인의 동기부여는 매우 중요하다. 이러한 동기는 상담초기에 유발되므로 상담의 과정동안 동기수준이 저해되지 않는 것 또한 중요하다. 이를 위해서 상담자는 내담자가 얼마나 분명한 목표를 가지고 있는지, 발전에 대한 느낌과 상담을 통한 변화에 대해 어떤 생각을 가지고 있는지를 파악해야 한다. 그리고 도달이 불가능할 것으로 예상되는 목표에 대하여 내담자가 자극을 받거나 절망하지 않도록 하는 것이 중요하다. 더불어 학습기간 동안의 동기는 학습결과에 따라 수정되어 제시됨으로써 자기주도적 학습이 최적의 성과를 나타낼 수 있도록 지속적으로 관리되어야 한다.

따라서 성인학습상담의 원리는 **표 9-8**과 같이, 신뢰감 형성의 원리, 내담자 개별화의 원리, 조력자의 역할 및 동기유발의 원리라고 정의할 수 있다(조외현, 2011).

표 9-8. 성인학습상담의 기본원리

원리	내용
신뢰감 형성의 원리	내담자의 감정을 거의 같은 내용과 수준으로 이해하여 그의 감정, 태도 및 신념 등에 대하여 정확하게 의미를 포착
내담자 개별화의 원리	내담자의 다양한 경험과 성향은 개별적으로 취급되어 내담자의 수준과 능력에 따른 학습내용과 방법을 제시
동기유발의 원리	평생학습 전반에 걸쳐 학습으로 인한 자기발전을 인식하고 지속적인 학습의 가치 제공
조력자의 역할	최적의 성과를 위해 자기주도적 학습을 유지하게 하는 방향 제시

4. 성인학습상담의 방법

상담은 일반적으로 내담자의 문제를 해결해 주는 것이 아니라 자신의 문제를 스스로 해결할 수 있도록 조력하는 것이다. 그러나 내담자가 정보가 부족하여 어려움을 겪고 있는 경우에는 직접 정보를 제공하고 안내하는 것이 유용하다(나항진 외, 2016). 대부분의 상담은 상담자와 내담자의 직접적인 만남에서 시작되지만 최근에는 상담의 방법이 확장되어 전화나 이메일, 문서 등 다양한 미디어를 통해 이루어지고 있다. 그러나 성인학습자는 미성년자와 비교하면 자신의 내면이나 학습과정에서의 어려움을 해결하기 위해 상담에 참여하므로 대면상담이 더 효과적일 수 있다. 이러한 성인학습자의 특성을 고려한 직접적 상담방법은 상담자가 제안하는 것, 지시를 주는 것, 학습자가 해야 한다고 상담자가 생각하는 것에 대하여 충고를 제공하는 것이다. 성인학습상담의 방법을 분류하면 조언(advice), 지시(directives), 전략개방(strategy disclosure)의 세 가지 유형으로 분류할 수 있는데, 구체적인 내용은 다음과 같다(권두승, 조아미, 2017; 김현숙, 2021).

1) 조언(advice)

성인학습자는 자신의 문제를 해결할 수 있는 잠재력을 가지고 있어서 스스로 문제를 해결할 수 있도록 안내해 주는 것이 보편적이나 상담자의 직접적인 지도가 더 도움될 수 있는 경우도 있다. 성인학습자는 시간적 여유가 넉넉하지 않은 사람들이 대부분이므로 조언과 같은 직접적인 상담이 필요하다. 그러나 상담에서 조언은 조심스럽게 접근해야 한다. 성인학습자가 조언을 받아들여 행동에 옮길 수 있도록 조언은 학습자에게 도움이 되어야 하는데, 상담자는 적절한 시기와 절차, 상담기술로 조언이 효과를 발휘할 수 있게 해야 한다. 조언은 내용도 중요하지만, 조언의 방식이 학습자의 상담에 더 영향을 미친다. 이러한 조언의 방식을 몇 가지로 제안하면 다음과 같다.

첫째, 성인학습자의 문제가 구체적이어서 조언이 가능하다 하더라도 바로 조언을 하기보다는 예비 절차를 거치는 것이 좋다. 이러한 예비 절차는 성인학습상담의 효과가 반감되거나 조언이 중복되는 것을 피하는 역할을 한다.

둘째, 성인학습자가 조언을 받아들일 준비가 되어 있는지 파악하는 것이 중요하다. 학습자가 문제해결을 위해 어떠한 노력을 했는지에 대한 질문을 통해 인지한 후 어떠한 조언이 도움이 되는지 판단해야 한다.

셋째, 상담자가 적절한 조언을 했다 하더라도 조언의 내용과 방식이 학습자의 기대에 부응하지 않는다면 효과를 기대하기는 어렵다. 따라서 상담자는 학습자에게 조언한 후 학습자가 그 조언에 어떻게 생각하는지 피드백을 받고 조언을 이해했는지 확인하는 것이 좋다.

넷째, 상담자는 학습자에게 추상적이고 일반적인 조언보다 구체적인 조언을 해 주어야 한다. 상담자의 조언이 분명하면 학습자가 무엇을 해야 하는지도 분명해진다.

다섯째, 조언도 상담의 일반적인 맥락에서 이루어지므로 조언을 하고 학습자가 실천을 잘하고 있는지 확인하는 것이 필요하다. 학습자가 실천하도록 지속적인 안내가 필요하다. 조언한 대로 잘 실행하고 있다면 지속해서 실행하도록 격려하고 효과가 없다면 문제점을 파악하여 해결책을 모색해야 한다.

2) 지시(directives)

성인학습에서 상담자는 학습자에게 간혹 무엇을 하라고 지시를 할 필요가 있다. 상담자가 학습자에게 지시하는 것을 꺼리기도 하지만 이는 때로는 유용한 성인학습상담 방법이 되기도 한다. 이때 직접적 지시는 상담자가 성인학습자에게 지시할 권위가 있을 때 사용하는 것이 좋으나, 충고나 조언처럼 성인학습상담자가 지시한 내용을 수행하도록 할 때 사용된다. 그러나 상담자의 권위가 약해서 학습자가 지시 내용을 따를 가능성이 없을 때 원하는 변화를 얻기 위해서는 간접적 지시를 하는 것이 효과적이다.

3) 전략개방(strategy disclosure)

전략개방은 상담자가 과거에 통찰한 경험을 학습자에게 소개해 주는 자기개방화(self-disclosure)의 한 유형이다. 자기개방화는 상담자의 경력이나 자격 등에 대하여 간접적으로 정보를 드러내기 위해 사용될 수 있다. 이러한 자기개방화는 통찰을 촉진하며, 학습자가 상담자의 개인적 경험을 통해 더 많은 자각을 얻는 것을 목표로 한다. 상담자가 학습자에게 새로운 방향 제시를 하고, 고정관념을 타파하도록 도우며 저항과 도전을 할 수 있도록 사용되는 상담방법이다. 한편 전략개방은 상담자가 과거에 시도했던 전략을 개방함으로써 학습자에게 적절한 방법을 제안할 수 있다. 그러나 상담자의 감정을 드러내는 것을 목적으로 개방하지 않도록 주의해야 한다.

Chapter 10

성인학습상담자의 역량과 자질

배울내용

1. 성인학습상담의 역할과 직무
2. 성인학습상담의 역량요인
3. 성인학습상담자의 자질과 역할

학습목표

1. 성인학습상담의 역할과 직무를 설명할 수 있다.
2. 성인학습상담의 역량의 중요성을 인식하고 역량을 숙지한다.
3. 성인학습상담자의 자질과 역할을 파악하고 숙지한다.

Chapter 10

성인학습상담자의 역량과 자질

1. 성인학습상담의 역할과 직무

성인의 학습활동을 안내, 촉진, 지원하기 위해서는 상담이 필수적인데, 성인학습자의 상담은 학습자의 학력 수준, 경험 수준, 요구 수준, 사회적 배경 등에 대한 이해와 공감에 기초하여 학습활동을 도와주어야 한다. 성인학습의 상담은 일상생활에서의 문제뿐만 아니라 학습문제들을 해결해 나갈 수 있도록 지원이 필요하다. 최근 평생교육의 활성화로 평생교육현장에서 학습자들이 스스로 생각하고 판단하여 활동할 수 있도록 도와주는 교육적 행위 측면에서 상담의 중요성이 대두되고 있다(박응희, 2011).

따라서 성인학습상담은 학습자들이 효율적인 학습을 진행할 수 있도록 돕기 위해 교육 정보, 진로 · 직업 정보, 개인 · 사회적 정보 등 적절한 정보를 제공해주는 역할을 해야 한다. 또한 학습을 촉진할 수 있도록 프로그램을 개발하여 제공하고 학습자 개개인의 특성과 개인차를 인정하는 범위 내에서 상담을 전개해야 한다(조성연 외, 2010).

그러나 평생교육현장에서 성인학습상담은 평생교육담당자 역할의 한 부분이거나 직무를 구성하고 있는 영역 중 한 부분으로 인식되고 있다. 대부분의 평생교육담당자인 평생교육사는 평생교육의 기획 · 진행 · 분석 · 평가 및 교수업무 등 평생학습 관련 업무의 전반을 담당하는 현장전문가이다. 국가평생교육진흥원에서 제시하는 평생교육담당자인 평생교육사의 직무는 학습자원 간 네트워킹, 프로그램 및 기관 운영지원, 평가보고 및 성과분석, 계획 수립 및 기획, 프로그램 개발, 교수학습, 상담 및 컨설팅, 행정경영, 학습참여 활성화 및 변화촉진 등이다. 평생교육사의 표준 직무 중에도 학습상담과 관련된 평생학습설계가 포함되어 있지만, 그 세부 내용은 평생교육현장에서 평생교육담당자가 실제로 실천하는 평생학습상담과는 차이가 있다(조은산, 2016).

성인학습자의 효율적인 학습상담을 위한 평생학습상담의 직무체계를 살펴보면, 관계형성 직무, 학습자 분석 직무, 학습촉진 직무, 사후관리 직무로 구분할 수 있다(권두승, 조아미, 2017; 김현규, 2020; 조은산, 2016).

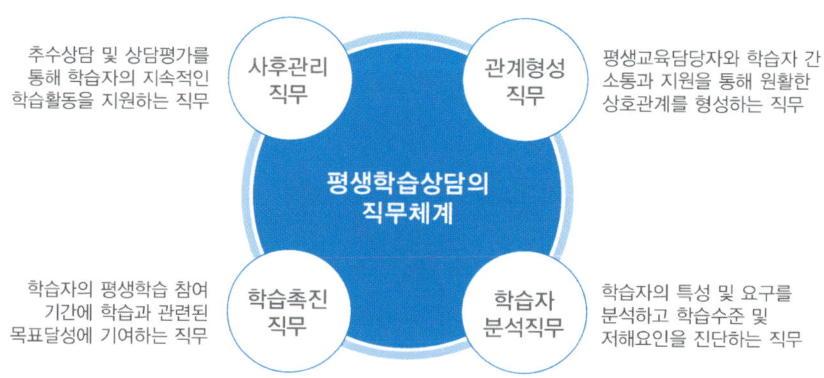

그림 10-1. 평생학습상담의 직무체계

첫째, 관계형성 직무는 평생교육담당자와 학습자 간 소통과 지원을 통해 원활한 상호관계를 형성하는 직무로, 학습자 면담과 학습 정보제공에 해당한다. 관계형성은 학습자와 처음 대면할 때 이루어지며, 상담을 통해 학습에 대한 의욕을 고취하고 신뢰를 형성함으로써 원활하게 상담을 진행할 수 있도록 하는 역할을 한다. 또한 관계형성에서 학습자의 말에 공감과 이해, 수용, 일치성과 신뢰성은 중요한 요인이 된다. 왜냐하면 성인학습상담에서 상담자가 학습자의 문제를 해결하는 데 도움을 줄 수 있다는 믿음을 가지도록 하는 것이 중요하기 때문이다. 이는 학습자 면담을 통해 학습자의 상황을 파악하고 적절한 의사소통으로 상호 신뢰감을 형성하고, 성인학습에 필요한 다양한 자료와 정보를 제공하는 것이다.

둘째, 학습자 분석 직무는 학습자의 특성 및 요구를 분석하고 학습수준 및 저해요인을 진단하는 직무로, 학습자 특성 및 요구분석, 학습수준 진단, 학습 저해요인 진단으로 이루어져 있다. 학습자 분석은 개인차와 개별적 특성을 파악하기 위해 이루어지며, 학습자 개개인이 각자의 경험과 지식, 태도, 학습선호도를 갖고 있으므로 상황에 적합한 학습을 제공하기 위해 학습자의 특성을 파악하는 것은 중요하다. 성인학습자들은 대부분 여러 가지 사정으로 오랜만에 교육에 참여하므로 어려움을 호소하게 된다. 이때 성인학습자들에게 필요한 학습방법, 내용, 수준에 대한 상담은 학습자들의 학업의 지속률을 높이고 학습의 성과도 향상시킨다. 또한 학습과정에서 발생하는 학습저해요인으로 인해 학습참여를 지속하는 것이 어려워질 수 있다. 따라서 학습자의 상황적 요인, 제도적 요인, 학습자의 개인적 성향에 의한 요인으로 다양하게 발생하는 학습저해요인을 진단하여 학습자 스스로 극복할 수 있도록 조력해야 한다.

셋째, 학습촉진 직무는 학습자의 평생학습 참여 기간에 학습과 관련된 목표달성에 기여하는 직무로, 학습동기 촉진, 학습과정 및 학습방법 조언, 학습동아리 활동 지원, 생애 경력 설계 상담이 있다. 학습촉진은 학습활동에 적극적으로 임하고자 하는 동기가 유발되도록 하고 학습자가 목표에 달성하는 상담과정 동안 동기수준이 저하되지 않도록 하는 것이 중요하다. 성인학습자가 학습에 참여하는 시간을 통해 지식과 기술의 습득뿐만 아니라 사회적 관계망을 확장하고 전인적 자아실현을 함으로써 바람직한 삶의 모습을 실현할 수 있도록 촉진 · 지원해야 한다. 이러한 동기유발은 학습자 스스로 이끌어 내는 내적 동기뿐만 아니라 동료 학습자와의 상호작용 및 협력 등 외적 동기도 포함한다. 또한 학습자의 학습과정을 정확히 파악하여 계획된 학습으로 안내하고 적절한 학습방법을 조언하며 학습자들이 동아리 활동을 지속해서 유지할 수 있도록 지원하여 각자의 상황에 맞는 경력을 설계할 수 있도록 조력할 필요가 있다.

넷째, 사후관리 직무는 추수상담 및 상담평가를 통해 학습자의 지속적인 학습활동을 지원하는 직무로, 추수상담, 상담평가로 분류된다. 평생학습의 활성화와 더불어 사후관리의 중요성도 주목되고 있다. 평생학습활동이 종료된 후에도 학습자와의 네트워크를 형성하며 학습성과로 학습자의 변화와 촉진을 유지한다는 점에서 중요한 과정이다. 성인학습자가 학습에 대한 만족감과 학습을 지속하겠다는 의지, 학습의 결과까지도 긍정적일 수 있도록, 학습에 대한 효능감을 높일 수 있는 교육 전략인 참여동기와 상호작용을 할 수 있도록 해야 한다(신미정 외, 2020). 또한 평생교육담당자는 자신의 상담실천 정도를 스스로 평가하고, 학습자를 통해 상담과정 및 결과에 대한 평가를 받을 수 있어야 한다. 추수상담은 학습자의 학습활동 계획을 지속해서 조력하고 지원하는 것이며, 상담평가는 효율적인 학습자상담을 위해 상담실천 정도를 검토하고 평가하는 것이다.

지금까지 살펴본 평생학습상담의 직무와 하위직무를 정리하면 **표 10-1**과 같다(김현숙, 2021).

표 10-1. **평생학습상담의 직무와 하위직무**

직무		직무 내용
관계 형성	학습자 면담	학습자와의 상호협력적인 의사소통을 통한 신뢰감 형성
	학습정보 제공	평생학습에 필요한 다양한 자료와 정보 제공
성인학습자 분석	학습자 특성 및 요구분석	학습자의 특성과 학습상황을 파악하고, 학습자의 요구를 분석
	학습 수준 진단	학습내용에 대한 학습자의 지식, 기술, 태도 수준 진단
	학습 저해 요인	학습에 대한 학습자의 내적·외적 저해요인 진단
성인학습 촉진	학습동기 촉진	학습에 대한 흥미와 관심을 가질 수 있도록 동기유발 및 학습 목표 달성 지원
	학습과정 및 학습방법 조언	학습자의 학습과정을 정확히 파악하여 계획된 학습으로 안내하고 적절한 학습방법을 조언
	학습동아리 활동 지원	학습자들이 학습동아리를 형성하고 활동해 나갈 수 있도록 지원
	생애커리어 설계 상담	학습자가 생애주기별로 커리어를 설계하고 준비할 수 있도록 상담
사후 관리	추수(追隨)상담	학습자 학습활동 계획을 지속적으로 조력하고 지원
	상담 평가	효율적인 학습자 상담을 위해 상담 실천 정도를 검토하고 평가

출처: 김현숙(2021). 평생교육현장의 성인학습상담에 관한 연구: 평생학습도시 평생교육기관을 중심으로. 서강대학교 교육대학원 석사학위논문.

2. 성인학습상담의 역량요인

1) 역량의 개념과 구성요소

'역량(competency)'이란 개념은 맥클랜드(McClleland, 1973)에 의해 처음 제시된 것으로 직무에서 실제 성과로 나타나는 능력을 평가하기 위해 사용하였으며,

맥클랜드는 전통적인 의미의 지능검사보다 역량이 더 큰 의미를 가지고 있다고 주장하였다. 이러한 역량이라는 용어가 학문적으로 사용되기 시작한 것은 1990년대 중반 기업경영 분야에서부터이다. 맥클랜드는 역량을 업무성과와 관련된 광범위한 심리적 또는 행동적 특성으로 정의하였으나, 그 이후 우수 성과자와 평균 성과자를 구분해 주는 지식, 기술, 기타 특성으로 발전되어 왔다. 그러나 지식, 기술, 능력과 같이 무엇인가를 할 수 있는 내재적이며 장기적인 특성과 실천현장에서 즉시 사용되는 역량은 구분할 수 있는데, 역량은 외부로 드러나는 구체적 결과물을 필수적인 조건으로 한다. 최근에는 다양한 분야에서 인간의 실제적인 성공과 관련된 특성을 규명하기 위해 활발하게 적용하고 있다(조외현, 2011).

표 10-2. 역량과 유사한 개념

구분	개념
역량 (competency)	직무를 효과적, 탁월하게 수행할 수 있는 개인의 특성-지식, 기술, 능력, 동기, 신념, 가치, 흥미가 복합된 개념
지식 (knowledge)	어떤 특정분야에 대한 분명하면서도 관련이 있는 독창적 사실과 정보 및 원칙의 집합, 공식적 교육훈련과 특정한 경험의 축적을 통해 획득됨
기술 (skill)	학습이나 훈련의 결과로서 보다 조건부적이고 개선가능성이 높음
능력 (ability)	상이한 과업의 특정 영역을 수행할 수 있는 비교적 오랫동안 지속되는 개인의 일반적 가능성의 특질

출처: 조외현(2011). 평생교육사의 평생학습상담 역량모형 개발에 관한 연구. 동의대학교 대학원 박사학위논문.

역량을 지식, 기술, 태도와 같은 핵심 요소들로 파악하는 것은 현재 상황이 아닌 미래 상황에서 업무의 성격과 수행활동의 유형이 분명해질 뿐만 아니라 어떠한 지식을 확보하고 어떠한 기술을 지녀야 하며, 이를 어떠한 태도로 추진해야 하는가가 매우 구체화되기 때문에 중요한 의미를 지닌다.

맥클랜드는 역량을 업무성과와 관련된 광범위한 심리적 또는 행동적 특성으로 정의하였는데, 맥클랜드와 같은 역량개념의 견해를 가지고 있는 스펜서와 스펜서(Spencer & Spencer, 1993)는 개발 가능성의 정도에 따라 동기, 특질, 자기개념, 지식 및 기술의 다섯 가지 구성요소로 구분하였다.

표 10-3. 역량의 구성요소

역량 유형	내용
동기 (motives)	개인이 일관되게 마음에 품고 있거나 원하는 어떤 것으로서 행동의 원인이 된다. 동기는 특정한 행위나 목표를 향해 행동을 촉발시키고 방향을 지시하며 선택하도록 작용함
특질 (traits)	신체적인 특성, 상황 또는 정보에 대한 일관적 반응성을 의미한다. 감정적인 자기 통제와 주도성은 다소 복잡한 형태의 일관적 반응성
자기개념 (self concepts)	태도, 가치관 또는 자기상(self-image)을 의미한다. 가치관은 주어진 상황에서 단기적으로 나타내는 반응적 행동에 영향을 주는 요소
지식 (knowledge)	특정 분야에 대해 가지고 있는 정보로 복잡한 속성을 가진 역량이다. 지식을 측정하는 시험점수는 흔히 업무 수행을 예측하지 못함
기술 (skills)	특정한 신체적 또는 정신적 과제를 수행할 수 있는 능력으로 정신적 또는 인지적 기술은 분석적 사고와 개념적 사고를 포함

출처: 조외현(2011). 평생교육사의 평생학습상담 역량모형 개발에 관한 연구. 동의대학교 대학원 박사학위논문

이러한 역량 구조는 개발가능성이 높은 외적 특성을 주 대상으로 한다. 지식 및 기술과 같은 외적 특성은 표면적으로 잘 드러나므로 비교적 개발하기가 쉽다. 반면 동기와 특질은 잘 드러나지 않기 때문에 개발이 어렵다. 태도와 가치관은 특질과 동기보다 개발하기가 용이하다. 이 때문에 실천적 현장에서는 역량이 구체적 성과를 위해 중요한 요인이 되는 것이다.

상담연구자들은 상담자의 역량, 역할, 직무 등에 대한 명확한 규정은 전문가로서의 정체성을 확립하는 데 중요한 토대가 될 수 있다고 강조하고 있다. 특히 상담연구자들은 상담자의 전문적 정체성은 상담자의 직무, 근무환경, 태도 등에 대한 명확한 규정을 통해서 구체적으로 드러날 수 있으며, 초심상담자들은 이러한 상담자 역할에 대한 정보를 활용하여 상담이라는 전문영역에 보다 쉽고 적절

하게 적응할 수 있다고 주장한다.

따라서 성인학습상담역량 모형은 상담자의 역량, 역할, 직무에 대한 명확한 규정을 내리고 이를 바탕으로 성인교육의 성과를 극대화할 수 있는 구체적인 방법을 제시할 수 있기 때문에 매우 중요한 요인이라고 할 수 있다.

2) 성인학습상담의 역량

성인학습상담은 학습자에게 적합한 학습기회를 제공하고, 학습방법을 안내하며 학습자의 생애주기와 상황을 고려한 적절한 학습이 가능하도록 돕고 스스로 생애 설계를 할 수 있도록 조력하는 것이다. 성인학습상담의 직무에서 살펴본 것과 같이, 성인학습자와의 상호협력적인 신뢰감을 형성하고 학습에 필요한 역량과 정보를 제공하고 학습자의 특성을 고려한 학습수준을 진단하고, 학습에 대해 동기부여를 하며, 학습자의 상황에 맞는 경력을 설계하고 실천할 수 있도록 조력하는 것이 필요하다.

이러한 성인학습상담을 수행하기 위한 역량은 교육현장에서 우수한 직무성과를 예측하게 하는 내재적 특성으로 성공의 중요한 예측 요인이다. 역량의 핵심 요소인 지식, 기술, 태도 등은 현재가 아닌 미래 상황에서 업무의 성격과 수행 활동의 유형을 분명하게 할 어떤 지식을 확보하고 어떠한 기술을 지녀야 하며 어떠한 태도로 추진해야 하는가를 구체화하기 때문에 중요한 의미를 지닌다(McClelland, 1973). 성인학습자의 학습상담을 위해 교육담당자가 지녀야 할 구체적인 역량을 살펴보면 다음과 같다(김현숙, 2021; 조외현, 2012).

첫째, 성인학습자와의 관계형성 역량이다. 이는 평생교육담당자와 성인학습자 간 소통과 지원을 통해 원활한 관계를 형성하는 역량으로, 학습자 의견 경청 역량, 학습자와 의사소통 역량, 평생학습 관련 정보제공 역량, 학습자 평생학습활동 참여 지원 역량 등의 하위 역량을 포함한다.

둘째, 성인학습자 학습촉진 역량이다. 이는 학습자가 평생학습 기간에 학습과 관련된 목표달성을 할 수 있도록 지원하고 안내하는 역량으로, 학습동아리 활동 지원 역량, 학습동기 촉진 역량, 생애주기별 경력 설계 상담 역량, 학습목표 지원 역량, 학습과정 안내 역량 등의 하위 역량을 포함한다.

셋째, 성인학습자 분석 역량이다. 이는 학습자의 수준과 요구, 학습저해 요인과 학습자의 특성을 이해하고 파악하는 역량으로, 학습자의 수준 진단 역량, 학습자의 교육 필요 분석 역량, 학습자의 학습저해 요인 진단 역량, 학습자 특성 파악 역량 등의 하위 역량을 포함한다. 이에 따라 성인학습상담의 역량을 정리하면 표 10-4와 같다.

표 10-4. 성인학습상담의 역량

역량	하위역량	정의
성인학습자와 관계형성역량	학습자 의견 경청 역량	학습자의 견해를 평생교육 실천현장에 반영할 수 있도록 이해 및 공감하는 기술
	학습자와 의사소통 역량	학습자의 평생교육 관련 문제점과 갈등내용에 대해 의사소통하는 기술
	성인학습 관련 정보제공 역량	성인학습에 필요한 다양한 자료와 정보를 학습자가 수용할 수 있도록 제공하는 역량
	학습자 성인학습활동 참여 지원 역량	학습자가 성인학습 활동에 참여할 수 있도록 안내하고 지원하는 역량
성인학습자 학습촉진역량	학습동아리 활동 지원 역량	학습자들이 학습동아리를 형성하고 활동해 나갈 수 있도록 지원하는 역량
	학습동기 촉진 역량	학습자가 학습에 대한 흥미와 관심을 가질 수 있도록 동기를 유발하는 역량
	생애주기별 커리어 설계 상담 역량	학습자가 생애주기별로 커리어를 설계하고 준비를 할 수 있도록 상담하는 역량
	학습목표 지원 역량	학습자가 학습목표를 달성할 수 있도록 지원하는 역량
	학습과정 안내 역량	학습자의 학습과정을 정확히 파악하여 계획된 학습으로 안내하는 역량

역량	하위역량	정의
성인학습자 분석역량	학습자의 수준 진단 역량	학습내용에 대한 학습자의 지식, 기술, 태도수준을 진단할 수 있는 역량
	학습자의 교육 필요 분석 역량	성인학습 프로그램에 대한 학습자의 요구를 분석하는 역량
	학습자의 학습저해 요인 진단 역량	학습에 대한 학습자의 내적, 외적 저해요인을 진단하는 역량
	학습자 특성 파악 역량	성인학습 프로그램에 참여하는 학습자의 특성과 학습상황을 파악하는 역량

출처: 김현숙(2021). 평생교육현장의 성인학습상담에 관한 연구: 평생학습도시 평생교육기관을 중심으로. 서강대학교 교육대학원 석사학위논문.

표 10-5. 평생학습상담역량 파악하기

다음은 평생교육사의 평생학습상담역량에 대한 문항입니다. 해당 하위영역에서 역량의 중요성에 체크해 주시기 바랍니다.

구분	하위역량	역량의 중요도				
		매우 낮음	약간 낮음	보통	약간 높음	매우 높음
평생학습자 분석역량[1)]	학습자 특성파악 역량					
	학습자의 교육필요 분석역량					
	학습자의 학습장애 진단역량					
	학습자의 학습수준 진단역량					
평생학습자 생애학습 이해역량[2)]	생애주기별 커리어설계 상담능력					
	학습자의 평생학습활동 참여지원 능력					
	학습자의 학습이력 관련 상담능력					
	학습자의 취업 · 창업 상담능력					
	학습상담 사례분석 및 활용능력					
	학습상담 지원도구 활용능력					
평생학습 촉진역량[3)]	학습동기 촉진역량					
	학습목표 지원역량					
	학습과정 안내역량					
	학습동아리 활동 지원능력					
	학습자의 자기성찰 지원능력					

구분	하위역량	역량의 중요도				
		매우 낮음	약간 낮음	보통	약간 높음	매우 높음
평생학습 관계형성 역량4)	평생학습 관련 정보제공 역량					
	학습자 의견경청 능력					
	학습자와 의사소통 능력					
	소속기관 부서 간 업무협조 능력					
	평생학습기관 간 네트워크 구축능력					

1) 평생학습 프로그램에 참여하는 학습자의 특성, 학습요구, 학습장애 및 학습수준을 분석하는 역량
2) 평생학습자의 생애주기별 학습을 상담하여 평생학습 참여와 이해를 증진시키는 역량
3) 평생학습자에게 유용한 학습내용을 제공하여 효과적인 학습이 가능하도록 지원·안내하는 역량
4) 평생교육사와 학습자, 학습자와 학습자, 평생학습 관련부서와 기관 간 학습 및 업무관계를 원활히 형성하는 역량

3. 성인학습상담자의 자질과 역할

성인학습상담자는 성인학습자들을 대상으로 교육욕구를 충족시키기 위해 학습을 안내하고 격려하며 학습자와 교사, 학습자와 학습자가 상호협력하여 학습목표를 달성할 수 있도록 조력하는 역할을 한다. 따라서 이들이 상담에 임함에 있어 가져야 하는 자질과 역할을 정의하는 것은 중요하다. 또한 앞으로 상담에 대한 욕구가 더 높아질 것으로 예상되는 상황에서, 이와 관련된 분명한 기준과 체계를 마련하는 것은 정책적 차원에서도 필요하다. 여기서는 성인학습상담자의 자질과 역할을 중점적으로 살펴보고자 한다(가영희 외, 2013; 김현숙, 2021; 나항진 외, 2016; 박지현, 2015; 송재홍, 2016).

1) 성인학습상담자의 자질

성인학습상담자의 전문적인 자질과 윤리적 책임은 학습자와 밀접하게 관련되어 상담서비스를 이용하는 학습자의 학습욕구와 학습참여에 직접적인 영향을 주기 때문에 중요하게 다루어진다. 따라서 성인학습상담자는 학습내용이나 교육과정에 대한 전문적인 지식이 있어야 하며, 학습자의 과제나 요구를 신속하게 파악하고 학습내용을 계획하고 촉진할 수 있는 원만한 인간관계를 가진 자여야 한다. 여러 학자는 유능한 상담자가 되기 위해서는 인간적인 자질과 전문적인 자질을 갖추어야 한다고 제안한다. 성인학습상담자의 인간적인 자질과 전문적인 자질을 나누어 살펴보면 다음과 같다.

첫째, 성인학습상담자의 인간적인 자질이다. 상담자는 문제를 해결하기 위해 다양한 방법과 기법을 사용한다. 그러나 학습자가 경험하고 있는 문제의 의미와 상황을 이해하고 판단하지 못한다면 문제해결 자체가 어렵게 된다. 상담자는 자신을 이해하는 만큼 학습자를 이해할 수 있고, 자신의 문제를 해결할 수 있는 만큼 학습자의 문제를 해결하고 성장시킬 수 있다. 또한 상담자는 성숙한 개인으로 인간적 자질을 갖추고 학습자에게 본보기가 되도록 노력을 해야 한다. 상담을 담당하는 성인학습상담자가 갖추어야 할 인간적 자질은 인간에 대한 깊은 이해와 신뢰, 자기성찰과 자기수용, 개방적 태도, 정직과 성실, 심리적 안정감, 민감성 등이다.

둘째, 성인학습상담자의 전문적인 자질이다. 즉, 상담이라는 전문적인 활동을 하는 데 요구되는 지식과 기술을 말한다. 상담활동은 상담기법에 관한 지식을 토대로 하지만 단순히 아는 수준의 지식과 기술이 아닌 이론과 기법을 상담과정에서 적절하게 개입하고 적절한 판단을 할 수 있는 능력을 필요로 한다.

학습상담은 학습자의 심리적 문제를 경감시켜 주고 성장과 발달을 촉진하는 목표를 갖는다. 이 목표를 달성하기 위해서는 상담에 필요한 지식과 경험 또는 이해를 제대로 갖추는 전문적 자질이 필요하다. 성인학습상담자 갖추어야 할 전문적인 자질은 상담이론에 대한 이해, 상담의 방법과 절차에 대한 이해, 상담 실습의 경험, 정보분석 능력, 상담자의 권위와 전문성, 책임과 윤리의 이해 등이다.

지금까지 살펴본 성인학습상담자의 인간적 자질과 전문적 자질의 구체적인 내용은 표 10-6과 같다.

표 10-6. 성인학습상담자의 인간적 자질과 전문적 자질

구분	상담자의 자질	내용
인간적	인간에 대한 깊은 이해와 신뢰	인간관계를 통해 이루어지므로 상담자가 자신에 대한 깊은 이해와 신뢰, 학습자에 대한 깊은 신뢰와 이해를 할 때 효과적인 상담이 될 수 있음
	자기성찰과 자기수용	상담자는 자기성찰을 통해 성장시켜 나가고 자신의 불완전한 모습을 그대로 인정하고 수용함으로써 학습자를 이해하고 수용할 수 있어야 함
	개방적 태도	타인에 대한 열린 마음으로 상담자는 학습자를 있는 그대로 이해하고 수용하는 개방적 태도는 학습자에게 진실함을 보여야 함
	정직과 성실	삶에 대한 진지함과 용기로 상담자는 자신의 삶에 진지하고 정직하고 성실해야 하며 자신의 도전과 좌절에서 용기를 낼 수 있어야 함
	심리적 안정감	상담자는 심리적으로 안정되고 평온함을 유지할 수 있도록 스트레스를 극복하고 자신의 정서를 통제하여 학습자의 문제를 객관적으로 파악할 수 있어야 함
	민감성	타인의 태도와 반응의 변화를 잘 알아차릴 수 있어야 하고, 학습자의 상황과 상태를 파악하여 마음이 상하거나 위협을 느끼지 않도록 세심한 주의를 기울여야 함
전문적	상담이론에 대한 이해	상담이론은 인간의 부적응행동을 체계적으로 기술하고 그 원인과 과정을 설명하여 부적응행동을 변화시키므로 상담이론을 이해하고 적용하여 학습자의 문제 원인을 이해할 수 있어야 함
	상담의 방법과 절차이해	전문적인 상담자는 상담의 방법과 절차들을 숙지하여 학습자에게 변화가 일어나도록 효율적이고 체계화된 상담을 진행해야 함

구분	상담자의 자질	내용
	상담실습 경험	다양한 실습경험과 훈련과정을 거쳐 상담이 성공적으로 진행될 수 있도록 최선을 다해야 하며 충분한 상담실습 경험을 통해 다양한 상담사례를 점검받고 실전 감각을 익혀 나가야 함
	정보 분석 능력	성인학습자에게 제공되는 정보는 신뢰할 수 있는 최신의 것이어야 하며 필요한 적절한 정보를 선택하여 제공할 수 있어야 함
	권위와 전문성	상담자는 전문가로서 소임을 다하고 자신의 전문성을 신뢰하고 책임감 있고 당당하도록 노력해야 함
	책임과 윤리의 이해	학습자의 이익과 안전에 위배되는 행동을 해서는 안 되며, 비밀을 보장해 주고 상담자의 권위와 지위를 이용해 학습자를 이용하지 않음

출처: 김현숙(2021). 평생교육현장의 성인학습상담에 관한 연구: 평생학습도시 평생교육기관을 중심으로. 서강대학교 교육대학원 석사학위논문.

2) 성인학습상담자의 역할

사회적으로 성인학습자가 급증하면서, 심리 · 사회적 학업 장벽으로 학습적응에 어려움을 겪고 있는 성인학습자에게 학습활동 적응과 지속적인 학습을 조력하기 위해서는 성인학습상담자의 개입이 필요하다. 다양한 성인학습자들을 만나는 성인학습상담자는 성인들의 학습과정에 있어서 교사중심이 아닌 학습자중심의 교육활동이 이루어지도록 학습환경 및 분위기를 조성해야 한다. 또한 성인학습자가 문제해결 과정에서 유익한 정보 및 자료들을 제공해 주고 학습자의 욕구나 필요를 충족시켜 지속적인 학습참여 및 동기유발을 위해 상황에 맞는 경험을 제공해 주는 역할을 수행해야 한다. 성인학습상담자의 핵심적인 역할을 살펴보면 다음과 같다.

첫째, 자원제공자로 학습자가 자기주도적인 학습역량을 개발하도록 지원하는 것이다. 자원제공자란 학습과정에서 학습자가 활용할 수 있는 정보와 자원을 제공하는 역할을 뜻한다. 학습자의 요구를 파악하고 목표달성에 필요한 정보를 제공하여 학습을 도와 학습과정에서 효율적으로 계획하고 관리하며, 자신의 학습을 조절할 수 있는 능력을 개발하도록 지원해야 한다.

둘째, 성인학습자들의 학습촉진을 위한 프로그램 개발자와 연구자의 역할이다. 이는 학습자의 진로발달을 촉진하고 생애 설계 과정을 지원하며 안내하는 일이다. 학습자가 급변하는 직업 세계의 변화에 적응하고 성인학습자들의 새로운 경력 개발을 위한 평생학습 프로그램을 개발해야 한다. 대부분의 성인학습자들은 현재의 직업을 유지하면서 삶의 또 다른 의미를 추구하고 인생을 성찰하기 위한 프로그램을 찾는다. 그러므로 성인학습자가 진로 전환에 따른 심리적 부담과 진로장벽을 탐색하고 극복하도록 조력해야 한다. 성인학습자들을 위한 학습전략 프로그램이나 진로개발 프로그램 등을 개발하고 학문적·실험적 연구를 통해 학습자의 효율적인 문제해결 방안들을 찾아내야 한다.

셋째, 학습자가 내적·외적 발달 자산을 증식하고 확충하도록 지원하는 역할이다. 발달 자산은 학습자가 심리적 안정감을 느끼고 학습에 전념할 수 있게 하여 긍정적이고 타인을 배려하며 책임감 있는 사람으로 성장하도록 도와주는 것을 의미한다. 학습자가 계속된 발달을 성취하는 데 필요한 긍정적인 자산을 축적하고 성장할 수 있도록 지원하고, 역량을 강화하여 문제행동은 줄이고 긍정적인 행동은 증가하도록 실용적이며 확실한 지원을 제공해야 한다.

넷째, 학습자의 학습과 수행과정에서 발생하는 스트레스를 관리하고 회복 탄력성을 증진하도록 지원하는 일이다. 성인학습에 있어서 학습자는 다중의 역할 갈등으로 부정적 정서조절의 어려움과 스트레스를 받고 있으므로 성장과 변화를 지탱해 주는 역할을 해야 한다. 상담자는 성인학습자가 어려움과 문제를 해결하는 과정에서, 자신의 경험을 바탕으로 주도적으로 해결책을 찾아서 학습을 지속하고 성장할 수 있도록 도와주는 역할을 해야 한다.

다섯째, 인간발달과 심리교육 전문가로서의 역할을 수행하는 일이다. 성인학습상담자는 다양한 생애발달이론에 기초하여 단계별 심리교육 프로그램을 개발하여 보급할 필요가 있다. 아동기, 청소년기의 발달 단계와 달리 성인기의 성인학습자는 공동체적 감성 리더십[1]을 개발하여 직장 동료나 가족 간의 관계증진을 위한 노력이 요구된다. 또한 노년기에는 은퇴 적응과 인생 회고 및 정리를 위해 적절한 교육과 지도가 필요하다. 따라서 상담자는 성인학습자가 각자의 발달단계에 따른 과업을 성공적으로 학습하고 완수할 수 있도록 지원해야 한다.

여섯째, 성인학습자의 학습을 관리하고 협력적인 학습공동체의 육성을 지원하는 일이다. 대부분의 성인학습자들은 자신의 학습을 구조화하여 주도적으로 진행하는 데 어려움이 있다. 이때 상담자는 학습관리자로서 사회적 네트워크의 협력적 힘을 통해 효율적으로 학습목표를 달성할 수 있도록 도와줄 필요가 있다. 그러나 개인주의적인 경쟁 학습 구조는 협력적인 학습공동체를 육성하는 데 방해가 될 수 있다. 따라서 상담자는 경쟁적인 학습을 지양하고 협력적인 학습공동체를 육성하는 일에 참여하도록 지원해야 한다.

1) 감성 리더십은 단순히 지시하고 조직을 이끄는 것 이상으로 감정적인 연결과 인간적인 측면을 강조하는 리더십 스타일을 의미한다. 이는 구성원들과의 관계를 중시하고 감정을 공감하고 이해하는 능력을 통해 구성원들의 성과를 향상시키는 방식이다. 이를 위해, 첫째, 감성적인 지식과 이해가 필요하다. 감성 리더십은 구성원들의 감정과 관심을 인식하고 이해하는 능력을 요구한다. 따라서 리더는 구성원들의 감정적인 요구와 어려움을 인식하고 그들의 관점을 존중하며 공감할 수 있어야 한다. 둘째, 소통과 공감이 필요하다. 리더는 효과적인 소통과 공감능력을 가지고 있어야 한다. 즉, 구성원들과의 소통을 통해 감정적으로 연결되고 그들의 의견과 생각을 경청하며 공감할 수 있어야 한다. 이는 구성원들의 신뢰와 동료 간의 연대감을 증진시키는 데 중요하다. 셋째, 동기부여와 지원이 필요하다. 감성 리더는 구성원들을 동기부여하고 지원하는 데 주력한다. 감정적인 지원과 인정은 구성원들의 자신감을 높이고 그들의 역량을 개발하는 데 도움을 준다. 따라서 리더는 구성원들의 감정적인 욕구(needs)를 충족시키며 그들의 개인적인 성장과 발전을 이룰 수 있도록 지원해야 한다. 넷째, 공감적인 결정과 행동이다. 감성 리더는 감정과 이성을 조화롭게 고려하여 결정을 내리고 행동한다. 즉, 구성원들의 감정적인 상태와 필요에 따라 적절한 조치를 취하며, 공정하고 투명한 의사결정을 내리게 된다. 이는 구성원들의 신뢰를 유지하고 조직의 일관성을 유지하는 데 도움이 된다. 다섯째, 에너지와 열정을 전파할 수 있어야 한다. 감성 리더는 긍정적인 에너지와 열정을 전파하여 구성원들을 동기부여하고 영감을 주는 역할을 한다. 그들의 열정과 긍정적인 마인드는 조직 또는 팀의 분위기를 개선하고 성과를 향상시키는 데 기여하게 된다.

참/고/문/헌

가영희, 성낙돈, 안병환, 임성우(2013). **성인학습 및 상담.** 서울: 동문사.

강순희, 김연진, 김이영, 김재현, 김중기, 김현실, 배경란, 시옥진, 이용환, 장지현(2022). **영유아발달.** 경기: 수양재.

강재희(2009). 조리실기교육방법의 유형에 따른 학습효과 차이의 비교 연구. 세종대학교 대학원 박사학위논문.

강태훈, 이대석(2013). **최신 교육심리학.** 서울: 학이당.

고용노동부(2020). 2020년 고용노동통계연감.

고용노동부(2020). 2020년판 고용노동백서.

고용노동부(2020). 직업능력개발사업현황.

관계부처합동(2021). 전 국민 평생학습체제 지원 방안.

관계부처합동(2022). 제5차 평생교육진흥 기본계획(23~27년) 평생학습진흥방안.

교육과학기술부(2012). 기본교육과정.

교육부(2020). **2019 평생교육백서.**

교육부, 국가평생교육진흥원(2020). **2019 평생교육백서.**

교육부, 국가평생교육진흥원(2021). **2020 평생교육백서.**

교육부, 한국교육개발원(2014). 2014 교육통계 분석자료집: 평생교육통계편.

교육부, 한국교육개발원(2019). 2019 한국 성인의 평생학습실태.

교육부, 한국교육개발원(2020). 2020 평생교육통계 자료집.

교육부, 한국교육개발원(2021). 2021 한국 성인의 평생학습실태.

교육부, 한국교육개발원(2022). 2021년 국가평생교육통계조사.

권대봉(2001). **평생교육의 다섯마당.** 서울: 학지사.

권대봉(2006). **성인교육방법론.** 서울: 학지사.

권두승(2000). **성인학습 지도방법의 이론과 실제.** 서울: 교육과학사.

권두승, 조아미(2016). **평생학습사회 실현을 위한 성인학습 및 상담.** 경기: 교육과학사.

권두승, 조아미(2017). **평생학습사회 실현을 위한 성인학습 및 상담.** 경기: 교육과학사.

권순황(2008). **특수교육 교과교재연구 및 지도법.** 서울: 일문사.

기영화(2011). **평생교육 프로그램 개발.** 서울: 학지사.

김경란(2010). 효과적인 영어 학습 암기 모델: Ebbinghaus의 망각 주기 이론을 적용하여.

단국대학교 대학원 석사학위논문.

김경태(2010). 협동학습과 강의식 수업을 복합적으로 적용한 수업이 중학교 과학 학업성취도에 미치는 영향. 아주대학교 교육대학원 석사학위논문.

김규영(2021). 평생학습관 중장년 성인학습자 특성이 학습몰입에 미치는 영향: 사회적 지지의 조절 효과를 중심으로. 중앙대학교 대학원 석사학위논문.

김문섭, 김진숙, 최손환, 권재일, 이미애, 조정선, 조재철(2019). **평생교육방법론**. 경기: 양성원.

김석구(2014). 안드라고지론에 근거한 학습자 성향, 학습참여 특성 및 SNS 활용이 학습성과 인식에 미치는 영향. 아주대학교 대학원 박사학위논문.

김선정(2013). 상호적 또래교수가 수학 학습 성취도 및 수학적 태도에 미치는 효과. 한국교원대학교 교육대학원 석사학위논문.

김소연(2010). 반복학습의 기간차이가 학업성취도와 수학학습태도에 미치는 영향. 국민대학교 교육대학원 석사학위논문.

김아람(2022.03.08.). 근로자 퇴직 연령 평균 49.3세…비자발적 조기퇴직 늘어. 연합뉴스.

김유진(2010). 반복학습을 적용한 음악 개념 지도방안 연구: 4학년을 중심으로. 한국교원대학교 대학원 석사학위논문.

김윤아(2019). 성인학습자의 평생학습상담 수준이 학습몰입, 학습만족도, 평생학습 참여성과에 미치는 영향 연구. 백석대학교 기독교전문대학원 박사학위논문.

김이영, 박남수, 송나리, 시옥진, 이찬숙, 최윤지(2019). **아동생활지도**. 경기: 수양재.

김이영, 배헌석, 이우언(2021). **인간이해를 위한 심리학**. 경기: 양성원.

김진숙, 김규태, 서민호, 조정선(2018). **평생교육경영론**. 경기: 양성원.

김진화(2003). 평생교육사의 직업적 전문성과 직무의 탐색. **평생교육학연구, 9**(2), 219-247.

김진화(2009). 평생학습계좌사업을 위한 한국 평생교육 프로그램 분류지침. 평생교육진흥원 CR 2009-2수정판.

김진화, 고영화, 권재현, 정민주(2010). 한국 평생교육 프로그램 분류체제 개발 연구. **평생교육학연구, 16**(3), 211-236.

김한별(2019). 평생교육의 관점에서 살펴본 노년기 성인의 학습경험 탐구방식. **노년교육연구, 5**(2), 41-56.

김현규(2020). 성인학습자의 평생교육 참여가 삶의 만족도에 미치는 영향. 서울대학교 행정대학원 석사학위논문.

김현숙(2021). 평생교육현장의 성인학습상담에 관한 연구: 평생학습도시 평생교육기관을 중심으로. 서강대학교 교육대학원 석사학위논문.

김현주, 손은경, 신혜영(2014). **부모교육**. 경기: 공동체.

나항진, 강갑원, 권희완, 김경미, 박성희, 송선희(2016). **성인학습 및 상담**. 경기: 양서원.

노일경, 이혜연(2014). 중장년 학습자 대상 제2인생 준비 교육의 구현 방안 탐색. **평생교육학연구**, 20(3), 203-232.

두현정(2013). 중년 위기 극복을 위한 자조모임에 참석한 중년여성의 경험에 대한 주관성 연구. **동서간호학연구지**, 19(2), 78-87.

민춘기(2008). 독어교육: 외국어학습에서 자율학습과 학습상담의 활용가능성. **獨語敎育**, 42, 29-50.

박선희(2020). 평생학습관의 교육프로그램 효율적 운영 방안. 중원대학교 대학원 박사학위논문.

박응희(2011). 평생교육상담의 노인교육접근 가능성에 대한 이론적 탐색: 독일의 담론을 중심으로. **교육문화연구**, 17(1), 99-119.

박지현(2015). 평생학습중심대학의 성인학습자를 대상으로 한 '자기성장집단 상담'이 자기효능감 및 자아정체감에 미치는 영향. **학습자중심교과교육연구**, 15(5), 545-567.

백혜진(2006). 사회과 법교육의 '사례중심 교수-학습방법' 적용에 관한 연구. 숙명여자대학교 교육대학원 석사학위논문.

변주성(2009). 평생교육기관 도자교육 프로그램의 학습성과에 미치는 영향요인 구조분석. 한국교원대학교 대학원 박사학위논문.

산업자원부, 한국사이버교육학회(2003). **e-learning 백서**. 서울: 콘텐츠미디어.

손승현(2008). 학습부진아를 위한 개별화 교육방법. **교육방법연구**, 20(1), 93-110.

송선희, 노유석(2017). 중년기 성인학습자의 평생학습 참여동기, 자기효능감, 자기주도학습이 교육 만족도에 미치는 영향. **한국콘텐츠학회지**, 17(12), 319-329.

송재홍(2016). 평생학습사회에서 학습 조력자로서 상담자의 역할과 과제. **평생학습사회**, 12(2), 25-47.

신다은(2015). 성인학습자의 평생학습정향성에 관한 연구. 동아대학교 대학원 석사학위논문.

신은정(2012). 성인학습자의 학습성과에 영향을 미치는 요인에 관한 연구. 강원대학교 대학원 박사학위논문.

안조연(2021). 성인 전기 장기 이성교제 커플의 친밀감 형성과정에 대한 현상학적 연구. 송원대학교 휴먼산업대학원 석사학위논문.

양은아(2019). 지역사회 평생교육 맥락에서 문화예술교육 프로그램 총 공급 및 참여 패턴 연구. **예술교육연구**, 17(1), 107-137.

양은아, 한숭희, 김민수(2018). 인문교양 평생교육 프로그램 분석을 통한 '시민인문교육복합체' 형성의 실증적 탐구. **평생학습사회**, 14(3), 1-36.

워크넷(2023). 고용정책 찾기. https://www.work.go.kr/empWelfareSrv/recommendSrv/srvEmpPolList.do.

윤지영, 박수정(2017). 청년층의 평생학습 참여 영향요인에 관한 연구. **교육문화연구**, 23(3), 51-73.

이경아(2008). 평생학습 참여의 사회적 자본 형성 효과에 관한 실증 연구. **평생교육학연구**, 14(2), 117-146.

이기원, 송재만, 김태희, 이미경, 김미선, 최주리(2022). **평생교육 프로그램 개발론**. 경기: 양성원.

이기원, 한영상, 박선태, 정혜선, 명근홍, 장순휘(2023). **평생교육론**. 경기: 양성원.

이기원, 현영렬, 한영상, 송재만, 최연우, 이순임(2022). **평생교육방법론**. 경기: 양성원.

이동렬, 박성희(2001). **상담과 심리치료**. 서울: 교육과학사.

이복희, 유인숙(2020). **평생교육 프로그램개발론**. 경기: 양성원.

이석영(2000). 성인교육으로서의 성찬예배 연구: 성인초기(20~30세) 군인교회 신자들을 대상으로. 연세대학교 교육대학원 석사학위논문.

이영호(2001). 2001년 공동교육 자료집. 임상심리학회.

이윤경(2021). 생애주기의 연령기준과 연령규범에 대한 인식. **보건복지포럼**, 3, 39-54.

이윤진(2023). 국내 성인의 생애주기별 평생학습연구와 실천 영역의 키워드 네트워크 분석비교 연구. 고려대학교 대학원 박사학위논문.

이임순(2020). 중년기 여성학습자의 생활사건 경험, 학습참여 동기와 삶의 의미 간의 관계: 관계성의 조절효과. 숙명여자대학교 대학원 박사학위논문.

이장호(1986). **상담심리학 입문**. 서울: 박영사.

이장호(1994). **상담심리학**. 서울: 박영사.

이지혜(2012). 아프로-큐반 피아노 기초교재 개발 연구: 성인학습이론을 중심으로. 동아대학교 예술대학원 석사학위논문.

이해경, 이양, 용홍출(2006). **교육심리학**. 경기: 양서원.

이화정, 양병찬, 변종임(2003). **평생교육 프로그램 개발의 실제**. 서울: 학지사.

이효주(2002). 성인학습 이론과 교회 성인교육 프로그램 개발의 실제. 목원대학교 대학원 석사학위논문.

장미성, 김경이(2022). 교사 학습공동체 활동을 통한 전환학습 경험 분석: 기형도 프로젝트 고등학교 수업 과정에 나타난 변화를 중심으로. **학습자중심교과교육연구**, 22(10), 421-444.

장미정, 김문옥, 유영초, 이다현, 임수정, 전푸름(2021). 생애주기 맞춤형 환경교육 프로그램의 패러다임 연구. **환경교육, 34**(4), 452-469.

전효진(2007). 사회과 법 교육의 사례 중심 교수-학습 방법. 한국외국어대학교 교육대학원 석사학위논문.

정명희, 김상옥, 김현경, 나선후, 문혜린, 백종욱, 이영희, 이장희(2024). **아동복지론**. 경기: 양성원.

정민승 외(2010). 평생교육사 영역별 직무역량 개발연구. 평생교육진흥원.

정애라(2015). 학습자유형별 학습문제의 원인과 효과적인 교수학습방법에 대한 교사 및 학생의 인식조사. 조선대학교 교육대학원 석사학위논문.

정옥분, 정순화(2016). **부모교육**. 서울: 학지사.

정진하(2016). 성인학습자의 참여동기와 교육만족도가 삶의 의미에 미치는 영향: 학력인정 학교시설 재학생을 중심으로. 국민대학교 교육대학원 석사학위논문.

정혜령(2019). 성인학습자의 '시간 없음' 경험의 의미 탐색: 방송대생의 사례를 중심으로. **교육문화연구, 25**(4), 529-551.

조대연(2021). **평생교육론: 성인학습을 위한 예술과 과학**. 서울: 박영스토리.

조대연, 김은비(2018). 델파이 조사를 통한 니트의 노동시장 진입 촉진 방안 탐색. **농업교육과 인적자원개발, 50**(3), 87-109.

조성연, 박미진, 문미란(2010). **성인학습 및 상담**. 서울: 학지사.

조외현(2011). 평생교육사의 평생학습상담 역량모형 개발에 관한 연구. 동의대학교 대학원 박사학위논문.

조은산(2016). 평생교육담당자의 평생학습상담 실천에 대한 요구분석. 동의대학교 대학원 석사학위논문.

차갑부(2014). **평생교육론**. 경기: 교육과학사.

최경미(2022). 평생교육에 대한 중년과 노년 영어 학습자의 태도와 인식 연구. **한국융합학회논문지, 13**(5), 69-75.

최미옥, 홍아정(2015). 성인학습자의 성찰학습이 심리적 안녕감에 미치는 영향: 학습자 특성과 학습 몰입의 매개효과. **평생학습사회, 11**(2), 245-274.

최운실(2003). 성인고등교육기관으로서의 교육대학원 역할 모델 탐색. **평생교육학연구, 9**(3), 173-200.

통계청(2021). 2021 고령자 통계.

통계청(2022). 2022년 5월 고용동향. 경제활동인구조사.

통계청(2022). 중장년층행정통계.

허지숙(2021). 성인학습자의 대학평생교육 참여에 미치는 요인에 관한 연구: 생애주기별 비교를 중심으로. **평생교육학연구**, 27(2), 99-123.

Ahonisi, S. (2012). The Trichology Learning Approaches: Pedagogy, Andragogy and Heutagogy.

Aiken, L. R. (1998). *Human development in adulthood.* New York: Plenum Press.

Ashton, J., & Newman, L. (2006). An unfinished symphony: 21st century teacher education using knowledge creating heutagogies. *British Journal of Educational Technology, 37*(6) 825-840. DOI: 10.1111/j.1467-8535.2006.00662.x.

Bandura, A. (1986). *Social Foundations of Thought and Action. A social cognitive theory.* Englewood NJ: Prentice Hall.

Bastable, S. B., & Dart, M. (2008). Developmental stages of the learner. In S. B. Bastable (Ed.), *Nurse as educator: Principles of teaching and learning practice* (pp.147-198). Boston: Jones & Bartlett.

Berk, L. E. (1999). *Infants and Children Prenatal Through Middle Childhood* (3rd ed.). MA: Allyn & Bacon.

Blaschke, L. M. (2011). Sustaining lifelong learning: A review of heutagogical practice and self-determined learning. European Distance and E-learning Network(EDEN) Conference, June 19-22.

Boyle, P. G. (1981). *Planning better programs.* NY: McGraw -Hill Book Company.

Buttler, F. M. (1999). Reading partners: students can help each other learn toread!. *Education and Treatment of Children,* 22, 415-426.

Canning, N. (2010). Playing with heutagogy: exploring strategies to empower mature learners in higher education. *Journal of Further and Higher Education, 34*(1), 59-71.

Carneiro, R. (2011). *Discovering the treasure of learning.* Hamburg: UNESCO

Cole, L. (1948). *Psychology of Adolescence.* New York: Rinehart.

Corey, C. (1998). *Case Approach to Counseling and Psychotherapy.* California: Brooks/Cole Publishing Company.

Darkenwald, G. G. & Valentine, T. (1985). Factor structure of deterrents to public participation in adult education. *Adult Education Quarterly,* 35, 177-193.

Dempster, F. N. (1981). Memory span: Sources of individual and developmental differences. *Psychological Bulletin, 89*(1), 66.

Eggen, P. D., & Kauchak, D. P. (2006). *Strategies and models for teachers: teaching content and thinking skills* (4th ed). Boston: Pearson.

Erikson, E. (1959). *Identity and the life cycle*. New York: International Universities Press.

ETF(2023). Lifelong learning for all, by all. Retrieved June 4, 2023, from https://www.etf.europa.eu/en/news-and-events/news/lifelong-learning-all-all.

Fantuzzo, J. W., Polite, K., & Grayson, N. (1990). An evaluation of school-based reciprocal peer tutoring across elementary school setting. *Journal of educational Psychology*, 28, 309-324.

Garnett, F. & O'Beirne, R. (2013). The PAH Continuum. In S. Hase & C. Kenyon, *Self-determined learning: Heutagogy in action*. Sydney: Bloomsburry Academic.

Garrison, D. R., & Kanuka, H. (2004). Blended Learning: Uncovering Its Transformative Potential in Higher Education. *The Internet and Higher Education*, 7, 95-105.

Hase, S., & Kenyon, C. (2000). From andragogy to heutagogy. In UltiBase Articles. Retrieved from: http://ultibase.rmit.edu.au/Articles/dec00/hase2.htm.

Havighurst, R. J. (1952). *Developmental tasks and education*. New York: Long man.

Houle, C. D. (1961). *The inquiring mind*. Madison, WI: University of Wisconsin Press.

Jarvis, P. (1985). *The Sociology of Adult Continuing Education*. London: Croom Helm.

Jarvis, P. (1995). *Adult and Continuing Education: Theory and practice* (2nd ed.). London, NY: Routledge.

Jones, M. C. (1924). A laboratory study of fear: The case of Peter. *Pedagogical Seminary*, 31, 308-315.

Kapur, S. (2015). Understanding the characteristics of an adult learner. *Jamia Journal of Education, 2*(1), 111-121.

Kara, M., Erdogdu, F., Kokoc, M., & Cagiltay, K. (2019). Challenges faced by adult learners in online distance education: A literature review. *Open Praxis, 11*(1), 5-22.

Keser Aschenberger, F., Radinger, G., Brachtl, S., Ipser, C., & Oppl, S. (2023). Physical home learning environments for digitally-supported learning in academic continuing education during COVID-19 pandemic. *Learning Environments Research, 26*(1), 97-128.

Knowles, M. S. (1975). *Self-directed learning: A Guide for Learners and Teachers*. New York: Association press.

Knowles, M. S. (1980). *The modern practice of adult education: From pedagogy to andragogy* (2nd ed.). New York: Cambridge Books.

Knowles, M. S. (1989). *The Making of Adult Education.* San Francisco: Jossey-Bass Inc.

Knowles, M. S. (1990). *The modern practice of adult education: From pedagogy to andragogy.* New York, NY: Cambridge Books.

Knowles, M. S., Holton, E., & Swanson, R. (2005). *The adult learner* (6th ed.). Woburn, MA: Butterworth Heinemann.

Kolb, D. A. (1984). *Experiential learning: Experience as the source of learning and development.* Englewood Cliffs, NJ: Prentice Hall.

Lengrand, P. (1975). *An introduction to lifelong education.* Paris: UNESCO Press.

Levinson, D. J. (1978). *The seasons of a man's life.* New York: Knopf.

Lindy(2010). Pedagogy, Andragogy, Heutagogy compared.

Mantyla, K. (2001). *Blending e-learning: The poweris in the mix.* Alexandria, VA: ASTD.

McClelland, D. C. (1973). Testing for competence rather than for "intelligence". *American Psychologist,* 28, 1-14.

Merriam, S. B., & Bierema, L. L. (2013). *Adult learning: Linking theory and practice.* San Francisco: Jossey-Bass.

Merriam, S. B., & Brockett, R. (2007). *The profession and practice of adult education: An introduction.* San Francisco: Jossey-Bass.

Merriam, S. B., Caffarella, R. S., & Baumgartner, L. M. (2006). *Learning in ad ulthood: A comprehensive guide.* San Francisco: Jossey-Bass.

Mezirow, J. (1991). *Transformative dimensions of adult learning.* San Francisco, CA: Jossey-Bass.

Morstein, B. R., & Smart, J. C. (1976). Factor analysis at large: A critical review of the motivational orientation literature. *Adult Education, 27*(1), 83-98.

Moustakas, L. (2018). Motivation and obstacles to adult participation in lifelong learning programs: The effect of gender and age. *Open Journal for Educational Research, 2*(1), 45-56.

Persons, J. B. (1989). *Cognitive therapy in practice: A case formulation approach.* NY: Norton & Company.

Phelps, R., Hase, S., & Ellis, A. (2012). Competency, capability, complexity and computer: exploring a new model for conceptualising end-user computer education. *British Journal of Educational Technology, 36*(1), 67-85.

Reay, J. (2003). Blended Learning: A fusion for the future. *Knowledge Management Review, 4*(3), 6.

Roberts, M. C., & Fanurik, D. (1986). Rewarding elementary schoolchildren for their use of safety belts. *Health Psychology,* 5, 185-196.

Schaie, K. W. (1989). Perceptual speed in adulthood: Cross-sectional and longitudinal studies. *Psychology and Aging, 4*(4), 443-453.

Schaie, K. W., & Strother C. R. (1968). The effect of time and cohort differences on the interpretation of age changes in cognitive behavior. *Multivariate Behavioral Research,* 3, 259-293.

Shiner, R. L., & Masten, A. S. (2002). Transactional links between personality and adaptation from childhood through adulthood. *Journal of Research in Personality,* 36, 580-588.

Skinner, B. F. (1938). *The behavior of organisms.* New York: Appleton- Century.

Smith, G. H., & Engel, R. (1968). Influence of a female model on perceived characteristics of an automobile. *Proceedings of the 76th annual Convention of the American Psychological Association*, 3, 681-682.

Smith, L. J. (2001). Content and delivery: A comparison and contrast of electronic and traditional MBA marketing planning courses. *Journal of Marketing Education, 23*(1), 35-44.

Smith, P. J. (2002). Modern learning methods: Rhetoric and reality-further to Sadler-Smith et al. *Personnel Review, 31*(1), 103-113.

Spencer, L. M. Jr., & Spencer, S. M. (1993). Competence at work: Models for superior performance. New York: John Wiley.

Spencer, L. M. Jr., & Spencer, S. M. (2003). **핵심역량모델의 개발과 활용.** [Competence at work: Models for superior performance] (민영모 외 역). 서울: PSI컨설팅(원저출간: 1993).

Sullivan, H. S. (1953). *The Interpersonal Theory of Psychiatry.* New York: Norton.

Tam, M. (2011). Active ageing, active learning: Elder learning in Hong Kong. In G. Boulton-Lewis & M. Tam (Eds.), *Active ageing, active learning: Issues and challenges* (pp. 163-174). Dordrecht: Springer Netherlands.

Tolman, E. C., & Hornzik, C. H. (1930). Introduction and removal of reward, and maze performance in rats. *University of California Publications in Psychology,* 4,

257-275.

Tyler, R. W., & Ralph, W. (1949). *Basic Principles of Curriculum and Instruction.* Chicago: The University of Chicago Press.

UNESCO(1976). *Record of the General Conference Nineteenth Session Nairobi.* Annex1, Paris: UNESCO.

UNESCO(2020). Adult education. Retrieved August 14, 2022, from http://uis.unesco.org/en/glossary-term/adult-education. United States Census Bureau, 2022).

Utely, C. A., Mortweet, S. L., & Greenwood, C. R. (1997). Peer mediated instruction and intervention. *Focuson Exceptional Children, 29*(5), 1-23.

Wolpe, J. (1958). *Psychotherapy by reciprocal inhibition.* Stanford, CA: Stanford University Press.

Wolpe, J. (1969). *The practice of behavior therapy.* Oxford: Pergamon.

Wolpe, J. (1976). Behavior therapy and its malcontents: Multimodel eclecticism, cognitive exclusivism and "exposure" empiricism. *Journal of Behavior Therapy and Experimental Psychiatry,* 7, 109-116.

Zhu, Y., & Zhang, W. (2019). Active learning for active ageing: Chinese senior immigrants lifelong learning in Canada. *Educational Gerontology, 45*(8), 506–518.

찾/아/보/기

저 / 자 / 소 / 개

■ **현영렬**

서울시립대학교 대학원 사회복지학박사
현, 서정대학교 사회복지과 교수
〈저서〉 평생교육방법론, 평생교육경영론, 노인복지론, 사회복지학개론 외

■ **정복임**

대구한의대학교 일반대학원 평생교육학박사
현, 성운대학교 라이프융합학부 스마트융합복지전공 교수
〈저서〉 가족복지론 외

■ **이학곤**

세한대학교 대학원 경영학박사 수료
현, 세한대학교 겸임교수(평생교육)
마인드코칭 상담센터운영

■ **서민호**

대구한의대학교 대학원 사회복지학박사
현, 영남외국어대학교 사회복지과 교수
〈저서〉 지역사회복지론, 사회복지실천기술론, 사회복지학개론, 정신건강론 외

■ **나선후**

조선대학교 미술대학원 석사
세한대학교 대학원 경영학박사 과정
현, 나주대학교 사회복지학부 교수
미술평론가. 퍼해밍아트(개척,명명)공연기획자
〈저서〉 아동복지론 외

■ **김채언**

숭실대학교 일반대학원 복지경영(코칭심리)전공 박사 수료
현, 동원대학교 사회복지과 교수
〈저서〉 청소년의 인터넷윤리 사이버폭력 예방 교육 지침서 외

■ **김이영**

계명대학교 대학원 심리학박사
현, 수성대학교 유아교육과 교수
〈저서〉 정신건강론, 아동권리와 복지, 인간이해를 위한 심리학 외

■ **강희성**

대한신학대학원대학교 사회복지학박사
현, 호원대학교 사회복지학과 교수
〈저서〉 사회복지와 문화의 다양성, 가족복지론 외

성인학습 및 상담

1판 1쇄 인쇄 ― 2024년 7월 25일
1판 1쇄 발행 ― 2024년 7월 30일

저　　자 - 현영렬 정복임 이학곤 서민호
　　　　　나선후 김채언 김이영 강희성
발 행 인 - 강철원
발 행 처 - 양성원
주　　소 - 경기도 파주시 검산로 173번길 29-12
전　　화 - 031-946-3861(代)
팩　　스 - 031-946-3864
이 메 일 - tnwpub@naver.com
홈페이지 - tnwpub.co.kr
출판등록 - 2015년 8월 31일 제 2015-000211 호

ISBN 979-11-6126-585-8

정가 22,000원